21世纪职业教育规划教材·财经商贸系列

人力资源管理

（第2版）

李琦　王江涛　主编

内容简介

本书是高职高专教育的一本理论教材，本着"理论基本够用"的职业教育原则，编者精选了人力资源管理的七个基本内容，即人力资源管理概述、工作分析、人力资源规划、人力资源招聘与选拔、薪酬设计与管理、绩效管理、培训与开发，大大减轻了教师教学与学生学习的负担。本书在内容体系编排上也进行了精心的设计，运用案例导入的方法，每章首先设置主题案例，并提供知识链接，中间两节或三节是理论详解，最后一节提供了多种题型的练习题。在理论详解中，每章基本采用同一结构，便于教学并能增强学生对人力资源管理的整体理解。

本书适合高职高专人力资源管理及相关专业的教学，也可作为本科非人力资源管理专业的教材，还适合广大企事业单位对人力资源管理从业人员进行培训。

图书在版编目（CIP）数据

人力资源管理（第 2 版）/李琦，王江涛主编. —2 版. —北京：北京大学出版社，2011.9
（全国高职高专规划教材·财经系列）
ISBN 978-7-301-18409-7

Ⅰ.①人 Ⅱ.①李… ②王… Ⅲ.①劳动力资源—资源管理—高等学校：技术学校—教材
Ⅳ.F241

中国版本图书馆 CIP 数据核字（2011）第 005347 号

书　　　名：	人力资源管理（第 2 版）
著作责任者：	李　琦　王江涛　主编
策划编辑：	李　玥
责任编辑：	李　玥
标准书号：	ISBN 978-7-301-18409-7/F·2707
出版发行：	北京大学出版社
地　　　址：	北京市海淀区成府路 205 号　100871
电　　　话：	邮购部 010-62752015　发行部 010-62750672　编辑部 010-62704142
网　　　址：	http://www.pup.cn
电子信箱：	zpup@pup.cn
印　刷　者：	北京虎彩文化传播有限公司
经　销　者：	新华书店
	787 毫米×1092 毫米　16 开本　14.75 印张　356 千字
	2007 年 8 月第 1 版　2011 年 9 月第 2 版　2023 年 8 月第 3 次印刷
定　　　价：	39.00 元

未经许可，不得以任何方式复制或抄袭本书之部分或全部内容。
版权所有，侵权必究
举报电话：010-62752024　电子信箱：fd@pup.pku.edu.cn

第2版前言

人力资源管理是各种企事业组织内部管理的一个重要方面，随着市场经济建设的推进，组织用人自主权日益落实，人力资源管理的重要性也得到更加充分的体现。人力资源管理是非常适合高等职业教育的一个专业，因为在人力资源管理实践一线，需要大量的能够熟练处理人事信息、懂政策的操作人员，而这恰恰是目前多数学历教育所不愿或不能关注的。高职教育的特点体现在一个"高"和一个"职"上："高"意味着无论什么样的技能型人才，也都必须具备一定的理论素质基础，但要贯彻"理论基本够用"的原则；"职"突出的是专业的应用性与实践性，培养的人才要有极强的动手操作能力。在高职教育的这一思路的指导下，结合多年从事高职教育的体会，我们编写了这本书。本书是在2007年第一版的基础上做了重大修改，同时融入了党的"二十大"精神而成的。

本书的一部分是北京劳动保障职业学院高职教材研究课题立项的成果，也是北京市级精品课程——人力资源管理课程的重要配套教材，是北京市级优秀教学团队——人力资源管理专业教学团队建设的重要成果，主编是北京市教学名师、北京市级精品课程人力资源管理课程的负责人、重点专业带头人。本书的特点如下：

1. 贯彻"理论基本够用"的原则，精选理论内容。经过精心筛选，全书共设计七章：第一章，人力资源管理概述；第二章，工作分析；第三章，人力资源规划；第四章，人力资源招聘与选拔；第五章，薪酬设计与管理；第六章，绩效管理；第七章，培训与开发。这七部分内容是人力资源管理体系中最基本的内容。本书大刀阔斧地删去了传统本科教材中必有的"国际人力资源管理模式"、"劳动关系"、"社会保障"、"人员激励"等可选的内容，大大减轻了学生理论学习的负担。

2. 内容与深度利于学生参加各种职业资格考试。全书难度控制在人力资源管理师三至四级之间或职称考试初级与中级之间，内容设计与表达方式也尽量向人力资源和社会保障部的资格认证靠拢，以便于学生考取职业资格证书。

3. 结构统一，便于教学与学习。每章结构大体相同，基本上设置四节：主题案例、本章概述、本章内容的方法与程序、练习题。这样采用较为统一的结构，对于教师总结、串联全书内容和学生横向理解人力资源管理的整体性以及记忆知识点都是极为有利的。

4. 案例引入、练习巩固。每章第一节都精心选编了一个主题案例，并在案例叙述中提供了相关的知识链接，在教学中既能提高学生的兴趣，又灵活地把专业知识串联在案例中，利于学生带着问题去学习。每章最后附加了练习题，设计了五种题型，便于学生复习巩固，也给教师选编题库提供了参考。

本书第二版的具体分工如下：第一、二、三章由李琦编写，第四、六、七章由王江涛编写，第五章由康士勇、李琦共同编写，全书由李琦统稿。本书的出版得到北京劳动保障职业学院各级领导和北京大学出版社的大力支持，李玥编辑为本书的出版付出了辛勤的劳动，在此一并表示感谢。由于水平所限，难免有疏漏之处，恳请各位读者批评指正。编者电子邮箱：richey0580@126.com。

编　者

2023 年 4 月

前　言

　　人力资源管理是各种企事业组织内部管理的一个重要方面，随着市场经济建设的推进，组织用人自主权日益落实，人力资源管理的重要性也得到更加充分的体现。人力资源管理是非常适合高等职业教育的一个专业，因为在人力资源管理实践一线，需要大量的能够熟练处理人事信息、懂政策的操作人员，而这恰恰是目前多数学历教育所不愿或不能关注的。高职教育的特点体现在一个"高"和一个"职"上："高"意味着无论什么样的技能型人才，也都必须具备一定的理论素质基础，但要贯彻"理论基本够用"的原则；"职"突出的是专业的应用性与实践性，培养的人才要有极强的动手操作能力。在高职教育的这一思路的指导下，结合多年从事高职教育的体会，我们编写了这本书。

　　本书的一部分是北京劳动保障职业学院高职教材研究课题立项的成果，也是北京市级精品课程——人力资源管理课程建设的一个重要组成部分。本书的特点如下：

　　1. 贯彻理论基本够用的原则，精选理论内容。经过精心筛选，全书共设计七章：第一章，人力资源管理概述；第二章，工作分析；第三章，人力资源规划；第四章，人力资源招聘与配置；第五章，薪酬设计与管理；第六章，绩效管理；第七章，培训与开发。这七部分内容是人力资源管理体系中最基本的内容。在此基础上，大刀阔斧地舍去了传统本科教材中必有的"国际人力资源管理模式"、"劳动关系"、"社会保障"、"人员激励"等可选的内容，大大减轻了学生理论学习的负担。

　　2. 内容与深度利于学生参加各种职业资格考试。全书难度控制在人力资源管理员与助理管理师之间或职称考试初级与中级之间，内容设计与表达方式也尽量与人事部或劳动与社会保障部等机构的资格认证靠拢，以便于学生考取职业资格证书。

　　3. 结构统一，便于教学与学习。每章结构大体相同，基本上设置四节：主题案例、本章概述、本章内容的方法与程序、练习题。这样采用较为统一的结构，对于教师总结、串联全书内容和学生横向理解人力资源管理的整体性以及记忆知识点都是极为有利的。

　　4. 案例引入、练习巩固。每章第一节都精心选编了一个主题案例，并在案例叙述中提供了相关的知识链接，在教学中既能提高学生的兴趣，又灵活地把专业知识串联在案例中，利于学生带着问题去学习。每章最后附加了练习题，设计了五种题型，便于学生复习巩固，也给教师选编题库提供了参考。

　　本书的具体分工如下：第一、二、三章由李琦编写，第四、六、七章由李宝莹编写，第五章由康士勇、李琦共同编写，全书由李琦统稿。本书的出版得到北京劳动保障职业学院各级领导和北京大学出版社的大力支持,李玥编辑为本书的出版付出了辛勤的劳动,在此一并表示感谢。由于水平所限,难免有疏漏之处,恳请各位读者批评指正。

编者电子邮箱:richey05802003@yahoo.com.cn。

编　者
2007 年 7 月

目 录

第一章 人力资源管理概述 … 1
第一节 主题案例与知识链接 … 1
第二节 人力资源管理的产生与发展 … 3
一、人力资源的概念与特征 … 3
二、人力资源管理的概念与特征 … 6
三、人力资源管理的重要性 … 10
四、人力资源开发 … 12
五、人力资源管理的发展阶段 … 15
第三节 人力资源管理在组织中的实现 … 22
一、人力资源管理的目标与功能 … 22
二、人力资源管理的任务与作业活动 … 24
三、人力资源管理部门设置与职权 … 28
四、我国人力资源管理的现状 … 35
五、人力资源管理的发展趋势与面临的挑战 … 37
第四节 练习题 … 41

第二章 工作分析 … 49
第一节 主题案例与知识链接 … 49
第二节 岗位分析的含义与程序 … 50
一、什么是岗位分析 … 50
二、岗位分析的信息提供 … 55
三、岗位分析的程序 … 58
第三节 岗位分析的方法与岗位说明书 … 61
一、岗位分析的方法 … 61
二、岗位说明书 … 76
第四节 练习题 … 80

第三章 人力资源规划 … 84
第一节 主题案例与知识链接 … 84
第二节 人力资源规划概述 … 85
一、什么是人力资源规划 … 85
二、人力资源规划的作用 … 87
三、人力资源规划的主要内容 … 89
第三节 人力资源规划的程序与方法 … 91
一、人力资源规划的程序 … 91
二、人力资源供给预测的方法 … 94
三、人力资源需求预测的方法 … 99
四、人力资源预测结果的平衡 … 102
第四节 练习题 … 104

第四章 人力资源招聘与选拔 … 108
第一节 主题案例与知识链接 … 108
第二节 招聘与选拔概述 … 109

一、有效的人力资源招聘的意义 ………… 110
二、招聘的流程 ………… 110
第三节 招募 ………… 111
一、招聘工作中人力资源管理部门与用人部门的职责 ……… 111
二、招聘计划的制订与审批 ………… 112
三、确定招聘渠道 ………… 112
四、招聘广告的制作与信息发布 ………… 117
第四节 选拔录用 ………… 118
一、求职申请表/履历表 ………… 118
二、人员素质测评 ………… 120
三、对未录用应聘者的处理及对候选人的录用 ………… 130
四、背景调查 ………… 130
五、员工入职程序 ………… 131
第五节 练习题 ………… 132

第五章 薪酬设计与管理 ………… 136
第一节 主题案例与知识链接 ……… 136
第二节 薪酬管理概述 ………… 138
一、薪酬的含义与形式 ………… 138
二、工资总额管理 ………… 140
三、企业人工费用 ………… 143
四、薪酬管理的地位与作用 ………… 145
五、科学与合理薪酬制度的要求 ………… 147
第三节 薪酬设计的程序与方法 ………… 148
一、薪酬设计的一般程序 ……… 148
二、薪酬设定的主要制约因素 ………… 150

三、薪酬设计的主要方法——工作评价 ………… 151
四、奖金与福利 ………… 163
第四节 练习题 ………… 167

第六章 绩效管理 ………… 172
第一节 主题案例与知识链接 ……… 172
第二节 绩效管理概述 ………… 173
一、绩效 ………… 174
二、绩效考评 ………… 174
三、绩效管理 ………… 175
四、绩效考评与绩效管理的联系和区别 ………… 175
五、绩效管理与人力资源管理其他职能的关系 ………… 176
第三节 绩效管理的流程 ………… 177
一、准备阶段 ………… 177
二、实施阶段 ………… 180
三、反馈阶段 ………… 183
四、运用阶段 ………… 184
第四节 绩效考核方法 ………… 185
一、比较法 ………… 186
二、量表法 ………… 187
三、描述法 ………… 190
四、系统化的绩效评估工具介绍 ………… 191
第五节 练习题 ………… 196

第七章 培训与开发 ………… 200
第一节 主题案例与知识链接 ……… 200
第二节 新员工入职培训 ………… 201
一、新员工入职培训 ………… 202
二、新员工入职培训的内容 ………… 202
三、新员工入职培训的方式 ………… 203

第三节 培训与开发概述 …………… 203
　一、培训与开发的概念 …………… 203
　二、培训与开发的目的 …………… 204
　三、培训与开发的原则 …………… 204
　四、培训与开发的分类 …………… 205
　五、培训与开发的发展
　　　趋势 …………………………… 205
第四节 培训与开发的基本
　　　程序 …………………………… 206
　一、培训需求分析 ………………… 206
　二、培训方案制订和培训
　　　实施 …………………………… 210
　三、培训的评估和反馈 …………… 213
第五节 培训与开发的主要
　　　方法 …………………………… 214
　一、常用的在职培训方法 ………… 214
　二、常用的脱产培训方法 ………… 215
第六节 练习题 ……………………… 216
附录：练习题参考答案 ……………… 220
参考文献 ……………………………… 224

第一章 人力资源管理概述

第一节 主题案例与知识链接

 案例

神驼物资运输有限责任公司①

　　蒋大奎和陆模1984年考入同一所大学管理工程系本科不久,就十分投契。这对密友成绩都很优秀,尤其英语成绩更为突出。他俩1988年又一起被同一家合资企业招聘,分别在营销和人力资源部门工作。之后他俩又都考入本地一家大学的业余工商管理硕士班,经过三年苦读,获得了MBA学位。1996年年初,他俩觉得不再为洋老板打工,自己出去闯天下,自立门户的条件已成熟,便一起递上了辞呈。

　　首先遇到的难题是资金不足。幸运的是,遇上一位对他俩才华很欣赏的大款李天霁,答应鼎力支持。蒋、陆二人分析了自己的长处与不足,又做过初步市场调研后,决定涉足中、短途公路物资运输。经过筹备,办起了"神驼物资运输有限责任公司",李先生是大老板,任"董事长",蒋、陆分任"董事兼正、副总经理"。董事会决定,先小规模试探,买下三台旧卡车,择吉开张。

　　蒋、陆两人既兴奋又不安,毕竟是头回下水,心中没底啊。但他们是MBA,对管理理论是熟悉的,知道应该先务虚,再务实,即先制定公司文化与战略这些"软件",再搞运营、销售、公关等这些"硬件"(*链接A:麦肯锡的"7S"模型,参见第21页*)。

　　他们观察本地公路运输服务业,觉得竞争者虽多,但彼此差异不大,不见特色,这正犯兵家之大忌。"神驼"必须创造自己独有的特色!经仔细推敲,决定"神驼"就是要在服务方面出类拔萃,这指的是货物运输的质量(完好率)、及时性和低成本。他们为公司

---

① 资料来源:余凯成. 人力资源开发与管理[M]. 北京:企业管理出版社,1997.

拟定的企业精神（**链接B：企业精神及企业文化，参见第21页**）是四个字——服务至上。但要做到这一点，需要适当的人来保证。蒋、陆二人觉得在这创业阶段，公司结构（**链接C：人力资源管理部门设置与职权，参见第28页**）与人员都必须贯彻"少而精"原则，为此，组织结构只设两层，他俩都不要助理和秘书，直接一抓到底。分配上基本是平均的，工资也属行业中等，但奖金与企业效益直接挂钩，部分奖金不发现金，改取优惠价折算的本企业股票（**链接D：现代人力资源管理的特征之双赢性与互惠性，参见第9页**）。基层的职工只分内、外勤，外勤即司机和押送员，内勤则是分管职能工作的职员，他们的岗位职责并不太明确，而是编成自治小组，高度自主，有活一起干，有福一同享，分工含混，可多学技能知识，锻炼成多面手（**链接E：人力资源管理的多面手，参见第28页**）。

这种设计会带来两个他们已预计到的问题：一是工作很累，忙起来简直不分昼夜，也没有周末休假，尤其是他们俩自己（**链接F：分工的重要作用之泰勒的贡献，参见第16页**）。但他们并不在乎，说："反正年轻，劲使不完，身体累不垮，创业维艰嘛。"二是职工们必须有极大自觉性，高度认同公司的价值观与目标。

为此，他们在选聘职工时十分仔细，精心考查，单兵教练，一定要文化高的，有理想主义色彩和创业精神的。好不容易选出了十个人（**链接G：人力资源的概念与特征，参见第3页**），有刚毕业的大学生，有小学教师，共青团干部，还有个别是复员军人。蒋、陆两人轮流向他们介绍公司的宗旨和目标，说明这是一种值得一搏的尝试，不接受这些的请另觅高枝。

头大半年确实很辛苦，但似乎是得大于失的。这种团结一致、拼命向前的气势和决心，确实使"神驼"服务质量在用户中一枝独秀，口碑载道。本来是派人上门招引用户，半年下来，反是用户来登门恳请提供服务；用户们还辗转相告，层层推荐。"神驼"的业务滚雪球似的增长，蒋、陆二人已有些应接不暇了。

在开业将近一周年的某个晚上，夜阑灯尽，蒋、陆二人刚歇下来喘口气时，他俩都意识到公司必须扩大了。这本是求之不得的好事，但规模大了，业务量不仅增多，而且性质上复杂起来，原有的两级式扁平结构应付得了吗？但要招新人，去哪儿能找这么多有这种"书呆子傻劲"的铁哥儿们呢？若降低录取标准，新来的人还会吃这一套吗（**链接H：人力资源管理的重要性，参见第10页**）？再说，如果结构复杂化，分工细了，层次多了，原来那种广而不专的"多面手"们还能胜任吗（**链接I：人力资源开发，参见第12页**）？蒋"总经理"和陆"副总经理"默默地陷入了沉思。

第二节 人力资源管理的产生与发展

一、人力资源的概念与特征

(一) 什么是人力资源

人力资源这一概念最早在康芒斯的著作中提到过,但真正接近我们现在所使用的人力资源概念的,是彼得·德鲁克于1954年在其著作《管理实践》中首先正式提出并加以明确界定的。德鲁克之所以提出这一概念,是想表达传统人事管理所不能表达的意思,他认为,与其他资源相比,人力资源是一种特殊的资源,它必须通过有效的激励机制才能开发利用,并为企业带来可观的经济价值。①

人力资源是资源的一种,是以人为载体的资源,是存在于人体中以体能、知识、技能、能力、个性行为特征倾向等为具体表现的经济资源。目前对于人力资源概念的理解中有两种倾向,一是倾向于能力或素质,认为人力资源是存在于人体中的生产能力或身心素质;另一种理解倾向于人口,认为无论对于国家、社会或企业,人力资源是推动其发展的具有体力和智力劳动能力的人口的总称。这两种理解有其共同的一面,即都强调了人力资源与人体的不可分割,还有人力资源的价值在于能力或素质,因此我们更倾向于第一种理解。

人力资源有量和质两个方面的内容。人力资源的数量可从微观和宏观两个角度来定义。微观的数量是指企业现在员工(包括雇佣的适龄员工和年老员工,但不包括即将离开的员工)以及潜在员工(欲从企业外部招聘的员工)两部分组成。宏观的数量是指一个国家或地区现实的人力资源数量和潜在的人力资源数量,前者包括适龄就业人口、未成年就业人口、老年就业人口,后者包括失业人口、暂时不能参加社会劳动的人口和其他人口。

人力资源的质量是指人力资源所具有的体力、智力、知识和技能水平以及劳动者的劳动态度。它受先天遗传、营养、环境教育和训练等因素的影响,通常可以用健康卫生指标、教育和训练状况、劳动者的技能等级指标和劳动态度指标来衡量。人力资源的质量是由劳动者的素质决定的,劳动者的素质包括体能素质和智能素质,如图1-1所示。

---

① 参见董克用,叶向峰. 人力资源管理概论 [M]. 北京:中国人民大学出版社,2004.

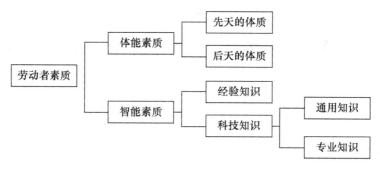

图 1-1 劳动者素质

（二）相关概念

与人力资源相关的概念有人才资源、人力资本等，这些词汇经常出现在人力资源管理实践与理论研究中，正确理解并区分这些概念有助于规范人力资源的管理。

1. 人才资源

"人才"这一概念并不是一个在理论上十分规范的范畴，目前有很多不同的解释。通俗地说，有一技之长的人都可以叫做人才，其核心含义是：比他人或前人具有更优秀的整体素质和更高的创造能力，能够更好地利用各种可能利用的资源进行创造性劳动，为企业、社会、人类创造更多的财富和更高的价值的人。人才具有七个方面的特征：(1) 在企业中属于少数，一般可用"二八定律"划定；(2) 具有高度创造能力和工作能力；(3) 善于运用能力、高标准地完成组织分配的工作任务；(4) 为组织和人力资源管理者所期望、寻求的人；(5) 可以激励他人工作热情、创造力的人，可以为公司带来大量稳定、长期业务的人；(6) 有突出贡献（为企业创造更多的财富与价值）、组织和管理者不愿意失去的人；(7) 对组织目标实现负有最重要责任的人。[①] 从人才资源的概念与特征看，人才资源是人力资源的一部分，是最重要、最核心的一部分，两者是包含与被包含的关系。

2. 人力资本

人力资本这一提法更多的出现在经济学的研究领域中，而人力资源则更多的出现在管理学之中。人力资本理论是20世纪50年代末60年代初美国经济学家舒尔茨和贝克尔等创立的，并凭借这一理论获得了诺贝尔经济学奖。人力资本是指存在于人体之中、后天获得的具有经济价值的知识、技术、能力和健康等质量因素。可以从三方面来理解这一概念：首先，人力资本是附着在人本身这种载体上的各种综合因素的集合，而不是载体本

---

① 参见王先玉，王建业，邓少华. 现代企业人力资源管理学 [M]. 北京：经济科学出版社，2003.

身,它是靠后天的投入获得的,并可以带来经济价值;其次,人力资本与物质资本具有共性,表现为人力资本的形成和维持需要花费成本,投入生产领域可以带来财富的增长,并且也具有稀缺性;最后,人力资本又具有自己的特点,如人力资本与其载体的不可分离性,人力资本在使用过程中的增值性,人力资本的异质性等。

董克用等人认为两者有三个区别:一是与社会价值的关系不同,人力资本和社会价值是因果关系,而人力资源和社会价值是由果溯因的关系;二是两者研究问题的角度和关注的重点不同,人力资本关注的重点是收益问题,人力资源关注的问题是产出问题;三是两者的计量形式不同,人力资源是一个存量概念,人力资本是一个兼有存量和流量的概念。笔者认为人力资本和人力资源在价值创造过程中所起的作用是相同的,更多的不同是出现在不同的领域中,人力资本常出现在经济学中,而人力资源则常出现在管理学中。

(三) 人力资源的特征

人力资源作为经济资源的一种,具有与一般经济资源共同的特征,主要有:第一,物质性,一定的人力资源必然表现为一定数量的人口;第二,可用性,通过人力资源的使用可带来价值的增值;第三,有限性,人力资源在一定的条件下形成,其载体具有生物的有限性。但人力资源作为一种特殊的经济资源,有着不同于其他经济资源的特征。

1. 附着性

从人力资源的概念知道,人力资源是凝结于人体之中的质量因素的总和,必须依附于一定数量的人口之上,虽然人力资源不等同于人口本身,但却不可脱离人这一载体。这就决定了人力资源所有权的天然私有的特性,使得人力资源管理成为一门独特的管理学科,人力资源的开发与使用必须通过对人的激励与控制才能实现。

2. 能动性

人力资源的能动性是指人在生产过程中居于主导地位,在生产关系中人是最活跃的因素,具有主观能动性,同时具有不断开发的潜力。人力资源的能动性包括几个方面:(1) 人具有意识,知道活动的目的,因此人可以有效地对自身活动做出选择,调整自身与外界环境的关系;(2) 人在生产活动中处于主体地位,是支配其他资源的主导因素;(3) 人力资源具有自我开发性,在生产过程中,人一方面是对自身的损耗,而更重要的一面是通过合理的行为,从而得到补偿、更新和发展,非人力资源不具有这种特性;(4) 人力资源在活动过程中是可以被激励的,即通过提高人的工作能力和工作动机,从而提高工作效率;(5) 选择职业,人作为人力资源的载体可以自主择业,选择职业是人力资源主动与物质资源结合的过程。

3. 双重性

人力资源既具有生产性,又有消费性。人力资源的生产性是指,人力资源是物质财富的创造者，而且人力资源的利用需要一定条件，必须与自然资源相结合，有相应的活动条件和足够的空间、时间，才能加以利用。人力资源的消费性是指，人力资源的保持与维持需要消耗一定的物质财富。生产性和消费性是相辅相成的，生产性能够创造物质财富，为人类或组织的生存和发展提供条件；消费性则能够保障人力资源的维持和发展。同时消费性也是人力资源本身的生产和再生产的条件。消费性能够维持人的生计，满足需要，提供教育与培训。相比而言，生产性必须大于消费性，这样组织和社会才能获益。

4. 时效性

人力资源的时效性来自内外两个方面的因素。内因是指人力资源的载体人的生命所具有的周期性，只有当人处于成年时期并投入社会生产活动中，才能对其开发利用，发挥人力资源的作用，当人未成年或老年时，或其他原因退出劳动领域时，就不能称其为人力资源了。外因是指人力资源所表现出的知识、技能等要素相对于环境和时间来讲是有时效性的，如果不及时更新就难以满足外部条件变化的要求，另外人力资源如果长期不用，就会荒废和退化。人的知识技能如果得不到使用和发挥，就可能会过时，或者导致人的积极性消退，造成心理压力。

5. 社会性

人力资源不同于其他经济资源的一个显著特征就是其社会性，具体表现在未来收益目标的多样性和外部效应的社会性方面。对于其他资源来讲，具有纯粹的自然属性，并不需要精神激励的手段，而人是社会的人，人力资源效能的发挥受其载体的个人偏好影响，除了追求经济利益之外，还要追求包括社会地位、声誉、精神享受以及自我价值实现等多重目标，在追求这些目标的过程中，其效能的发挥不仅会带来生产力的提高和社会经济的发展，而且会产生许多社会性的外部效应，如人的素质的提高会增进社会文明程度、保护并改善自然环境等。

二、人力资源管理的概念与特征

人力资源管理有宏观层面的管理和微观层面的管理之分，宏观层面的人力资源管理是从社会经济的范围来定义的，微观层面的人力资源管理是从具体经济组织的角度来定义的，本书中的人力资源管理是指后者。

（一）什么是人力资源管理

管理是在特定的环境下，对组织所拥有的各种资源进行计划、组织、领导和控制，保证以有效的方式实现组织既定目标的过程。人力资源管理是组织各项管理中的一种，因此也服从于这个概念，所以简单地说人力资源管理就是组织在特定的环境中对组织的人力资源进行计划、组织、领导和控制，以有效的方式保证从人力资源的角度帮助实现组织既定目标的过程。更具体的来表达，人力资源管理是现代人事管理，是对人力资源的取得、开发、保持和利用等方面所进行的计划、组织、指挥和控制的活动。它是研究组织中人与人关系的调整、人与事的配合，以充分开发人力资源，挖掘人的潜力，调动人的积极性，提高工作效率，实现组织目标的理论、方法、工具和技术。①

（二）人力资源管理的特征

1. 现代人力资源管理与传统人事管理

人力资源管理是从传统的人事管理中演变进化而来的，因而两者有着一定的联系，主要表现在三个方面：(1) 人力资源管理继承了传统人事管理中的部分内容，构成现代人力资源管理的战术性部分，例如人员的甄选与调配、人事信息的记录、薪酬管理等；(2) 在组织中，人力资源管理部门与传统人事管理部门都是负责与人事信息相关的管理工作的职能部门；(3) 传统人事管理中基于生产企业的生产现场管理是现代人力资源管理理论产生的基础，在我国现阶段，不应完全照搬跨国企业的先进人力资源管理模式，而应结合国情注意运用传统人事管理中较为基础的成果。

在我国的各种经济组织中，在20世纪末纷纷把人事部门改名叫做人力资源管理部门，但其管理职能的实质变化绝不是简单的翻牌所能实现的，传统的人事管理与现代人力资源管理有着本质的区别。董克用等认为两者有九个方面的区别，参见表1-1。

表1-1 人力资源管理与传统人事管理的区别

比较项目	人力资源管理	传统人事管理
管理视角	视员工为第一资源、资产	视员工为负担、成本
管理目的	组织和员工利益的共同实现	组织短期目标的实现
管理活动	重视培训开发	重使用、轻开发
管理内容	非常丰富	简单的事务管理
管理地位	战略层	执行层
部门性质	生产效益部门	单纯的成本中心
管理模式	以人为中心	以事为中心
管理方式	强调民主、参与	命令式、控制式
管理性质	战略性、整体性	战术性、分散性

资料来源：董克用，叶向峰. 人力资源管理概论 [M]. 北京：中国人民大学出版社，2004.

---

① 参见韩淑娟等. 现代企业人力资源管理 [M]. 合肥：安徽人民出版社，2000.

总的来说，现代人力资源管理与传统人事管理有以下几点区别。

（1）现代人力资源管理与传统人事管理产生的时代背景不同。传统人事管理是随着社会工业化的出现与发展应运而生的。在20世纪初，人事管理部门开始出现，并经历了由简单到复杂的发展过程。在社会工业化发展的初期，有关对人的管理实质上与对物质资源的管理并无差别。在相当长一个时期里，虽然社会经济不断发展、科学技术不断进步，人事管理的基本功能和作用并没有太大的变化，只是在分工上比原来更为精细，组织、实施更为严密而已。而人力资源管理是在社会工业化迅猛发展，科学技术的高度发展，人文精神日益高涨，竞争与合作的加强，特别是社会经济有了质的飞跃的历史条件下产生和发展起来的。一般认为，人力资源管理是在20世纪70年代以后开始出现的。由传统人事管理转变为现代人力资源管理，这一变化在对人与物质资源认识方面的表现是：人不再是物质资源的附属物，或者说，人被认为是不同于物质的一种特殊资源，在人力资本理论中有些学者主张人力资本所有者要凭借其产权获得企业的剩余利润的分享，也正是基于人力资源的特殊性而言的，这是因为人力资源具有主观能动性。总之，社会、经济、科学技术发展的不同状况决定了传统人事管理和现代人力资源管理的重要区别。

（2）现代人力资源管理与传统人事管理对人的认识是不同的。人事管理将人的劳动看作是一种在组织生产过程中的消耗或成本。也就是说，生产的成本包括物质成本，还包括人的成本。这种认识看似很合理，但是这种认识是把人简单等同于物质资源的，即在观念上人与物质资源没有区别。因此，传统人事管理主要关注于如何降低人力成本，正确地选拔人，提高人员的使用效率和生产率，避免人力成本的增加。现代人力资源管理把人看作"人力资本"，这种资本通过有效的管理和开发可以创造更高的价值，能够为组织带来长期的利益，即人力资本是能够增值的资本。这种认识与传统人事管理对人的认识的根本区别在于：传统人事管理将人视为被动地适应生产的一种因素；现代人力资源管理则将人视为主动地改造物质世界，推动生产发展，创造物质、精神财富和价值的活性资本，它是可以增值的。

（3）现代人力资源管理与传统人事管理的基本职能有所不同。传统人事管理的职能基本上是具体的事务性工作，如招聘、选拔、考核、人员流动、薪酬、福利待遇、人事档案等方面的管理，人事规章制度的贯彻执行等。总的说来，传统人事管理职能是具体的、技术性的事务管理职能。现代人力资源管理的职能则有相当的不同，它是一项比较复杂的社会系统工程。现代人力资源管理既有战略性的管理职能，如规划、控制、预测、长期开发、绩效管理、培训策略等；又有技术性的管理职能，如选拔、考核评价、薪酬管理、人员流动管理等等。总的来说，现代人力资源管理的职能具有较强的系统性、战略性和时间的远程性，其管理的视野比传统人事管理要广阔得多。

（4）现代人力资源管理与传统人事管理在组织中的地位有本质的区别。传统人事管理由于其内容的事务性和战术性所限，在组织中很难涉及全局性的、战略性的问题，因而经常会被当作不需要特定的专业技术特长、纯粹的服务性的工作，前七喜公司的总裁就曾说过，人事经理常被人看作笑容可掬的、脾气和善的人，其工作是为大家组织一些活动和谋一些福利。而现代人力资源管理更具有战略性、系统性和未来性，它从行政的事务性的员工控制工作转变为以组织战略为导向，围绕人力资源展开的一系列包括规划、开发、激励和考评等流程化的管理过程，目的是提高组织的竞争力。现代人力资源管理从单纯的业务管理、技术性管理活动的框架中脱离出来，根据组织的战略目标而相应的制定人力资源的规划与战略，成为组织战略与策略管理中具有决定意义的内容。这种转变的主要特征是：人力资源部门的主管出现在组织的高层领导中，并有人出任组织的最高领导。

2. 现代人力资源管理的特征

正是由于现代人力资源管理不同于传统的人事管理，才使得现代人力资源管理在组织中发挥着越来越大的作用，其特征可以归结如下。

（1）人本特征。人力资源管理采取人本取向，始终贯彻员工是组织的宝贵财富的主题，强调对人的关心、爱护，把人真正作为资源加以保护、利用和开发。

（2）专业性与实践性。人力资源管理是组织的最重要的管理职能之一，具有较高的专业性，从小公司的多面手到大公司的人力资源专家及高层人力资源领导，都有着很细的专业分工和深入的专业知识。人力资源管理是组织管理的基本实践活动，是旨在实现组织目标的主要活动，表现其高度的应用性。

（3）双赢性与互惠性。人力资源管理采取互惠取向，强调管理应该是获取组织的绩效和员工的满意感与成长的双重结果；强调组织和员工之间的"共同利益"，并重视发掘员工更大的主动性和责任感。

（4）战略性与全面性。人力资源管理聚焦于组织管理中为组织创造财富、创造竞争优势的人员的管理上，即以员工为基础，以知识员工为中心和导向，是在组织最高层进行的一种决策性、战略性管理。人力资源管理是对于全部人员的全面活动和招聘、任用、培训、发展的全过程的管理。只要有人参与的活动与地方，就要进行人力资源管理。

（5）理论基础的学科交叉性。人力资源管理采取科学取向，重视跨学科的理论基础和指导，包括管理学、心理学、经济学、法学、社会学等多个学科，因此现代人力资源管理对其专业人员的专业素质提出了更高的要求。

（6）系统性和整体性。人力资源管理采取系统取向，强调整体地对待人和组织，兼顾组织的技术系统和社会心理系统；强调运作的整体性，一方面是人力资源管理各项职能之间具有一致性，另一方面是与组织中其他战略相配合，依靠和支持整个组织的战略和管理。

3. 成功的人力资源管理的特征

除了以上一般意义的特征外,有学者研究指出,成功的人力资源管理有三个重要特征[①]。

(1) 企业领导人及时制定一套核心价值观和具有领导能力、重新定义公司的管理哲学(公司、顾客、员工三者关系);依据业务发展需要,重整人力资源组织结构;坚持贯彻始终的主题——承认员工是公司的宝贵财富;明确人力资源管理方针——明确共同目标、相互影响、相互尊重、相互奖励、相互责任;管理层与员工在企业利益上存在"共同利益"。

(2) 企业领导层强调战略问题——人力资源战略与商业战略的相互作用,使人力资源管理为实现公司目标做出更大贡献,并重点关注:组织对风险共担者的需求是否敏感;开发人力资源迎接未来挑战;确保员工集中精力于增加组织投入的附加价值;在主要的人力资源及其发展方面进行投资,一般每年投资增长为2%~10%。

(3) 人力资源管理的最明显特征是:最高层为变化与发展制定日程;强调组织具有灵活性和及时应变能力的重要性;抓住对企业生产率产生巨大影响的人力资源的七个"生产杠杆":招聘、报酬、业绩管理、培训、组织发展、全球人力资本、多样化。

三、人力资源管理的重要性[②]

随着所谓的"知识经济"时代的到来,人力资源管理因其与人的因素内在的密切联系而使得其重要性日显突出。应该看到,企业管理已经从强调对物的管理转向强调对人的管理,这是竞争加剧的结果。一方面,这是管理领域的扩大;另一方面,这也是管理环节的提前,因为物是劳动的产物。人力资源管理的重要性可以体现在以下几个方面。

(一) 人力资源管理对组织中所有的管理人员都是重要的

这是因为人力资源管理能够帮助组织中的管理人员达到以下目的:用人得当,即事得其人;降低员工的流动率;使员工努力工作;有效率的面试以节省时间;使员工认为自己的薪酬公平合理;对员工进行充足的训练,以提高各个部门的效能;在美国还可以使组织不会因为就业机会等方面的歧视行为受到控告;保障工作环境的安全,遵守国家的法律;使组织内部的员工都得到平等的待遇,避免员工的抱怨;等等。这些都是组织中各个部门所有经理人员普遍的愿望。其实无论是正在学习财务管理、市场营销管理或者生产管理的同学,还是学习人力资源管理的同学,将来有很多人会在自己的专业领域内承担管理责任,届时他们需要制定关于员工招聘、薪酬政策、绩效考核、员工晋升和人员调配等人

---

① 参见王先玉,王建业,邓少华. 现代企业人力资源管理[M]. 北京:经济科学出版社,2003.
② 参见张一弛. 人力资源管理教程[M]. 北京:北京大学出版社,1999.

资源管理方面的决策，其实这一点也适用于那些非经济管理类的同学。即使是那些将来不承担管理责任的员工，纯粹作为组织中人力资源管理活动的调整对象，也需要学习人力资源管理方面的知识，因为只有这样，他们才有能力对组织的人力资源管理政策做出自己的评价，并在此基础上提出有利于自己事业发展和待遇提高的建议。

（二）组织的经理人员要通过别人来实现自己的工作目标

这就使人力资源管理同其他类别的管理相比显得特别重要。我们经常发现许多企业在规划、组织和控制等方面做的都很好，但是，就是因为用人失当或者无法激励员工，最终没有获得理想的成绩；相反，虽然有些企业的经理人员在规划、组织和控制等方面做的一般，但是，就是因为他们用人得当，并且经常激励、评估和培养这些人才，最终使企业获得成功。

（三）人力资源管理能够提高员工的工作绩效

应用人力资源管理的观念与技术，改善员工的行为，是提高员工绩效的重要途径。在20世纪80年代，世界工业七国的生产力排序是：日本、法国、加拿大、德国（西）、意大利、美国和英国。美国劳动生产力低的重要原因之一就是工人的高缺勤率、高流动率、怠工、罢工和产品质量低下等。盖洛·普民意调查结果表明，50%的工薪阶层认为他们可以再努力一些，提高工作绩效。有30%的工薪阶层认为他们可以把生产力提高20%以上。1977年，位于美国田纳西州的摩托罗拉工厂生产的彩色电视机，平均每100台中有150到180个缺陷。后来，日本一家公司接收了这个工厂，到1980年，每100台彩色电视机的缺陷下降到4个。发生这一变化的原因不在工人，因为80%的工人还是原来的工厂留下来的；而在于管理方式发生了变化，包括工人参与决策，质量控制人员承担更大的责任，工人与管理人员之间的沟通加强，这些是产品质量提高的根本原因。劳动力的宏观配置的目标是劳动力数量上的充分利用，微观配置的目标是事得其人，而人力资源管理的目标是人尽其才。所以可以认为，人力资源管理是劳动力资源配置合理化和优化的第三个层次。

（四）人力资源管理是现代社会经济生活的迫切需要

现在，员工的素质越来越高，大大超过了实际的需要。在美国，只有20%的工作需要高中以上的学历，但是，大学毕业生却占总人口的25%以上。所以，越来越多的员工感到自己大材小用。在这种情况下，如何激励这些自感屈才的员工就变得特别重要。而且，人们的价值观念已经发生了明显的变化，传统的"职业道德"教育的作用已经微乎其微。随着财富的增加和生活水平的提高，越来越多的人要求把职业质量和生活质量进一步统一起来，员工需要的不仅是工作本身以及工作带来的收入，还有各种心理满足，而且，随着经

人力资源管理（第 2 版）

济的发展，这种非货币的需要会越来越强烈。因此，企业的经理人员必须借助于人力资源管理的观念和技术寻求激励员工的新途径。另外，保护员工利益的立法也将使越来越多的企业经理人员稍不小心就会被诉诸法律，所以，经理人员面临的决策约束越来越严格，这也需要企业经理人员重视人力资源管理。

（五）人是组织生存发展并始终保持竞争力的特殊资源

人力资源的特点表明，人力资源是组织拥有的特殊资源，也是组织获取和保持竞争力的重要资源。随着组织对人力资源的利用和开发，使得组织管理层的决策越来越多地受到人力资源管理的约束，人力资源管理正在逐渐被纳入到组织的战备规划之中，成为组织竞争力至关重要的因素。心理学第一定律认为每个人都是不同的，每个人总是在生理或心理上存在着与其他人有所不同的地方，这是人力资源区别于其他形式的经济资源的重要特点。在企业等各种组织中，只有清楚地识别每个员工与众不同之处，并在此基础上合理地任用，才可能使每位员工充分发挥他的潜能，组织也才可能因此而获得最大的效益。

四、人力资源开发

与人力资源管理经常同时出现的还有人力资源开发这一名词，有的教材名称就叫做"人力资源管理与开发"，其实，人力资源管理与人力资源开发是既有联系又有区别的一对概念。从前面的介绍中可以看出，现代人力资源管理区别于传统人事管理的一个重要特征就是更加注重对人力资源潜力的开发，也就是说，我们现在所讲的人力资源管理在多数情况下已内含了开发的功能，但这并不能完全体现出"人力资源开发"的更深入的内涵。

（一）人力资源开发的含义

最早提出人力资源开发的是美国乔治·华盛顿大学的教授里奥·那德勒，1970 年那德勒出版了《人力资源开发》的第一版，在这部著作中，他完善了后来成为人力资源开发领域分析框架的模型，人力资源开发第一次逐步取代原来的"培训"和"培训与开发"而被理论研究和实践者所接受。那德勒提出的人力资源开发的定义是：第一，由雇主提供的有组织的学习体验；第二，在一段特定的时间内；第三，其目的是增加雇员提高自己在岗位上的绩效和发展个人的可能性[1]。

谢晋宇认为，人力资源开发主要包括培训、职业生涯开发、组织开发和管理开发[2]，具体内容为：

---

[1] Nadler L. and Nadler Z., *Developing Human Resource*, Jossey-Bass, 1989.
[2] 参见谢晋宇. 人力资源开发概论 [M]. 北京：清华大学出版社，2005.

1. 培训

当新员工进入组织时，培训活动就开始了，通常是以员工导向培训（Orientation）的形式展开。导向培训是由人力资源开发人员和新员工的直接主管共同负责进行的活动，目的是让新员工熟悉工作环境、职务的任务和责任、建立工作关系、克服陌生感、接受组织的价值观和文化、学习完成职务工作所需要的初级技能与能力。

培训工作主要针对一线员工进行。培训的内容主要围绕职务所需的知识、技能、能力和应有的工作态度和积极性。培训可以有两重意思：一方面，培训的目标是提高员工在这些岗位上的工作效率，也就是组织的盈利；另一方面，培训还可以以一种关怀的态度进行。这时，培训将会针对员工工作中可能遇到的问题，增强他们分析问题、解决问题的能力，培养他们主动承担自己工作行为责任的能力，让员工能保持高绩效状态。因此，在这个意义上，培训已经是一种教练活动。在这样的活动中，员工被看作是组织的一个合伙人，培训活动帮助员工既达到为组织盈利的目的，又实现员工自我的目标。从这个意义来说，培训主要是以蓝领工人为对象的。

培训还可以用于解决员工面临的具体问题，即使这个问题表面上看与组织绩效没有关系。例如，员工应对压力，面对的节食、营养、瘦身、戒烟、戒酒和戒毒等方面的问题。这些问题的解决实际上是在帮助组织创造更高的利润，同时也让员工的工作生活质量得以提高。这样的培训活动已经是一种雇员援助活动。

培训常常为带有强制性的学习内容的学习，针对的是全体员工。尤其是那些带有强制性的教育内容，如安全健康教育、国家法律法规教育、企业规章制度教育等。

一般来说，培训是以企业内部员工为对象展开的，而现在，培训已开始扩展到以企业外人员为对象。这包括以企业的各种各样的利益相关者为对象而进行的培训，其对象可以是顾客、消费者、销售商、供应商等。

2. 职业生涯开发

职业生涯是一个进入工作场所的人一生所经历的不同职务所构成的轨迹。在这个过程中，个人经历一系列的阶段，在这些不同的阶段中，他所面临的问题、需要完成的任务、可能的障碍和可能获得的支持等都有一定的共性，因此才可能对职业生涯进行规划和管理。职业生涯的开发是以职业生涯为对象进行的开发活动。职业生涯开发既可以从个人的角度进行，也可以从组织的角度进行。严格地说，从组织角度进行的职业生涯开发活动才是构成企业人力资源开发的职业生涯开发。企业希望通过组织的职业生涯开发活动让员工获得更大的职业满足感，让员工的职业生涯开发获得组织的支持，从而让员工为组织做出更大的贡献。组织的职业生涯开发是比较复杂的活动，它主要通过培训、咨询、辅导、教练、雇员援助计划等形式进行。

3. 组织开发

组织开发是一种通过运用行为科学原理对组织中的成员进行团队式的影响，改变他们的知识、技能、能力，最重要的是改变他们的态度和积极性的活动。组织开发要完成的任务包括两个方面：一方面，组织开发要解决让组织准备好面对复杂多变的环境的问题，也就是说，通过组织开发活动，组织成员将对变革采取一种客观的或者是欢迎的态度，而不是抵制改革；另一方面，需要解决一个群体的整体开发，而不是个体的开发，也就是说，它需要改变的不是一个人的态度和行为，而是一个群体的态度和行为，这种群体，可以是一个小的团队，也可以是一个部门，还可以是不同的群体之间。当然，更需要的是整个组织作为一个整体所发生的变化。

组织开发是通过变革代理人（Change Agent）来进行的，这个代理人可以是组织内的，也可以是组织外的。无论如何，人力资源开发者在其中都应该发挥重要作用。组织开发所依赖的开发手段有相对的独特性，它所依赖的手段被称为行为干预。这对人力资源开发者是比较陌生的工作，也需要他们具有更加深入的专业素质。而实际上，组织开发工作是最能体现人力资源开发的战略性的工作，而这一工作需要人力资源开发者与高层管理者及中层管理者发生复杂的关系。

需要指出的是，尽管我们将组织开发归在人力资源开发中，但这两个领域的差异是比较大的。首先，两个领域的理论基础有比较大的差异，人力资源开发总的说来是以学习理论和教育学科为基础的，而组织开发更多的是以组织行为理论为基础的。其次，两个领域在组织中可能是分离的，在一些大型组织中，有专门的组织开发结构。当然，组织开发工作被归于人力资源开发部的情形也比较常见。

有的学者认为人力资源开发是包含组织开发的，这与那德勒的看法有差异。在所有的人力资源管理活动中，只有组织开发是最具有战略性的活动。如果我们同意将组织开发包含在人力资源开发中，那么就可以符合逻辑地说，人力资源开发是关于领导、文化和忠诚的活动。

4. 管理开发

管理是组织效率的最重要来源，而管理者的效率却由于种种原因总是不理想。这或者是由于从事管理的人没有受过管理训练，或者是由于管理者的知识陈旧，或者是由于管理者不适合管理岗位，或者是由于管理者的管理风格不对等等。管理者效率低下是制约管理效率的最容易被人认识的原因，也正是鉴于此，对管理者展开的开发活动一直都是人力资源开发的重点，也是人力资源开发中的难点。针对蓝领工人进行的技术技能培训，一般说来都能获得比较理想的效果，而针对管理者进行的培训与开发，其效果常常是差强人意。

管理开发以组织中现在或未来的管理者为对象展开，其目的是提高管理者的管理效率，增进他们的管理知识、技能和能力，改变他们的管理态度和动机。管理开发可以针对高层、中级和初级管理者三个层次分别进行。管理开发既可以在组织内展开，也可以在组织外展开。当管理开发是在学校内正式展开的时候，就是一种管理教育了。

不同组织中的人力资源开发所完成的使命是不同的。不过，我们从三种不同组织中大致可以看出人力资源开发部门所肩负的三个不同责任：一是为组织内部提供学习活动和项目以改善组织的绩效；二是通过学习活动来实现组织目标；三是为其他组织提供培训和开发活动。

第一类的使命是最普遍的，大多数的组织提供人力资源开发活动是为了改善组织的绩效。这时，组织提供培训活动的目的是与员工当前工作相关的，培训是为了保证组织中的成员能更好地完成其职务对他们的要求，通过培训使他们能提供组织需要的产品和服务。

组织向非雇员提供培训同样是为了实现组织目标。向组织外的成员提供培训在企业的培训项目中越来越受到重视，主要包括向顾客、供应商、销售商和其他利益相关者提供的培训。例如，对政府组织、非盈利组织和志愿组织来说，人力资源开发项目的主要对象已经是这些组织中的不同部门和机构的服务对象，通过培训活动，这些机构和部门才能更好地向他们的服务对象提供更好的服务（如安全与危机管理、税收征集等），从而使他们完成自己的任务。还有许多组织向其他组织提供培训，其目的可能是多样的。最好的一种目的可能是与利润无关的，组织提供这样的培训只是一种社会公益活动。

（二）人力资源开发与人力资源管理的联系与区别

人力资源管理与开发从组织管理的角度来看，是紧密联系在一起的，在具体实施过程中也绝不可割裂开来，否则就易使人力资源管理陷入传统的人事管理之中去。两者的关系可以定位为管理是对人力资源现实能力的使用与规范，而开发则着眼于人力资源与组织未来的发展潜力，具体来说其联系有三个方面：（1）人力资源开发建立在人力资源管理的基础上。因为人力资源开发并不是不加分析的统一政策的开发，也需要在对不同人力资源个体和群体的不同诊断基础上执行不同的政策，而这些诊断信息主要依靠人力资源管理来获得。（2）人力资源开发的主要内容包含在现代人力资源管理的各环节之中。人力资源开发的重点是展开对组织中人力资源的各种针对性培训，以及对人力资源的职业生涯设计开发，这些内容已公认为现代人力资源管理专业的组织部分。（3）人力资源管理要以人力资源开发为导向。因为人力资源开发更体现了组织的战略性和对人力资源的重视，所以一个有生命力的组织显然不能仅仅停留在日常的管理之中，而应追求组织的长期发展。

两者的区别仅表现在各自侧重点的不同，主要有：（1）人力资源开发比之人力资源管理更强调战略性与长期性；（2）人力资源开发是人本理念最集中的体现，因为开发的各项措施常常表现在对人力资源实施的培训上，这种培训又强调组织需求与个人需求的结合，当然是对人力资源的最大重视；（3）人力资源开发的某些内容人力资源管理并不能完成，例如上面提到的有争议的组织开发的内容，显然是人力资源管理领域所不能完全承载的。

五、人力资源管理的发展阶段

有关人力资源管理的发展阶段在国外已有多种说法，如以华盛顿大学的弗伦奇为代表，从管理的历史背景出发提出的六阶段论；以罗兰和费里斯为代表，从管理的发展历史出发提出的五阶段论；以科罗拉多大学的韦恩·F.卡肖为代表，从功能的角度提出的四阶段论；以福姆布龙等为代表，从人力资源管理所扮演的角色角度提出的三阶段论等等。但正如董克用所指出的，对人力资源管理的发展阶段进行划分，其目的并不在于这些阶段本身，而是要借助这些阶段来把握人力资源管理的整个发展脉络，从而可以更加深入地理解它。对于在校大学生来讲还可以联系基础专业课的知识，从中总结人力资源管理的进步性与特点，因此，我们也对人力资源管理的发展阶段进行了五个阶段的划分。

（一）经验管理阶段

这一阶段是指 19 世纪中叶以前，这一时期生产的形式主要以手工作坊为主，并开始向机器化大工业转化。为了保证具有合格技能的工人能充足供给，对工人技能的培训是以有组织的方式进行的。师傅与徒弟的生活和工作关系，非常适合家庭工业生产的要求。由于管理主要是经验式的管理，各种管理理论只是处于初步摸索之中，还未形成体系。这一阶段的特点主要有：（1）组织的所有权与经营权合一，企业主既是所有者又是经营者；（2）并未建立健全统一的有理论依据的规章制度，而且存在的所谓制度也极不稳定，经常出现一换领导就换制度的现象；（3）在组织内容的人际关系处理中是典型的"人治"，没有法制，所以对于规律性的事情常会出现随管理者主观而变化的处理结果，很难使被管理者形成稳定的预期；（4）在决策上缺乏科学的决策程序，一般依靠主观判断来进行决策，决策风险很大；（5）没形成科学而合理的分工，执行的是面对面的管理，主观随意性很强；（6）从管理效果上看存在两个特点：一是管理的效率低下，二是组织的团队士气不高。

（二）科学管理阶段

这一阶段几乎是所有学者公认的一个发展阶段，指 19 世纪末到 20 世纪早期，这一时期生产的形式是机器化大工业。随着农业人口涌入城市，雇佣劳动大规模开展，雇佣劳动部门也随之产生，工业革命导致劳动专业化水平的提高和生产效率提高，与之相应的技术进步也促使人事管理方式发生变化。最出名的代表人物是被称为"科学管理之父"的泰勒，另外还有提出行政管理理论的韦伯和提出管理要素与管理职能的法约尔，他们的理论也统一被称为古典管理理论。其中最有代表性的是泰勒于 1911 年出版的《科学管理原理》一书中提出的思想，可以概括为六个方面。

1. 最佳动作原理

具体方法是选择合适而熟练的工人，对他们的每一个动作，每一道工序的时间记录下来，并把这些时间加起来，再加上必要的休息时间和其他延误时间，就得出完成该项工作需要的总时间，据此来定出一个工人的"合理的日工作量"。用这一合理的日工作量，来要求不同岗位上的工人，制定他的工作定额。泰勒认为，人的生产力的巨大增长这一事实，标志着文明国家和不文明国家的区别，标志着我们在一两百年内的巨大进步，科学管理的根本就在于此。因为科学管理同节省劳动的机器一样，其目的正在于提高每一单位劳动力的产量。

2. 第一流工人制

第一流工人制是指根据不同的体质和禀赋来挑选和培训工人，如身强力壮的就应该分配他干重活，而不应分配去干精细的活。这样挑选和培训出来的工人就是第一流的。

3. 刺激性付酬制度

刺激性付酬制度是根据工人是否完成工作定额而采取"差别计件工资制"，超额完成生产任务的，单件的工资额越高，收入就越多。

4. 职能管理原理或职能工长制

职能管理原理或职能工长制是指将管理工作细致地予以分割，每个管理者只承担一两种管理职能，这样，管理的职责比较单一明确，培养管理者所花的时间和费用也比较少。但是，由此也带来一些问题，即一个工人要从几个职能不同的上级那里接受命令。

5. 例外原理

例外原理是指企业的高级管理人员，应把一般的日常事务授权给下级管理人员去处理，而自己只保留对例外事项（重要事项）的决策和监督权。

6. "精神革命论"

"精神革命论"是指对工人进行思想压制的理论。在泰勒进行试验的工厂里，不许4个以上的工人在一起工作。他认为，当工人结帮成伙时，会把许多时间用在对雇主的批评、怀疑甚至公开斗争上面，从而降低效率。如果把工人隔开，工人就会专心致志地按规范操作，从而可提高工效和增长工资。泰勒认为，工人的工资一旦提高，"精神革命"也就会随着发生，即工人和雇主"双方都不把盈余的分配看成是头等大事，而把注意力转到增加盈余量上来，直到盈余大到这样的程度，以致不必为如何分配而争吵"。

从这些学者的观点中可以总结出这一时期的特点有：（1）组织所有权与经营权开始分离，组织出现了专门从事职能管理的人员，这是对管理作为重要生产要素的一种肯定；（2）采用"经济人"的人性假设，管理工作的重点在于提高生产率、完成生产任务，不去考虑人的感情；（3）组织中制定了严格的规章制度，依法治人，不留情面；（4）在对人的控制上选择外部控制的手段，依靠外部监督，实行重奖重罚的措施；（5）管理手段上讲究科学化，决策程序与机制的建立使得决策科学性大大提高，定量分析工作的方法大大提高了生产率；（6）从管理效率上看，生产效率大为提高，这也是资本主义发展史上的黄金时期，但由于漠视人的主观感受，不讲感情，使得组织的士气大受影响，员工的对抗情绪较为强烈，有时甚至可以影响生产效率。

（三）人际关系阶段

这一时期指的是 20 世纪 20 年代至第二次世界大战结束。由于泰勒等人创立的"科学管理"理论，仅把人看作是一种"经济人"，工人追求高工资，企业家追求高利润，并且过分强调严格用科学方法和规章制度实施管理；不论是前期泰勒等人提出的科学管理方法，还是后期韦伯等人提出的行政组织理论，其共同点都是强调科学性、精密性和纪律性，而把人的情感因素放到次要地位，把工人看做是机器的延长——机器的附属品，因而在很多企业激起工人的强烈不满和反抗。在这种情况下，一些管理学家也开始意识到，社会化大生产的发展需要有一种能与之相适应的新管理理论，于是人际关系学派便应运而生了。推动人际关系学派产生的一个重要事件就是在美国西方电器公司进行的"霍桑实验"，其中最著名的代表人物是乔治·埃尔顿·梅奥。

1926 年梅奥进入哈佛大学从事工业研究，不久参加了著名的霍桑工厂实验。当时，一些管理人员和管理学家认为，工作环境的物质条件同工人的健康、劳动生产率之间存在着明显的因果关系，在理想的工作条件之下，职工能发挥出最大的工作效率。但是，经过对两组女工——控制组和对照组的比较实验中发现，这一理论是不能成立的。参加实验的两组女工在工作环境、工作时间和报酬等因素发生各种变化时，产量始终保持上升趋势，其生产率并不和工作环境及工资报酬好坏、多少呈正比。而梅奥则从另外的角度来考察前一阶段试验的结果，他认为，参加实验的工人产量增长的原因主要是工人的精神方面发生了巨大变化，由于参加实验的工人成为一个社会单位，受到人们越来越多的注意，并形成一种参与实验计划的感觉，因而情绪高昂，精神振奋。梅奥由于发现了工业生产过程中的社会环境问题，因此率先提出了"社会人"这一概念。梅奥指出，工人是从社会的角度被激励和控制的，效率的增进和士气的提高主要是由于工人的社会条件和人与人之间关系的改善，而不是由于物质条件或物质环境的改善。因而企业管理者必须既要考虑到工人的物质技术方面，又要考虑到其他社会心理因素等方面。梅奥等人以霍桑实验中的材料和结果，提出以下假说：

（1）企业职工是"社会人"，而不仅仅是"经济人"。企业中的工人不是单纯追求金钱收入的，他们还有社会方面、心理方面的需求，这就是追求人与人之间的友情、安全感、归属感和受人尊重等。因此，不能单纯从技术和物质条件着眼，还必须首先从社会心理方面来鼓励工人提高生产率。

（2）企业中存在着"非正式组织"。企业中除了"正式组织"之外，还存在着"非正式组织"。这种"非正式组织"是指在厂部、车间、班组以及各职能部门之外的一种关系，从而形成各种非正式的集团、团体。这种非正式组织有自己的价值观、行为规范、信念和办事规则。它与正式组织互为补充，对鼓舞工人士气，提高劳动生产率、企业凝聚力都可起到很大作用。

（3）作为一种新型的企业领导，其能力体现在于提高职工的满足程度，以提高职工的士气，从而提高劳动生产率。金钱式经济刺激对促进工人劳动生产率的提高只起第二位的作用，起第一位作用的是职工的满足程度，而这个满足程度在很大程度上是由职工的社会地位决定的。职工的安全感和归属感依存于两个因素：一是工人的个人情况，即工人由于个人历史、家庭生活和社会生活所形成的个人态度和情绪；二是工作场所的情况，即工人相互之间或上下级之间的人际关系。

总结人际关系阶段，有如下特点：（1）组织所有权与经营权分离成为不可逆转的趋势；（2）采用"社会人"的人性假设，由理性管理变为感性化的管理；（3）管理手段上，由制度管理变为思想管理，强调尊重人的个性；（4）在控制方法上，由外部控制变为自我控制，弱化制度的作用；（5）管理重点由直接管理人的行为变为管理人的思想，强调人际关系的协调与正向的激励；（6）从管理效果上来看，人际关系学派在实践上鼓舞了组织的士气，因而也取得了不错的生产效率，但由于在某种程度上忽略了制度在防范不良绩效上的作用，易导致生产效率的不稳定。

（四）行为管理阶段

20世纪50年代后期至80年代末，针对人际关系学派的不足，许多管理学者加以总结和补充，发展出了行为管理学派。行为科学是在人际关系学说的基础上形成的，它重视对个体心理和行为、群体心理和行为的研究和应用，侧重于对人的需要和动机的研究，探讨了对人的激励研究，分析了与企业有关的"人性"问题，其代表人物是马斯洛和麦格雷戈。这一阶段在理论上，已经从过去只重视对具体工作和组织的研究，转向重视人的因素的研究，这是从重视"物"转向重视"人"的一种观念和理论上的飞跃。这一阶段的理论创新，都与人力资源管理有直接关系，从而也为人力资源管理奠定了理论基础，在60年代中叶，又发展为组织行为学。组织行为学奠定了人力资源管理的理论依据和学科基础。

1. 麦格雷戈的 X-Y 理论

美国管理学家麦格雷戈于1957年提出了X-Y理论。麦格雷戈把传统管理学说称为"X理论"，他自己的管理学说称为"Y理论"。X理论认为：多数人天生懒惰，尽一切可能逃避工作；多数人没有抱负，宁愿被领导，怕负责任，视个人安全高于一切；对多数人必须采取强迫命令，软（金钱刺激）硬（惩罚和解雇）兼施的管理措施。Y理论的看法则相反，它认为：一般人并不天生厌恶工作；多数人愿意对工作负责，并有相当程度的想象力和创造才能；控制和惩罚不是使人实现企业目标的唯一办法，还可以通过满足职工爱的需要、尊重的需要和自我实现的需要，使个人和组织目标融合一致，达到提高生产率的目的。

麦格雷戈认为，人的行为表现并非其固有的天性决定的，而是企业中的管理实践造成的。剥夺人的生理需要，会使人生病。同样，剥夺人的较高级的需要，如感情上的需要、地位的需要、自我实现的需要，也会使人产生病态的行为。人们之所以会产生那种消极的、敌对的和拒绝承担责任的态度，正是由于他们被剥夺了社会需要和自我实现的需要而产生的"疾病"的症状，因而迫切需要一种新的、建立在对人的特性和人的行为动机更为恰当的认识基础上的新理论。麦格雷戈强调指出，必须充分肯定作为企业生产主体的人，即企业职工的积极性是处于主导地位的，他们乐于工作、勇于承担责任，并且多数人都具有解决问题的想象力、独创性和创造力，关键在于管理方面如何将职工的这种潜能和积极性充分发挥出来。

2. 马斯洛需要层次理论

美国最具盛名的心理学家亚伯拉罕·马斯洛创立了人本主义心理学，在以弗洛伊德为代表的精神分析学派和以华生为代表的行为主义之后，形成了心理学上的"第三思潮"。他在《人类动机的理论》等著作中，提出了著名的"人类需要层次论"，他把人的需求按其重要性和发生的先后分为五个层次，人们一般按照先后次序来追求各自的需求与满足。等级越低者越容易获得满足，等级越高者则获得满足的比例越小。

（1）生理上的需要，包括维持生活和繁衍后代所必需的各种物质上的需要：衣、食、住、医、行等。这些是人们最基本、最强烈、最明显的一种需要。在这一层需要没有得到满足之前，其他需求不会发挥作用。

（2）安全上的需要，如生活保障、生老病死有依靠等。一旦生理需要得到了充分满足，就会出现安全上的需要——想获得一种安全感。

（3）感情和归属上的需要，包括同家属、朋友、同事、上司等保持良好的关系，给予别人并从别人那里得到友爱和帮助，谋求使自己成为某一团体公认的成员以得到一种归属感等。

（4）地位和受人尊重的需要，人们对尊重的需要可分为自尊和来自他人的尊重两类。自尊包括对获得信心、能力、本领、成熟、独立和自由等的愿望；而来自他人的尊重包括这样一些概念：威望、承认、接受、关心、地位、名誉和赏识。

（5）自我实现的需要，这是最高一级的需要，它是指一个人需要做对他适合的工作，发挥自己最大的潜在能力，表现个人的情感、思想、愿望、兴趣、能力，实现自己的理想，并能不断地创造和发展。

总结行为管理阶段，具有这样一些特点：（1）行为管理学者的主要思想是建立在人际关系学派的基础上的，因此有相当一部分观点是相同的；（2）行为管理学派在一定程度上超越了前人对于具体组织和工作的研究，更加注意对人的因素的研究；（3）行为管理学派已经不拘泥于某一固定的人性假设，开始具备了权变的思想；（4）需求层次论指出了从物质到精神，从生理到心理这样一个先后不同的层次，因而促使人们在企业管理理论上进一步深化，去思考在企业的生产过程中，如何更好地从文化心理上去满足企业职工的高层次需要，从文化上对职工加以调控和引导，帮助他们实现各自的愿望，使他们能够生活在这样一个氛围中，即不仅感到自己是一个被管理者，同时也能够在感情归属、获得安全感和尊敬，以及最后的自我实现方面，都有很大的发展余地，这也孕育着企业文化理论的诞生。

（五）企业文化阶段

企业文化的真正兴起是在20世纪80年代，作为在管理理论基础上发展起来的企业文化理论，是对原有管理理论的总结、创新，它从一个全新的视角来思考和分析企业这个经济组织的运行，把企业管理和文化之间的联系作为企业发展的生命线。企业管理从技术、经济上升到文化层面，是管理思想发展史上的一场革命，它给企业管理带来了勃勃生机和活力。企业文化的核心是组织成员的共同信念与价值观，也可称为企业精神，它可以归纳为很简练的一句口号或几个易懂好记的词组，但在西方，它常以使命说明书的形式逐条表述出它的要点，更具体的可以用若干条政策来体现。而人力资源管理理念恰恰是企业文化理念的核心部分，一个组织对其员工的看法才是最根本的企业文化价值观。

1. 麦肯锡的"7S"模型

企业文化理论诞生的一个重要诱因是美日企业管理经验的比较研究，其中最有代表性的人物是麦肯锡公司的专家汤·彼德斯和罗·沃特曼。他们先设置了可列为"管理最佳公司"的标准，再精选出数十家这类最佳公司，对它们进行较长的深入研究，发现它们管理有效性的共同之处，都在于全面关注和抓好七个管理因素，即结构（Structure）、战略（Strategy）、技能（Skill）、人员（Staff）、作风（Style）、制度（Systems）和共有价值观（Shared Values）。这些因素相互关联，构成一个完整的系统。它们中有的较"硬"，较理性、较直观、较易测控，如战略、结构等因素；有的则较"软"，不够理性，较难捉摸，要靠直觉来感知，这类因素恰是人们往往忽略的，却又是最重要的。其中共有价值观这一因素是整个系统的核心、基础和关键，它就是企业的精华或叫做"企业精神"。如图1-2所示，它表明，管理软硬兼备，虚实并蓄，

图1-2 麦肯锡的"7S"模型

是一个复杂完整的系统，而其核心则是最软而虚的"企业文化"或精神。

2. 学习型组织的出现

有人认为，人力资源管理发展到企业文化阶段的一个重要表现是学习型组织概念的提出和在实践中的运用。学习型组织是指在发展中形成的具有持续的适应和变革能力的组

织。在一个学习型组织中，人们都可以抛开原有的思考方式，能彼此开诚布公地去理解组织真正的运作方式，去构造一个大家能一致同意的愿景，然后齐心协力地实现这个目标。"以人为本"的管理理念得到了进一步发展，具体表现为：组织领导者既要掌握管理的理论和理念，更要注重管理的方法、操作和技能等实践；重视企业文化和团队精神的作用培育和发掘人力资源的创造力和企业的凝聚力；注重多文化时代多元化的管理模式；企业投资、经营和竞争的多元化，要求人力资源管理活动要不断创新。

总之，企业文化阶段的特点可以归结为：(1)"人事关系"成为总经理最重要的事宜之一；(2)重视员工作为有尊严个体的存在；(3)重视用工作目标引发员工的积极性；(4)重视工作表现和挑战性工作，注重在工作中培养员工的成就感；(5)注重团队精神的培养和沟通技巧的培训使用；(6)注意团体气氛的融洽，营造"学习型"组织。

第三节 人力资源管理在组织中的实现

人力资源管理是现代组织管理的重要组成部分，其各项功能的实现也必须依托于一定形式的组织，而且其日常工作更多地体现在组织中人力资源管理部门或人力资源管理人员的工作。

一、人力资源管理的目标与功能

人力资源管理目标是其各项功能的导向，而其功能又是对人力资源管理目标的具体分解，但这一目标从根本上要服从于组织的总体目标和战略。

(一) 人力资源管理的目标

关于人力资源管理的目标有多种说法，例如美国学者认为人力资源管理的目标有四：第一，建立员工招聘和选择系统，以便于能够雇用到最符合组织需要的员工。第二，最大化每个员工的潜质，既服务于组织的目标，也确保员工的事业发展和个人尊严。第三，保持那些通过自己的工作绩效帮助组织实现组织目标的员工，同时排除那些无法对组织提供帮助的员工。第四，确保组织遵守政府关于人力资源管理方面的法令和政策。[①] 从彼得·德鲁克关于人力资源管理对组织效益的贡献的论述出发，人力资源管理的目标有九个方面：(1)帮助组织实现目标；(2)有效地利用劳动者的技能；(3)提供训练有素和良好动机的员工；(4)提高员工的满意度和自我实现；(5)实现职业生涯的质量；(6)与所有的员工交流人力资源管理的政策；(7)坚持符合伦理规范和社会责任的行为；

---

① 参见张一弛. 人力资源管理教程 [M]. 北京：北京大学出版社，2003.

(8) 管理变革，即在不损害组织生存的前提下有效地发现和使用新的、灵活的方法；
(9) 提高应急管理能力和加快循环时间。①

两种说法有着共同之处，都强调人力资源管理要帮助实现组织的目标，而手段在于通过对员工的管理，后者还提高了组织的社会责任，这也是组织内部管理的外部效应。总的来说，人力资源管理是帮助组织向社会提供它所需要的产品与服务，并使组织在市场竞争中得以生存和发展，把组织所需要的人力资源吸引到组织中来，将他们保留在组织之内，调动他们的积极性，开发他们的潜能，来为本组织服务。

（二）人力资源管理的功能

关于人力资源管理的功能国内学者的认识是比较统一的，大都围绕对人力资源的吸引、使用和开发提出的，目前有两种代表性说法，一是张一弛提出的"五职责说"：(1) 吸引。这是指确认组织中的工作要求，决定这些工作需要的人数与技术，对有资格的工作申请人提供均等的雇用机会。吸引环节涉及如何进行工作分析，即确定各个工作岗位任务的特点，从而确定企业中各个工作岗位的性质和要求；如何对企业的人力需求进行预测，为开展招聘工作准备依据。(2) 录用。录用是根据工作需要确定最合适人选的过程，确保企业能够从工作申请人中间选拔出符合企业需要的员工。(3) 保持。保持员工工作的积极性，保持安全健康的工作环境。这包括决定如何管理员工的工资和薪金，做到按照员工的贡献等因素进行收入分配，做到奖惩分明，同时通过奖赏、福利等措施激励员工。(4) 发展。这是指提高雇员的知识、技能和能力等方面的素质，保持和增强员工的工作能力。其中包括对新到本企业的员工进行工作引导和业务培训，训练和培养各级经理人员，以及为了使员工保持理想的技能水平而进行的一系列活动。(5) 评价。这是指对工作结果、工作表现和对人事政策的服从情况做出观察和鉴定。其中包括决定如何评价员工的工作业绩，如何通过面谈、辅导和训话等方式与员工进行面对面的交流。

另一种更加被广泛接受的说法是余凯成提出的"五功能说"：(1) 获取。包括招聘、考试、选拔与委派。(2) 整合。这指的是使被招收的职工了解企业的宗旨与价值观，接受和遵从其指导，使之内在化为他们自己的价值观，从而建立和加强他们对组织的认同与责任感。(3) 保持和激励。提供职工其所需奖酬，增加其满意感，使其安心和积极工作。(4) 控制与调整。评估他们的素质，考核其绩效，做出相应的奖惩、升迁、离退、解雇等决策。(5) 开发。对职工实施培训，并提供给他们发展机会，指导他们明确自己的长、短处及今后的发展方向和道路。② 这五项功能是相辅相成、彼此配合的，如图 1-3 所示，激励可使员工对工作满意、留恋和安心，从而促进了整合；开发使员工看到自己在组织中的

---

① 参见〔美〕约翰·M. 伊万切维奇，赵曙明. 人力资源管理 [M]. 北京：机械工业出版社，2005.

② 参见余凯成. 人力资源开发与管理 [M]. 北京：企业管理出版社，1997.

前程，从而更积极和安心。但这五项功能都是以工作分析为基础与核心的，工作分析能确定本组织每一岗位所应有的权责和资格要求，从而使人力资源的获取明确了要求，为激励规定了目标，给绩效考核提供了标准，为培训开发提供了依据，这些详细内容将在第二章中加以说明。

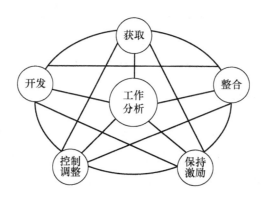

图1-3 人力资源管理五功能的关系

二、人力资源管理的任务与作业活动

（一）人力资源管理的任务

人力资源管理的基本任务在于为组织发展提供人力资源上的保证，加里·德斯勒把它概括为六个方面：（1）通过计划、组织、调配、招聘等方式，保证一定数量和质量的劳动力和专业人才，满足企业发展的需要。（2）通过各种方式和途径，有计划地加强对现有员工的培训，不断提高他们的劳动技能和业务水平。（3）结合每个员工的职业生涯发展目标，对员工进行选拔、使用、考核和奖惩，尽量发挥每个人的作用。（4）协调劳动关系。运用各种手段，对管理者与被管理者、员工与雇主、员工与员工之间的关系进行协调，避免不必要的冲突和矛盾。同时，要考虑到员工的利益，保障员工的个人权益不受侵犯，保证劳动法的合理实施。（5）对员工的劳动给予报酬。通过工作分析和制定岗位说明书，明确每个岗位的功能和职责，对承担这些职责的人的工作及时给予评价和报酬。（6）管理人员的成长。管理人员的培训和开发是现代人力资源管理的重要内容之一，要保证任何部门、任何位置的负责人随时都有胜任的人来接任。

（二）人力资源管理的主要活动

人力资源管理的主要活动又称为人力资源管理的各项职能，是指组织中人力资源职能管理人员所从事的具体工作环节。不同规模的组织所涉及的活动略有区别，尤其是在人力资源管理部门岗位设置和人员分工上有很大的不同，但从最全面的角度来看，人力资源管理的主要活动有以下几个方面。

1. 人力资源规划

这一过程是从最初的所谓人力规划基础上发展起来的。人力资源规划的宗旨是，将组织对员工数量和质量的需求与人力资源的有效供给相协调。需求源于公司运作的现状与预测，供给方面则涉及内部与外部的有效人力资源量。内部供给是近年来组织合理化目标的体现，涉及现有劳动力及其待发挥潜力；外部供给取决于组织外的人员数，受人口趋势、教育发展以及劳动力市场竞争力等多因素影响。规划活动将概括出有关组织的人力需求，并为下列活动，如人员选拔、培训与奖励，提供所需信息。

2. 人员招聘

人员招聘之前，要做工作分析。在此过程中，要对某一岗位的员工职责作仔细分析，并做出岗位描述，然后确定应聘该岗位的候选人应具备的能力。应根据对应聘人员的吸引程度选择最合适的招聘方式，如报纸广告、职业介绍所、人才交流会等。

3. 人员选拔

人员选拔有多种方法，如求职申请表、面试、测试和评价中心等，可用于从应聘人员中选择最佳候选人。通常是第一步筛选后保留条件较合适者，应聘者较少时这一步骤就不必要了。作选择决定时需要一些辅助手段，即理想候选人标准。

4. 绩效评估

这是一种根据设定目标评价员工业绩的方法，但并未被广泛接受。人事人员往往只参与制定程序，而过程的管理则通常留待部门经理去完成。一般是在有关人员填写一系列表格，使有关部门对其最近一次面试（通常为一年）以来的业绩有一个较好了解后，安排面试。业绩可以用事先设定的指标量化，其结果可用做对员工进行培训，或在某些情况下，作为表彰奖励的依据。

5. 培训

这一过程关系到建立何种培训体系，哪些员工可以参加培训等问题。培训种类多样，从在职培训到由组织外机构提供的脱产学习和培训课程，当组织对核心员工在公司内的发展有所计划时，培训与发展的关系就很显而易见了，这种情况下管理人员总是努力使公司需要与个人事业发展相协调。

6. 报酬与奖惩

这项工作的范围很广，包括确定工资级别和水平，福利与其他待遇的制定，奖励和惩罚的标准与实施，以及工资的测算方法（如岗位工资，计件工资或绩效工资等），各种补贴。

7. 劳动关系

涉及这一部分的环节包括与员工签订劳动协议或雇用合同，处理员工与公司或员工之间可能出现的纠纷，制定员工的权利和义务，按照劳动法处理各类员工问题，制定员工投诉制度。人事主管还要针对与雇用立法有关的事项提供意见，并应熟知与法律条款适用性有关的实际问题。

8. 员工沟通与参与

通过召开会议等形式将有关信息传达给员工，安排一定的方式使员工能对公司决策有所贡献（如提出建议方案）。在特定环境中，协商也可归入此类活动。目前，越来越多的公司采用团队式的管理方式，像质量小组，这样，员工有机会参与到与其工作相关的决策活动中。

9. 人事档案记录

员工的人事记录通常由人事部门集中管理，这些记录中包括最初的应聘材料，和后续工作中添加的反映员工资历、成绩和潜力的资料。员工档案是人事决策的一项重要依据。随着计算机的普及，许多公司采用了人力资源管理信息系统，用计算机来管理人事档案资料。

这里需要指出的是，一个组织的人力资源管理活动是由人力资源管理专业人员（包括人事经理或主管）和各业务主管（部门经理）同时完成的。实际情况下，特别是对大机构而言，人事活动经常包含以上所列的多种形式。例如，生产部门经理需要招聘一位工人，他首先要确定需要什么样的人，提出具体要求，然后各班组长或工段长协商，看是否可以从本部门解决，若能解决，则将人员变动报人力资源部门；如果不能解决，就需要与人力资源经理或负责人进行协商，看公司其他部门是否有合适人选，或者从公司外部招聘，这就需要综合考虑该岗位的实际需要，内部人员补充情况，填补空缺所需成本等。若最终决定从外部招聘，人事主管将在以下方面为生产经理提供支持，如起草岗位职责说明，广告招聘信息，对面试过程提出建议。聘用合同一般应由人事主管签发。这个例子说明人事活动中高层经理的参与情况。有些机构中，特别是对较低岗位人员的聘用，人事主管的直接介入较少，可能只涉及招聘广告和签发合同。

（三）人力资源管理活动的关系

人力资源管理的各项活动之间不是彼此割裂、孤立存在的，而是相互联系、相互影响，共同形成了一个有机的系统，如图1-4所示。

1. 以工作分析与评价为基础

在这个职能系统中，工作分析和工作评价是一个平台，其他各项职能的实施基本上都要以此为基础。人力资源规划中，预测组织所需的人力资源数量和质量时，基本的依据就是岗位的工作职责、工作量和任职资格，而这些正是工作分析的结果——岗位说明书的主要内容；预测组织内部的人力资源供给时，要用到各岗位可调动或晋升的信息，这也是岗位说明书中的内容。进行计划招聘时，发布的招聘信息可以说就是一个简单的岗位说明书，而录用甄选的标准则主要来自于岗位说明书中的任职资格要求。绩效管理和薪酬管理与工作分析和工作评价的关系更加直接。绩效管理中，员工的绩效考核指标可以说是完全根据岗位的工作职责来确定的；而薪酬管理中，员工工资等级的确定，依据的信息主要就是岗位说明书的内容。在培训开发过程中，培训需求的确定也要以岗位说明书对业务知识、工作能力和工作态度的要求为依据，简单地说，将员工的现实情况和这些要求进行比较，两者的差距就是要培训的内容。

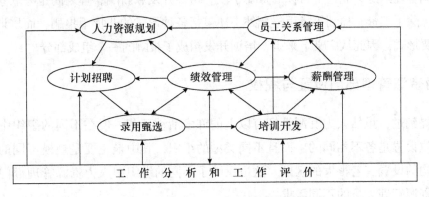

图1-4　人力资源管理活动关系图①

2. 以绩效管理为核心

再来看一下绩效管理。该职能在整个系统中居于核心的地位，其他职能或多或少都要与它发生联系。预测组织内部的人力资源供给时，需要对现有员工的工作业绩、工作能力等做出评价，而这些都属于绩效考核的内容。计划招聘也与绩效考核有关，我们可以对来自不同渠道的员工的绩效进行比较，从中得出经验性的结论，从而实现招聘渠道的优化。录用甄选和绩效管理之间则存在着一种互动的关系，一方面我们可以依据绩效考核的结果来改进甄选过程的有效性；另一方面甄选结果也会影响到员工的绩效，有效的甄选结果将有助于员工实现良好的绩效。前面已经提到，将员工的现实情况与岗位说明书的要求进行比较后就可以确定出培训的内容，那么员工的现实情况又如何得到呢？这就要借助绩效考核了，因此培训开发和绩效管理之间存在着一定的关系，此外，培训开发对员工提高绩效也是有帮助的。目前，大部分企业在设计薪酬体系时，都将员工的工资分为固定工资和浮动工资两部分，固定工资主要依据工资等级来支付，浮动工资则与员工的绩效水平相联系，因此绩效考核的结果会对员工的工资产生重要的影响，这就在绩效管理和薪酬管理之间建立了一种直接的联系。通过员工关系管理，建立起一种融洽的氛围，这将有助于员工更加努力地工作，进而有助于实现绩效的提升。

---

① 资料来源：董克用，叶向峰. 人力资源管理概论［M］. 北京：中国人民大学出版社，2004.

3. 其他活动相互联系

人力资源管理的其他活动之间同样也存在着密切的关系，录用甄选要在招聘的基础上进行，没有人来应聘就无法进行甄选；而招聘计划的制订则要依据人力资源规划，招聘什么样的员工、招聘多少员工，这些都是人力资源规划的结果；培训开发也要受到甄选结果的影响，如果甄选的效果不好，员工无法满足岗位的要求，那么对新员工培训的任务就要加重，反之，新员工的培训任务就比较轻。员工关系管理的目标是提高员工的组织承诺度，而培训开发和薪酬管理则是达成这一目标的重要手段。培训开发和薪酬管理之间也有联系，员工薪酬的内容，除了工资、福利等货币报酬外，还包括各种形式的非货币报酬，而培训就是其中的一种重要形式，因此从广义上来讲，培训开发构成了报酬的一个组成部分。

三、人力资源管理部门设置与职权

前面提到过，虽然人力资源管理有以上的许多活动环节，但在不同的组织中所涵盖的方面及岗位设置是各不相同的，而且不同类型的组织，其中最主要是规模不同的组织，人力资源机构的设置有着很大的区别。这也反映了不同的组织中人力资源管理部门的地位以及对人力资源管理人员的不同需求。

（一）不同规模组织的人力资源部门设置

组织中从事人力资源管理这一职业的人可以分为三类：人力资源高级管理人员、多面手和专家。这些不同的人员是组织中人力资源管理部门的主要成员。(1) 人力资源高级管理人员是人力资源方面处于较高层级的管理者，他们是直接向组织的最高管理层或主要部门主管进行报告的高层经理。(2) 多面手通常是人力资源管理方面的管理人员，他们负责多个相互联系的人力资源管理工作职能方面的工作，多面手的工作涉及组织人力资源管理的全部工作职能或者其中几个工作职能。目前在组织中的一个变化趋势是，许多组织将人力资源管理的多面手分派到各个一线组织中去，从而使组织保持更小规模的人力资源部门。(3) 人力资源管理专家可以是人力资源高级管理人员、一般管理者或者非管理人员，他们只专注于人力资源管理各项工作职能中的某一个方面。在当今的人力资源管理环境中，从事人力资源管理职业的人员正在向着更加多面化的方向发展。

1. 小型组织人力资源管理部门的设置

小型组织的人力资源管理部门的设置特点是：(1) 一般不拥有正式的人力资源管理专家，有的甚至没有正式的人力资源管理部门，而是和其他部门（如行政部门、办公室）合并办公来处理人力资源管理事务。(2) 小型组织的人力资源管理部门的工作重心一般更多地放在招聘和培训员工，以及档案和薪酬管理等事务。如图1-5所示。

小型组织人力资源管理部门的设置虽然较简单，但其职能的重要性却并不逊色。比如，如果一家小型企业在人员招聘和工作分派方面出现严重的错误，那么这些错误就很可能会导致整个企业的失败，而在大型组织这类错误的危害就要相对小许多。此外，由于小型组织面对大、中型组织的强大竞争，往往需要花更大的精力获取必要的优秀的人力资源，以维系自己的生存和发展。

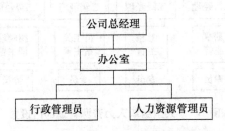

图1-5 小型组织人力资源管理部门设置

2. 中型组织人力资源管理部门设置

中型组织一般都会拥有专门的人力资源管理部门，其设置的特点是：(1) 会在某些人力资源管理的职能方面出现专业化的分工，比如，往往会有一个秘书来专门处理往来信件等事宜。(2) 人力资源部门中拥有为数不多的人力资源管理专家或多面手。(3) 人力资源部门经理是十分重要的。如图1-6所示。

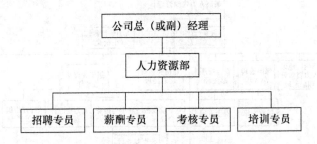

图1-6 中型组织人力资源管理部门设置

3. 大型组织人力资源管理部门设置

大型组织的人力资源管理部门设置的特点是：(1) 分工进一步细化，例如，往往设置招聘、培训和开发、薪酬和福利、安全与健康等多个下属部门。(2) 拥有数量较多的人力资源管理专家或多面手，这些人员往往会负责人力资源部的一个或几个下属部门，并向人力资源部经理报告。(3) 人力资源部门的经理与企业最高层的联系更为密切，在许多大型组织中会出现专门负责人力资源管理的高层领导，比如，负责人力资源事务的副总裁。如图1-7所示。

当然，所谓的大型组织的规模也没有一定的标准，视情况不同，有的组织在人力资源部内部设置二级经理甚至三级经理，但有的组织只是在人力资源部门经理下设置主管和专员两个层级，而且二级部门或专业职能模块的划分也不尽相同。

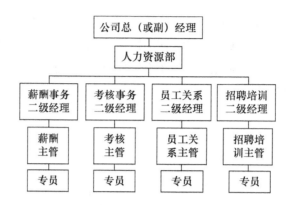

图 1-7 大型组织人力资源管理部门设置

4. 跨国公司人力资源管理部门设置

在一些特大型组织，如跨国公司，人力资源管理部门的设置更为复杂，不仅有专业职能上的分工，而且会有地域上的分工；在管理层级上也更为复杂，拥有各种高级人力资源管理人员、多面手及专家，如图 1-8 所示。

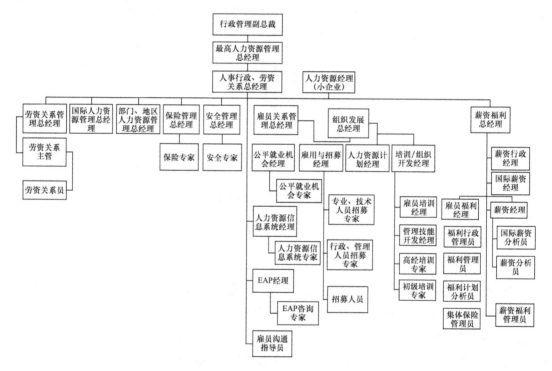

图 1-8 跨国公司人力资源管理部门设置①

---

① 资料来源：〔美〕加里·德斯勒. 人力资源管理（第六版）[M]. 北京：中国人民大学出版社，1999.

随着竞争全球化的加剧，在许多大型组织（尤其是跨国公司）中出现了共享服务中心，它是组织中一个相对独立的机构，将散布在整个组织中的例行的、事务性的工作活动整合在一起，并为管理者和员工提供直接的支持。共享服务中心的主要优点是：组织的人力资源管理者从例行公事中解脱出来，从而可以承担更加战略化的任务。

另外，越来越多的组织将某些人力资源管理的非核心职能外包出去。所谓外包是指，组织将与某一领域的服务和与目标有关的职责转交给组织外部的供应者去完成。外包的主要优点是：缩短运营时间，更加有效地降低成本。外包的前提应当是不降低组织运作的效率。

采用人力资源管理共享服务中心或者外包等形式的组织，其人力资源管理部门的设置将会发生变化，即人力资源部的工作职能趋于集中，那些外包出去的职能将不在人力资源部的工作范围之内，尽管仍需要对这些职能进行监督。这样，组织人力资源部的设置将更多地与组织的战略目标相联系。

（二）人力资源管理部门与其他部门的分工

组织所有的管理人员都承担着一定的人力资源管理的职能，这是因为他们的工作都要涉及选拔、培训、评估、激励等各个方面的人力资源管理活动。但大多数的企业都设有专门的人力资源管理部门（或者人事管理部门）和人力资源经理，负责人力资源的运作职能。人力资源经理及其下属同其他管理人员的人力资源管理职责既有共同之处，又有一些明显的区别，这主要体现在他们所拥有的职权上。

1. 职权及其划分

职权是指制定决策、下达命令和指挥别人工作的权力。在组织管理中，职权分为直线职权和职能职权。直线职权是直线或梯级的职权关系，即上级对下属行使直接的管理监督的关系。职能职权是顾问性质的职权关系，即进行调查、研究并向直线职权提出建议。

拥有直线职权的管理者是直线管理者，拥有职能职权的管理者是职能管理者。直线管理者拥有完成生产和销售等实际业务的下属，有权直接指挥其下属的工作，因此直线管理者需要负责完成组织的基本目标。职能管理者不拥有完成生产和销售等实际业务的下属，他们只是负责协助直线管理者完成组织的基本目标。人力资源经理属于职能管理者，他们负责协助生产和销售等方面的管理者处理选拔、评估、激励等方面的事务。如图1-9所示。

2. 直线管理者的人力资源管理职权

直线管理者所具有的人力资源管理职权包括：指导组织的新进员工，训练员工掌握新的技能，分派适当的人员担任适当的工作，培养员工之间的合作工作关系，协助员工改进工作绩效，向员工传达组织的各种规章和政策，控制本部门的人事费用，开发员工的工作潜力，激发并维护员工的工作积极性，维护员工的身心健康，等等。

一般来讲，当组织规模很小的时候，直线管理者是可以独立完成上述各项工作的。当组织规模达到一定程度时，直线管理者就需要人力资源职能部门的协助以及人力资源管理的专业知识的支持。

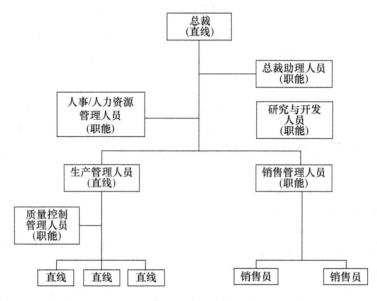

图1-9 直线职权与职能职权①

3. 人力资源管理者（或人力资源经理）的人力资源管理职权

人力资源部门职能经理人的人力资源管理职权既有与直线经理人相似的直线职能，也有人力资源经理人特有的服务职能。人力资源经理人的直线职能包含两层含义：一是在人力资源部门内部，人力资源经理必须行使直线经理人职权，指挥自己的下属工作；二是在整个组织范围内，人力资源经理对其他经理人可能行使相当程度的直线职能，这就是所谓的人力资源经理的"隐含职权"。这是因为其他的直线经理人知道人力资源经理由于工作关系能够经常接触最高管理层，因此，人力资源主管所做的建议经常被看作是上级指示，而受到直线经理人的重视。人力资源经理人的服务职能指的是：一方面，人力资源经理和人力资源部门作为最高管理层的得力助手，要协助企业的最高管理层保证人力资源方面的目标、政策和各项规定的贯彻执行；另一方面，人力资源经理人要为直线经理人提供人力资源管理方面的服务，其中包括：帮助直线经理人处理所有层次员工的任用、训练、评估、奖励、辅导、晋升和开除等各种事项；帮助直线经理人处理健康、保险、退休和休假等各种员工福利计划；帮助直线经理人遵守国家各项有关劳动和人事方面的法律和规定；

---

① 资料来源：[美]加里·德斯勒. 人力资源管理（第六版）[M]. 北京：中国人民大学出版社，1999.

帮助直线经理人处理员工的不满和劳工关系。在解决这些问题当中，人力资源经理和人力资源部门必须提供最新的信息和最合理的解决办法。

4. 人力资源管理部门与其他部门活动的分工

人力资源管理部门与其他部门的分工如表1-2所示。

表1-2 人力资源管理部门与直线部门的分工

主要活动	直线部门的活动	人力管理部门的活动
人力资源规划	◇ 向人力资源部门提交人员需求计划 ◇ 配合内部人力资源供给调查	◇ 汇总各部门的需求计划，综合平衡和预测公司的人员需求 ◇ 预测公司的人员供给 ◇ 拟定平衡供需的计划
工作分析	◇ 向人力资源部门提供工作分析信息 ◇ 配合人力资源部门修订岗位说明书	◇ 组织实施工作分析 ◇ 根据其他部门提供的信息，编制岗位说明书 ◇ 与其他部门沟通，修订岗位说明书
招聘与甄选	◇ 列出特定工作岗位的职责要求，以便协助进行工作分析（若无岗位说明书） ◇ 向人力资源管理人员解释对未来雇员的要求以及所要雇用的人员类型 ◇ 描述出工作对"人员素质"的要求，以便人力资源管理人员能够设计出适当的甄选和测试方案 ◇ 同候选人进行面谈，做出最后的甄选决策	◇ 根据规划确定招聘的时间、范围 ◇ 发布招聘信息 ◇ 对候选人进行初步面试、筛选，然后将可用者推荐给部门主管人员去考虑 ◇ 配合其他部门对应聘者进行测试，确定最终人选 ◇ 给新员工办理各种手续 ◇ 制订出员工晋升计划
工资报酬	◇ 向人力资源管理人员提供每项工作的性质和相对价值方面的信息，帮助他们确定工资水平 ◇ 评价员工的工作绩效，以便人力资源管理部门根据员工的工作绩效适当地调整他们的报酬 ◇ 根据奖励的性质决定支付给员工的奖金数量 ◇ 制订组织福利计划和由组织提供的服务项目的总体方案	◇ 设计工作评价体系 ◇ 执行工作评价程序，以确定每一种工作在企业中的相对价值 ◇ 进行薪资调查，审查报酬的公平性 ◇ 制定薪酬体系，包括薪酬的结构、发放的方式和确定的标准等 ◇ 核算员工的具体薪酬数额 ◇ 办理各种社会保险 ◇ 审核各部门的奖惩建议

(续　表)

主要活动	直线部门的活动	人力管理部门的活动
绩效管理	◇ 具体确定本部门考核指标的内容和标准 ◇ 参加考核者的培训 ◇ 具体实施本部门的考核 ◇ 执行绩效辅导 ◇ 与员工进行沟通，制订绩效改进计划 ◇ 根据考核的结果向人力资源部门提出相关的建议	◇ 制定绩效管理的体系，包括考核内容的类别、周期、方式以及步骤等 ◇ 指导各部门确定考核指标的内容和标准 ◇ 对管理者进行考核培训 ◇ 组织考核的实施 ◇ 处理员工对考核的申诉 ◇ 保存考核的结果 ◇ 根据考核的结果做出相关的决策
培训与开发	◇ 根据企业和工作的具体情况，将雇员安排到不同的工作岗位上，并对新雇员进行指导和培训 ◇ 向人力资源部门提出培训的需求 ◇ 参加有关的培训项目 ◇ 进行培训反馈 ◇ 对下属的职业进步情况进行评估，然后就他们个人的职业发展可能性向他们提出建议	◇ 制订培训体系，包括培训的形式、培训的项目和培训的责任等 ◇ 汇总各部门的需求，拟定培训文件，制订培训计划，准备培训用材料 ◇ 组织实施培训计划 ◇ 收集反馈意见，并培训评估 ◇ 制订职业发展计划和晋升制度
劳动关系	◇ 根据维护健康劳资关系的需要，建立一种互相尊重、互相信任的日常工作环境 ◇ 具体实施企业文化建设方案 ◇ 在就集体合同进行集体谈判的时候，同人力资源管理人员共同工作 ◇ 直接处理员工的有关意见	◇ 密切注意员工情绪，对可能导致劳动者不满的那些问题的根本原因进行研究和诊断 ◇ 制订企业文化建设的方案并组织实施 ◇ 建立沟通的机制和渠道，受理员工的各种意见 ◇ 就如何处理雇员的申诉对管理人员进行培训并且协助有关各方就申诉事件达成协议
员工安全保障	◇ 确保雇员在纪律处罚、解雇以及工作保障方面得到公平待遇 ◇ 经常性地指导雇员坚持形成良好的安全工作习惯 ◇ 对雇员的安全生产行为加以肯定和奖励 ◇ 及时准确地完成事故报告	◇ 制定确保公平待遇的程序性规定并训练直线管理人员运用它们 ◇ 对工作进行分析以制定安全操作规程，并就如何设计机器保护装置一类的安全保护设备提出意见 ◇ 及时调查发生的事故，分析事故原因，为事故防范提出建议

四、我国人力资源管理的现状

人力资源管理的理论和实践在我国运用的时间并不长，而且在我们的国情条件下，呈现出与国外不同的实践特点，因此，研究我国人力资源管理的现状是合理运用人力资源管理理论的重要前提。

（一）新中国企业人力资源管理的发展阶段

新中国自成立以来，人力资源管理的发展可以分成四个阶段[①]。

（1）1949—1977 年，计划经济体制下的人事管理制度。这一阶段，我国实行中央集权、高度集中统一的计划经济体制，企业人事管理工作的历程和本质是创立、运行和发展一套与之相适应的，以计划为核心、行政管理为手段的企业人事行政管理的制度和模式，已形成了"国家包揽，行政隶属，身份差别，终身固定"的企业管理体制，带有计划经济体制的"统得过死，条块分割，计划调节"的浓重特点。

（2）20 世纪 70 年代末至 90 年代中期，为传统人事制度的改革与创新时期。这一时期随着我国的经济体制逐渐从计划经济向市场经济过渡，传统的人事制度也发生了改变。最初针对分配中的"平均主义"、"大锅饭"、"铁饭碗"所产生的效率低下、人浮于事等弊端，国家允许企业在招工方法等政策措施上有所灵活。20 世纪 80 年代中后期，我国企业人事制度进入了创新改造阶段，具体表现为：推进企业自主用工，采用劳动合同制，改革工资、福利、劳动就业等，但仍未突破国家对企业放权让利的狭窄圈子。20 世纪 90 年代中后期，我国企业传统人事管理制度进入全面改革阶段。如开始建立现代企业制度，企业成为自主经营、自负盈亏的独立经济实体，实行全员劳动合同制等，传统的人事管理制度的内容和框架被破除和扬弃，与市场经济体制相对接的新型人事管理制度框架和内容开始建立。

（3）20 世纪 90 年代末至 21 世纪初，为企业由传统人事管理向现代人力资源管理过渡时期。随着市场经济体制的逐渐形成，我国企业人事管理制度改革也全面深化，伴随着企业改制、股份制改造、企业重组及抓大放小等改革，企业人事管理制度在体制、机制、结构等方面进行全方位的彻底改革，与市场经济相适应，按照市场经济管理模式构建的新型人事管理制度已在企业开始运行。与此同时，我国一些企业的人事管理工作也开始从传统人事管理层次向现代人力资源管理层面提升。

（4）21 世纪初至今，为我国人力资源管理制度再造和行业规范时期。人力资源管理的重要性在企业中逐渐被认可，尤其是各高校针对市场上对于人力资源管理专业人才的需求，纷纷开设了各种层次的人力资源管理专业，该专业现在也呈现招生与就业两旺的景象。从 20 世纪 90 年代末，各企事业单位从内部收入分配制度改革入手，引发了组织结构

---

① 参见张佩云. 人力资源管理 [M]. 北京：清华大学出版社，2004.

调整、重新定岗定编、工作分析与评价直至绩效管理制度设计等一系列的人力资源管理制度再造的热潮。另外，面对市场上人力资源管理从业人员的迅猛增加，一些政府部门和行业协会等组织先后推出了人力资源管理从业人员职业资格认证和培训的项目，接受培训与申请认证的人员越来越多，这也有利于市场资源的整合和专业人才标准的规范。

(二) 我国企业人力资源管理现状

2002 年，国务院发展研究中心企业研究所采用开放式问卷、半结构化问卷、调查访谈、文献资料分析等方法，对国内几十家企业的人力资源管理现状进行了调查分析。从所调查企业的组织结构设置、人力资源工作人员配置、人力资源管理理念、人力资源管理机构与职能设置及制度建设等方面来看，目前国内企业的人力资源管理主要具有以下特点。①

(1) 大多数企业的人力资源管理还处于以"事"为中心的状态。只见"事"，不见"人"，只见某一方面，而不见人与事的整体性、系统性，强调"事"的单一方面静态的控制和管理，其管理的形式和目的是"控制人"；把人视为一种成本，当作一种"工具"，注重的是投入、使用和控制。

(2) 所调查的企业普遍缺乏人力资源规划与相关政策。人力资源规划是根据企业的发展战略、企业目标及企业内外环境的变化，预测未来企业任务和环境对企业的要求，从而为完成这些任务和满足这些要求而提供人力资源的一个过程。其开发和整合有赖于企业战略的确立与明确。但是，目前国内大多数企业人力资源管理往往注重于招聘、员工合同管理、考勤、绩效评估、薪金管理、调动、培训等与公司内部员工有关的事项，却忽略了与顾客的联系，没有关注顾客需求和市场变化与企业经营战略、市场环境相一致的人力资源管理战略。

(3) 许多人力资源管理的功能远未完善。整个人力资源管理系统中的各个模块之间相互矛盾或不一致，难以有效发挥人力资源管理的整体效能。

(4) 人力资源部门无法统筹管理整个公司的人力资源。比如，人力资源部门无法将公司和部门战略与人力资源战略统一结合；受职权限制，人力资源部门与其他业务部门沟通困难；人力资源部的实际工作停留在主管层以下，造成考核体系不完善，激励机制不健全，继任计划不完整等问题；公司高级领导层受具体业务困扰，对人力资源重要性认识不够。

(5) 十分缺乏将先进的人力资源管理思想转化为适合中国企业特点的、可操作的制度和措施的技术手段与途径。由于没有十分成熟的人力资源管理技术和完善的工作流程的实

---

① 资料来源：〔美〕约翰·M.伊万切维奇，赵曙明. 人力资源管理 [M]. 北京：机械工业出版社，2005.

践，难以提炼、固化成为人力资源管理信息系统，电子化程度低，工作效率不高也就在所难免。

（6）薪酬福利难以有效激励员工努力工作。没有处理好资历、职位、能力、智慧、贡献等要素在薪酬分配体系中的关系，"凭能力上岗、凭贡献取酬"没有得到很好的体现。

五、人力资源管理的发展趋势与面临的挑战

随着知识经济的到来，人的因素在促进生产力发展上所起到的作用越来越大，不论是国内的企业还是跨国公司，对人才的争夺已经成为竞争的一个焦点。另外，社会生活质量的全面提高和人自身需求的变化也给人力资源管理提出了新的要求，综合国内外企业人力资源管理的发展，呈现出了许多新的趋势。

（一）人力资源管理的发展趋势

1. 企业组织不断创新，变革不断进行

其内容有：流程再造、组织重组与再设计将不断进行，企业间的战略结盟与合作日益重要；中国企业的公司治理结构将逐步建设完善，职业经理队伍将不断扩大；组织形态向学习型组织发展，趋向于扁平型、网络型组织；投资人（股东）决定经理阶层；设置首席知识执行官或智力资本副总裁，人力资源管理经理将成为通向CEO的重要途径；组织设计更注重以满足和适应客户需要为导向；根据核心产品项目形成核心流程，进而围绕工作流程而非部门职能进行管理；组织规模的国际化、全球化；利于更多的基层员工参与管理。

随着知识经济时代的到来，劳资双方的关系将发生革命性变化，原来的强制命令越来越难以奏效，劳资双方的"契约关系"越来越变得更像"盟约关系"。在人力资源管理柔性化之后，管理者更加看重员工的积极性和创造性，更加看重员工的自主精神和自我约束。从信息学的角度来分析，原来的信息传递是逐层进行、逐级传递的，这种组织形式在信息高速传递时代很容易反应滞后。因此，精简中层，使组织扁平化将成为一种潮流。人事协调复杂化是由办公分散化等引起的，互联网使分散化办公成为可能。"即时通信"使全体员工能够很好地联系在一起，协同作战，分散化办公将是未来社会的一种不可避免的发展趋势。分散化办公增加了人力资源管理的难度。

2. 人力资源管理将更注重以人为本

知识经济时代是一个人才主权时代，人才主权时代就是人才具有更多的就业选择权与工作的自主决定权，人才不是被动地适应企业或工作的要求，善于吸纳、留住、开发、激励一流人才的企业将成为市场竞争的真正赢家。企业要"以人为中心"，尊重人才的选择权和工作的自主权，为人才提供人力资源的产品与服务，并因此赢得人才的满意与忠诚。人才不是简单地通过劳动获得工资性收入，而是要与资本所有者共享价值创造成果。越是

高素质、越是稀缺的人才，越容易获得选择工作的机会，其报酬也越高；人才资源优势越大的企业越具有市场竞争力，也就越容易吸纳和留住一流人才。人力资源管理部门要围绕开发员工能力、调动员工积极性、提高员工满意度来开展好各项工作，实现人力资本价值的最大化。人才可以以其所拥有的人才资本拥有产权（或股权）；人力资本、人才资本成为计酬的主导要素，从按劳计酬、按资（产）计酬向重点按知（知识与其他无形资产）计酬、按绩计酬转变。

3. 战略性人力资源管理与管理创新紧密相关

人力资源真正成为企业的战略性资源，人力资源管理要为企业战略目标的实现承担责任。人力资源管理在组织中的战略地位上升，并在组织上得到保证，如很多企业成立人力资源委员会，使高层管理者关注并参与企业人力资源管理活动。人力资源管理不仅仅是人力资源职能部门的责任，更是全体员工及全体管理者的责任。

正确的人力资源管理决策对组织绩效的影响巨大，战略创新和战略性人力资源管理日益重要；企业重视全面创新，即管理创新、组织创新、制度创新、技术创新、产品创新、服务创新等，以创新制胜；日益加强创新体系的建立与完善；技术创新与创新行为管理进入崭新的平台；项目管理正改变着传统的职能性组织管理，项目管理能力已经成为公司的核心管理能力。人力资源管理中将使用新的技术手段，利用互联网建立和完善人力资源管理信息系统，以用于人力资源管理决策。人力资源管理战略与规划成为企业战略管理不可分割的组成部分；人力资源管理状况成为识别企业实力与优劣的重要指标；双轨运营，既经营产品/服务，又经营资本；从国际化的总部中心向全球化无中心转变，形成全球化的思想，地区化的行动；既分散（无中心公司），又集中（具有全球性协作中心的国家级公司联合体）。组织的全球化必然要求人力资源管理策略的全球化，通过人力资源的开发与培训，使得企业经理人才和员工具有全球的概念。

4. 人力资源管理与企业文化建设紧密结合

主要体现在以下四个方面。(1) 业务流程再造、组织结构再设计、管理与评估系统重建、价值观重塑等都视为人力资源管理问题。(2) 高度重视企业价值观的构建，突出企业宗旨、使命、愿景的设计，更加重视未来性"变化管理"，强调认识变化、关注变化、适应变化、主动变革、控制变革；鼓励创新和适度冒险，重视创造未来，宽容工作过失，重视失败的经验；注重相互信任、相互沟通、资源共享、团队协作，部门合作逐步形成"无界状态"，尊重知识、尊重人才，重视实绩；承认能力差异、效率差异、业绩差异和报酬差异；工作生活质量日益受到重视；更多地下放权力和向一线员工授权，重视员工参与；学习成为个人终身化行为，培训成为组织的战略投资行为等；形成创新文化、沟通文化、团队文化、绩效文化、人才文化、培训文化、竞争与合作的文化等。(3) 跨文化沟通加强，重视文化自尊，消除文化奴性。国际化的人才交流市场与人才交流将出现，并成为一种主要形式。人才的价值（价格）将不仅仅是在一个区域市场内体现，更多的是要按照国际市场的要求来看待，跨文化的人力资源管理成为重要内容。（4）人才本土化战略日益为更多的跨国公司所青睐。对此，中国企业在加入WTO以后，要特别重视这种挑战的严峻性。

5. 人力资源管理要推动内部客户理念

员工是客户，企业人力资源管理的新职能就是向员工持续提供客户化的人力资源产品与服务。从某种意义来说，人力资源管理也是一种营销工作，即企业要站在员工需求的角度，通过提供令顾客满意的人力资源产品与服务来吸纳、留住、激励、开发企业所需要的人才。从新世纪的企业经营价值链的角度看，企业要赢得顾客的满意与忠诚，必须赢得员工的满意与忠诚；企业要把客户资源与人力资源结合起来，致力于提升客户资本价值与人力资本价值。21世纪人力资源管理者要扮演工程师兼销售员兼客户经理的角色，一方面人力资源管理者要具有专业的知识与技能；另一方面要具有向管理者及员工推销人力资源的产品与服务方案的技能。人力资源经理也是客户经理，所谓客户经理，就是要为企业各层级提供一揽子的人力资源系统解决方案。人力资源管理的服务包括：建立共同愿景，使员工期望与企业发展目标一致；提供持续的人力资源开发与培训，提升员工的人力资本价值；通过富有竞争性的薪酬体系及信息、知识、经验等的分享来满足员工多样化的需要；让员工参与管理，授予员工自主工作的权力与责任；建立支持与求助系统，为员工提高工作绩效、完成工作目标提供条件。

（二）人力资源管理面临的挑战

1. 人力资源管理管环境带来的挑战

（1）全球经济一体化带来的挑战。随着信息技术的迅速发展，全球经济一体化的趋势越来越明显，并正在以前所未有的高速度向前发展。随着区域性合作组织如欧盟、北美自由贸易区、亚太经合组织等的产生，国与国之间的界限已经越来越模糊。这种趋势在过去几年中迅速在全球蔓延，使世界经济已经形成"牵一发而动全身"的整体，亚洲金融危机和美国"9·11"事件都充分说明了这一点。当今的世界，国与国之间不仅仅只是竞争，更重要的是一个相互联系、相互制约、相互依存的整体。一个地区、一个国家的经济和社会动荡，很快就会影响到全球的经济，甚至影响到其他国家的安定与发展。世界经济格局的这一重大变化，对全球的劳动力市场都是一个巨大的冲击。随着全球经济一体化的逐步形成，作为全球经济一体化的必然产物——跨国公司将不得不面对不同的政治体制、法律规范和风俗习惯，作为管理者将会经常遇到不同国籍、不同文化背景、不同语言的员工，如何才能更好地完成工作，如何才能进行更好的交流与沟通，如何才能确立完善的管理制度等，这些很现实的问题都摆在管理者面前。

在我国，随着中国经济的蓬勃发展和中国加入WTO，中国已经成了许多跨国公司投资的热点。中国企业不仅要面对国内的竞争者，而且还要面对全球竞争者的挑战。人力资源作为企业管理的一个重要组成部分，同样面临着非常激烈的挑战。中国的企业管理者如何确保自己的人才不会流失，中国的企业管理者如何保持长期的竞争优势，这是每一个有责任感的管理者都应该深思和解决的问题。

世界经济的一体化已经使人才竞争与人才流动国际化变成了现实。如今企业家的竞争和热门技术人才的竞争已趋于白热化，只有那些能够吸引人才、留住人才并能够对人才进行规范开发和合理激励的企业，才能真正营造核心竞争优势。

（2）技术进步带来的挑战。通常来说，技术进步必然带来两种结果：一是它能够使组织更有实力、更具竞争性；二是它改变了工作的性质。比如说，网络的普及使许多人在家办公已经成为了一种可能，然而，这种高科技的使用必然对员工的素质提出更高的要求，在这种自由宽松的工作秩序下，如何对员工进行考评已成了一个新的课题。事实上，随着技术的进步，其对组织的各个层次都产生重要的影响，劳动密集型工作和一般事务性工作的作用将会大大削弱，技术类、管理类和专业化工作的作用将会大大加强。这样一来，人力资源管理工作就面临着结构调整等一系列重大变化。

（3）组织的发展带来的挑战。随着全球经济一体化的加剧，组织作为社会的基本单元已经发生了很大的变化，如今的时代，灵活开放已经成了组织发展的一种趋势。竞争的加剧、产品生命周期不断缩短以及外部市场的迅速变化，这些都要求组织要有很强的弹性和适应性。现代企业要参与市场竞争，就必须具有分权性和参与性，要以合作性团体来开发新的产品并满足顾客需求，这就对人力资源管理提出了新的要求：现代企业的人力资源部门必须具备良好的信息沟通渠道；现代企业的人力资源管理部门对员工的管理要做到公平、公正和透明，要对员工有更加有效的激励措施；要求组织内的每一位管理者都要从战略的高度重视人力资源管理与开发，从而不断适应组织变革的需要。

（4）人口结构变化带来的挑战。人口数量的变化具有明显的地域差别。在欧美发达国家，由于经济文化、思想观念等因素的影响，人口的出生率普遍偏低，人力资源供应相对不足；在亚非国家，由于人口出生率没有得到有效的控制，人口出生率普遍偏高，人力资源相对供大于求。

劳动力的结构也发生了巨大变化。相对亚非国家来说，欧美国家人口老龄化问题比较突出，而亚洲由于劳动力过剩，年轻劳动力的比例远远高于发达国家。相对来说，人才短缺仍然是世界各国普遍存在的问题。比如，我国在很长一段时期内，由于缺乏人才培养战略与市场需求导向，造成人才结构严重的不平衡，部分专业人才过剩，而部分专业人才严重缺乏，这对我国经济的发展带来了很大的影响。

与此同时，员工对自身价值的认识也有了一定的提高，表现在员工不仅对物质层次的要求有了明显提高，更重要的是，在物质层次得到满足后，员工开始具有更高的需求层次，他们希望被尊重、被认可，他们希望参与组织管理并实现自身价值。

2. 人力资源管理自身发展的挑战①

（1）企业员工个性化发展的挑战。即企业员工日益跨文化化、多样化、差异化、个性化，要求人力资源管理必须提供个性化、定制式人力资源产品/服务和关系管理，在人力资源管理中如何较恰当的平衡组织与员工个人的利益。

（2）工作生活质量提高的挑战。即员工不再仅仅追求工资、福利，而是对企业在各个方面所能满足自己日益增多的各种需求的程度越来越高、更全面化，人力资源管理必须提高更加全面周到的人力资源产品/服务。

（3）工作绩效评估的挑战。即员工考核与报酬日益强调以工作绩效考评为基础，并形成绩效、潜力、教导三结合的功能。

（4）人员素质的挑战。即对企业家（CEO）、各类管理人员的素质要求日益提高，培训、教育、考核、选拔、任用越来越重要。

（5）职业生涯管理的挑战。主要是员工日益重视个人职业发展计划的实现，企业必须日益重视职业管理，为员工创造更多的成功机会和发展的途径，获得个人事业上的满意。包括较成熟的企业组织的中上层岗位在显示饱和的情况下如何处理员工的晋升问题。

（6）人力资源要素发展变化的挑战。要求人力资源管理必须不断提高人力资源管理的预测性、战略规划与长远安排。

（7）部门定位的挑战。人力资源部门如何在众多的企业职能部门中发挥其作用或显示其特别绩效，人力资源管理应担当哪些角色以保证人力资源的有效利用。

第四节　练　习　题

一、基本概念

人力资源　人力资源管理　职权

二、单选题

1. 下列哪个不包括在现实的人力资源数量内（　　）。
   A. 未成年就业人口　　　　　　B. 暂不能参加社会劳动的人口
   C. 适龄就业人口　　　　　　　D. 老年就业人口

2. 下列哪个是现实的人力资源数量（　　）。
   A. 失业人口　　　　　　　　　B. 暂不能参加社会劳动的人口

---

① 参见王先玉，五建业，邓少华. 现代企业人力资源学 [M]. 北京：经济科学出版社，2003.

C. 老年就业人口   D. 其他人口

3. 人口资源、人力资源和人才资源的关系是（　　）。
   A. 人口资源＞人才资源＞人力资源
   B. 人力资源＞人口资源＞人才资源
   C. 人才资源＞人口资源＞人力资源
   D. 人口资源＞人力资源＞人才资源

4. 人力资源具有自我开发性是其下列哪个特性的体现（　　）。
   A. 能动性 　B. 时效性 　C. 双重性 　D. 社会性

5. 下列哪项是现代人力资源管理的特点（　　）。
   A. 管理目的是组织短期目标的实现 　B. 以事为中心的管理模式
   C. 强调民主参与的管理方式 　D. 战术性、分散性的管理性质

6. 下列哪项是传统人事管理的特点（　　）。
   A. 执行层的管理地位 　B. 视员工为第一资源的管理视角
   C. 管理活动重视培训开发 　D. 组织和员工利益共同实现的管理目的

7. 下列哪项不是现代人力资源管理的特征（　　）。
   A. 人本特征 　B. 战术性与单一性
   C. 系统性与整体性 　D. 双赢性与互惠性

8. 所有权与经营权分离是从下列哪一个时代开始的（　　）。
   A. 经验管理阶段 　B. 科学管理阶段
   C. 人际关系阶段 　D. 文化管理阶段

9. 社会人假说是在由谁提出的（　　）。
   A. 泰罗 　B. 法约尔 　C. 梅奥 　D. 麦格雷戈

10. 没有法制，强调"人治"思想的是哪个管理发展阶段（　　）。
    A. 经验管理阶段 　B. 科学管理阶段
    C. 人际关系阶段 　D. 行为管理阶段

11. 主张刺激性的付酬制度的是哪个管理发展阶段（　　）。
    A. 经验管理阶段 　B. 科学管理阶段
    C. 人际关系阶段 　D. 行为管理阶段

12. 主张对工人进行思想压制的是哪个管理发展阶段（　　）。
    A. 经验管理阶段 　B. 科学管理阶段
    C. 人际关系阶段 　D. 行为管理阶段

13. 采取"经济人"假设的是哪个管理发展阶段（　　）。
    A. 经验管理阶段 　B. 科学管理阶段
    C. 人际关系阶段 　D. 行为管理阶段

14. 采取"社会人"假设的是哪个管理发展阶段（   ）。
    A. 经验管理阶段   B. 科学管理阶段
    C. 人际关系阶段   D. 行为管理阶段

15. "非正式组织"理论是哪个管理发展阶段提出的（   ）。
    A. 企业文化阶段   B. 科学管理阶段
    C. 人际关系阶段   D. 行为管理阶段

16. 下列哪项不是人际关系阶段的特点（   ）。
    A. 采用"社会人"的假设   B. 强调外部控制
    C. 重点管理人的思想   D. 弱化制度的作用

17. X-Y理论是哪个发展阶段的代表性理论（   ）。
    A. 企业文化阶段   B. 科学管理阶段
    C. 人际关系阶段   D. 行为管理阶段

18. 需要层次论是哪个发展阶段的代表性理论（   ）。
    A. 企业文化阶段   B. 科学管理阶段
    C. 人际关系阶段   D. 行为管理阶段

19. 马斯洛需要层次理论排列正确的是（   ）。
    A. 生理需要—交往需要—安全需要—尊重需要—自我实现需要
    B. 生理需要—安全需要—尊重需要—交往需要—自我实现需要
    C. 自我实现需要—安全需要—尊重需要—交往需要—生理需要
    D. 自我实现需要—尊重需要—交往需要—安全需要—生理需要

20. 麦肯锡的"7S"模型诞生于哪个管理发展阶段（   ）。
    A. 企业文化阶段   B. 科学管理阶段
    C. 人际关系阶段   D. 行为管理阶段

21. 学习型组织出现于哪个管理发展阶段（   ）。
    A. 企业文化阶段   B. 科学管理阶段
    C. 人际关系阶段   D. 行为管理阶段

22. 在麦肯锡的"7S"模型中，居于核心地位的是（   ）。
    A. 人员   B. 共有价值观   C. 社会环境   D. 作风

23. 招聘体现的是人力资源管理功能中的（   ）功能。
    A. 获取   B. 整合   C. 保持与激励   D. 开发

24. 新员工培训体现的是人力资源管理功能中的（   ）功能。
    A. 获取   B. 整合   C. 保持与激励   D. 开发

25. 薪酬体现的是人力资源管理功能中的（   ）功能。
    A. 获取   B. 整合   C. 保持与激励   D. 开发

26. 人力资源培训主要体现的是人力资源管理功能中的（　　）功能。
   A. 获取　　　　B. 整合　　　　C. 保持与激励　　D. 开发

27. 绩效考核主要体现的是人力资源管理功能中的（　　）功能。
   A. 获取　　　　B. 整合　　　　C. 控制与调整　　D. 开发

28. 下列关于人力资源管理的功能的陈述不正确的是（　　）。
   A. 保持和激励功能是指，提供给员工以所需的奖酬，保持员工的工作积极性，保持安全健康的工作环境
   B. 控制与调整功能指的是，对工作结果、工作表现和对人力资源政策的服从情况和合理性进行观察和鉴定，并做出相应的决策
   C. 吸引功能指的是，提高雇员的知识、技能和能力，保持和增强员工的工作能力，并为员工提供发展的机会，从而实现员工个人和组织的共同发展
   D. 整合功能指的是，使组织所吸收的员工了解组织的宗旨与价值观，接受和遵从其指导并内在化为自己的价值观，从而建立和加强组织员工对组织的认同与责任感

29. 下图中空白圆应是（　　）。
   A. 人力资源规划　　　　B. 工作分析
   C. 绩效管理　　　　　　D. 人员招聘

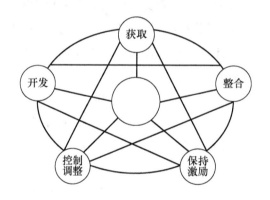

30. 以下所列出的人物中，谁被誉为"科学管理之父"？（　　）
   A. 亨利·法约尔　　　　B. 弗雷德里克·泰勒
   C. 亨利·甘特　　　　　D. 吉尔布雷斯

31. 人力资源管理各活动之间以（　　）为基础。
   A. 人力资源规划　　　　B. 工作分析
   C. 绩效管理　　　　　　D. 人员招聘

32. 人力资源管理各活动之间以（　　）为核心。
   A. 人力资源规划　　　　B. 工作分析

C. 绩效管理　　　　　　　　　　D. 人员招聘

33. 一般不拥有正式的人力资源管理专家甚至部门的是（　　）。
    A. 小型组织　　B. 中型组织　　C. 大型组织　　D. 跨国公司

34. 开始出现人力资源管理职能方面分工的是（　　）。
    A. 小型组织　　B. 中型组织　　C. 大型组织　　D. 跨国公司

35. 下图反映的是（　　）的人力资源部门设置。
    A. 小型组织　　B. 中型组织　　C. 大型组织　　D. 跨国公司

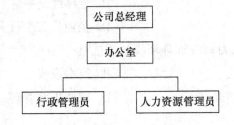

36. 下图反映的是（　　）的人力资源部门设置。
    A. 小型组织　　B. 中型组织　　C. 大型组织　　D. 跨国公司

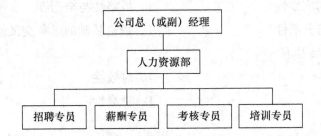

37. 下图反映的是（　　）的人力资源部门设置。
    A. 小型组织　　B. 中型组织　　C. 大型组织　　D. 跨国公司

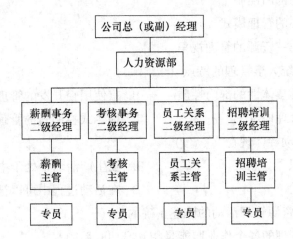

38. 开始出现负责人力资源事务的高层领导的是（　　）。
    A. 小型组织　　　B. 中型组织　　　C. 大型组织　　　D. 跨国公司
39. 既有专业职能上的分工，也有地域上的分工的是（　　）。
    A. 小型组织　　　B. 中型组织　　　C. 大型组织　　　D. 跨国公司
40. 某学校的以下部门中，属于直线部门的是（　　）。
    A. 教学系　　　B. 学生处　　　C. 总务处　　　D. 人事处
41. 下列哪项是来自人力资源管理自身的挑战（　　）。
    A. 人口结构变化　　　　　　　B. 全球经济一体化
    C. 技术进步　　　　　　　　　D. 企业员工个性化发展
42. 下列哪项是来自人力资源管理环境的挑战（　　）。
    A. 企业员工个性化　　　　　　B. 技术进步
    C. 人员素质要求的提高　　　　D. 职业生涯管理

三、多选题

1. 现代人力资源管理的特征有（　　）。
    A. 专业性与实践性　　　　　　B. 战略性与全面性
    C. 独立性与分散性　　　　　　D. 理论基础的学科交叉性
2. 人力资源的特征有（　　）。
    A. 能动性　　　　　　　　　　B. 时效性
    C. 附着性　　　　　　　　　　D. 社会性
    E. 双重性
3. 下列哪些是现代人力资源管理的特点（　　）。
    A. 组织和员工利益共同实现的管理目的
    B. 成本中心的部门性质
    C. 以人为中心的管理模式
    D. 视员工为第一资源的管理视角
4. 下列哪些是传统人事管理的特点（　　）。
    A. 强调战略性整体性的部门性质　　　B. 重使用轻开发的管理活动
    C. 战略层的管理地位　　　　　　　　D. 命令式控制式的管理方式
5. 人力资源的能动性体现在（　　）。
    A. 人具有意识　　　　　　　　B. 在生产活动中处于主导地位
    C. 自我开发性　　　　　　　　D. 在活动过程中可以被激励
6. 下列关于人力资源管理活动的陈述正确的是（　　）。
    A. 人力资源管理的各个作业职能是相互密切联系的

B. 人力资源管理的管理职能之间是相互独立的

C. 组织在某一人力资源管理作业职能方面的决策不会影响到其他方面的作业职能

D. 人力资源的职能可以分为管理职能和作业职能

7. 下列哪些观点属于"经济人"假设的观点？（　　）。

A. 一般人的本性是喜欢工作的，因为工作成就可以满足他们自我实现的需要

B. 对于绝大多数人必须加以强迫、控制、指挥，以惩罚相威胁，才能使他们为实现组织目标而付出适当的努力

C. 人的一切行为都是为了最大限度地满足一己的私利，工作是为了获得经济报酬

D. 一般人在适当条件下不但能接受、而且会追求责任

8. 麦肯锡"7S"模型中包括的因素有（　　）。

A. 人员　　　　B. 共有价值观　　　C. 社会环境　　　D. 作风

9. 人力资源部经理的职能职权是（　　）。

A. 为高层决策提供参考　　　　　　B. 在人力资源部门内指挥下属

C. 为直线经理人提供专业性服务　　D. "隐含职权"

10. 人力资源部经理的直线职权是（　　）。

A. 为高层决策提供参考　　　　　　B. 在人力资源部门内指挥下属

C. 为直线经理人提供专业性服务　　D. "隐含职权"

11. 下列哪些观点属于"社会人"假设的观点？（　　）

A. 一般人的本性是喜欢工作的，因为工作成就可以满足他们自我实现的需要

B. 对于绝大多数人必须加以强迫、控制、指挥，以惩罚相威胁，才能使他们为实现组织目标而付出适当的努力

C. 人的一切行为都是为了最大限度地满足一己的私利，工作是为了获得经济报酬

D. 一般人在适当条件下不但能接受、而且会追求责任

12. 下列组织中必定独立设置人力资源部门的是（　　）。

A. 小型组织　　　B. 中型组织　　　C. 大型组织　　　D. 跨国公司

四、判断题

1. 潜在的人力资源数量包括失业人口。（　　）

2. 现实的人力资源数量包括失业人口。（　　）

3. 非正式组织通常是有利于管理措施的推行。（　　）

4. 科学管理学派认为除例外事项外应把日常事务授权给下级管理人员去处理。（　　）

5. 视员工为成本、负担的管理视角是现代人力资源管理的视角。（　　）

6. 强调战略性整体性是现代人力资源管理的重要性质。（　　）

7. 人力资源部经理不具备直线管理的职能。（   ）

8. 中型组织中人力资源部门经理不是很重要。（   ）

五、简答题

1. 人力资源管理发展阶段及其特点。
2. 人力资源管理的重要性。
3. 人力资源管理的发展趋势。
4. 人力资源管理的目标。
5. 我国人力资源管理的现状。

第二章 工作分析

第一节 主题案例与知识链接

 案例

QJ 车辆厂的岗位分析

QJ 车辆厂人力资源部在本企业薪酬方案设计过程中，按照工作流程先从工作分析开始，制作了全部岗位的岗位说明书（*链接A：什么是岗位说明书，参见第76页*），并且顺利地完成了岗位评价和薪酬方案的设计（*链接B：岗位分析对薪酬设计的作用，参见第55页*）。但没想到的是不久后公司又进行了绩效考核方案的设计，当咨询顾问提出要先进行工作分析时，人力资源部就把前面制作的岗位说明书拿出来以证明进行了分析，但顾问在看过这些说明书后认为说明书的内容过于单一，只满足了岗位评价的要求，不能支撑绩效方案设计，还需要进行补充分析（*链接C：岗位分析对绩效考核的作用，参见第54页*）。于是该企业不得不又投入人力财力再对岗位进行补充分析，还迟滞了绩效方案的进度（*链接D：岗位分析的程序，参见第58页*）。

在岗位分析阶段，确定岗位清单时出现了这样一些岗位，党委书记和质量副厂长分别设岗，但两者由一人担任，还有某工会副主席同时兼任机关支部书记、党办主任等职，且都分别设岗，而且长期以来一直是这种局面（*链接E：有关岗位的基本概念，参见第50页*）。这样在岗位工资制的执行时就出现了困难，这些所谓兼职人员该如何执行工资标准，若多个岗位工资一起拿显然过多，若就高不就低又忽略了其他岗位的劳动，为此企业不知如何处理。

在人力资源管理整体方案设计过程中还出现了这样的情况，物业部张副经理多次要求修改岗位说明书内容（*链接F：岗位分析的信息提供，参见第55页*），第一次是要把他下属的电工岗位任职条件降低，以适应现有人员的实际情况，第二次在岗位评价时却要求提高任职条件，第三次是在重新进行岗位聘任时，要求再降低任职条件和绩效难度（*链接

G：岗位说明书的任职条件，参见第77页）。类似的情况在部分岗位任职人员及其直接上级身上也有发生，使得人力资源部一度不知所措。

第二节　岗位分析的含义与程序

工作分析是企业人力资源管理体系中的一项援助性工作，而并非主体性工作，这里的援助性是指在日常人力资源管理工作中没有专门负责该项工作的岗位设置，而是一种阶段性投入的工作。但是并不意味着工作分析工作本身不重要，恰恰相反，工作分析是各项人力资源管理工作的一项基础性工作，一个企业是否进行了工作分析及工作分析质量的好坏都对人力资源管理的各环节具有重要的影响。

工作分析有广义和狭义之分。广义的工作分析包括组织分析、机构分析和岗位分析三个层次，而狭义的工作分析就是指岗位分析，我们重点讨论的就是岗位分析。

一、什么是岗位分析

（一）有关岗位的基本概念

岗位分析中涉及的几个主要概念有任务、职责、职位、岗位、工作簇、职业等，清晰的界定并准确的把握这些概念的含义是十分重要的，它可以避免许多在执行岗位分析时由于不理解基本概念而出现的错误。

1. 几个概念的基本含义

具体定义与例子见表2-1。

表2-1　岗位分析的基本概念

概念	定　义	例　子
任务	为了达到某种目的所从事的一系列活动，可以是由一个或多个不可再分解的工作要素组成	◇ 工人加工工件 ◇ 打字员打印一份文件 ◇ 销售员拜访一个客户
职责	一系列相关的任务就可以组成一项职责，它是一个人在本职工作中所承担的若干项任务组成的活动与责任	某编辑部主任多项职责中的一项为定期对编辑部员工进行培训，包括几个任务： ◇ 设计培训内容 ◇ 编写培训资料 ◇ 选择培训方法 ◇ 实施培训 ◇ 培训反馈

(续 表)

概念	定 义	例 子
职位	满足一个人满负荷工作量的一项或多项职责的集合。这个定义主要表现为三个特征，即一是职位的饱和性；二是该职位上的工作内容可能是同一项，也可能是几个不同职责的集合；三是职位和人是一一对应的	某仓储公司共30人，由于公司小没有单独设立人力资源部门，于是办公室主任的全部职责有三项： ◇ 本单位的人事调配 ◇ 文书管理 ◇ 日常行政事务
岗位	一个组织内完全相同的职位构成岗位。这就存在两种可能，一是一个职位就是一个岗位，二是多个职位形成一个岗位，一个岗位上可能是一个人，也可能是多个人	◇ 某公司人力资源部经理下属三个岗位：人员招聘与培训员、薪酬与保险员、员工关系与考核员，职责不同，一人一岗 ◇ 某车辆厂钣金车间有"钣金工"这一岗位，共有162人从事完全相同的工作，都属于这一岗位
工作簇（或工作序列）	一个组织内工作性质相关的一系列岗位就组成了一个工作簇或工作序列	通常一个企业内部可以分为四种工作序列： ◇ 生产序列 ◇ 研发序列 ◇ 管理序列 ◇ 营销序列
职业	职业是一个跨组织的概念，是指在不同组织、不同时间、从事相似活动的系列工作的总称	◇ 如教师是一个职业，但又存在于不同的大学、中学、小学及幼儿园等组织之中 ◇ 还例如工程师、医生等

在企业实际工作中存在着许多对"岗位"这一概念认识上的误区，经常出现所谓一人身兼数"岗"的状况。在正常的岗位设置下，一般不应长期存在一人多岗的现象，而只存在一人一岗或多人一岗的情况。所谓长期一人多岗事实上是错误地把每项职责理解为一个岗位，从而一个人身兼数"岗"。

因为职位有可能是相同的，若一个职位一个职位说明书，也就是一个人对应一个说明书，就会造成不必要的雷同；而一个组织内岗位是绝不相同的，因此，岗位就成为岗位分析的对象，即一个岗位一个说明书。

2. 相互关系

如图2-1所示，岗位分析所涉及的一些概念存在着包含与被包含的关系。一系列相关的任务组成一项工作职责，满足一个人工作量的若干职责就构成了一个职位，相同的职位又形成了岗位，而相关的一系列岗位又构成工作簇或工作序列。

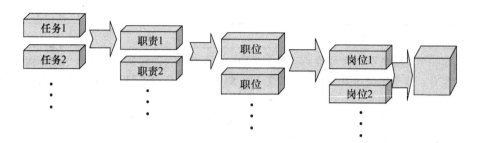

图 2-1　岗位分析基本概念的相互关系

3. 岗位分析的含义

岗位分析是指全面了解一项岗位的管理活动，就是对该岗位的工作内容、任职资格条件及相关工作关系等进行描述和研究的过程，即制定岗位说明和岗位规范的系统过程。岗位分析的一个标志性结果就是给每一个岗位制定一份翔实而合理的岗位说明书。

在企业工作分析实践中总会有人坚持认为自己身兼数岗，而且长期如此，但从岗位的饱和性上可以看出，一个人从事一个岗位就已经饱和了，怎么能长期任职一个以上的岗位呢？所谓身兼数岗，一是有可能把岗位中的某项工作当作了单个的岗位，二是某些"岗位"不饱和，需要把这些"岗位"重新整合为一个岗位，必要时可以重新命名。

（二）岗位体系

一个组织的岗位体系如图 2-2 所示。

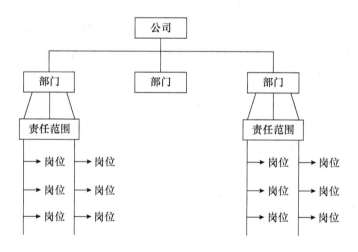

图 2-2　岗位体系示意图

那么岗位之间存在着什么样的关系呢？岗位关系表现为两种方式，一是表面上的岗位关系，二是实质上的岗位关系。

1. 表面上的岗位关系

表面上的岗位关系就是一个组织岗位设置所直接反映出的岗位之间的关系，主要有两个方面：上下级关系和同级关系。如2-3图所示。

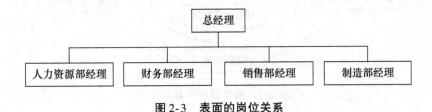

图2-3　表面的岗位关系

2. 实质上的岗位关系

在这种表面的岗位关系下不同的企业管理会形成不同的实质上的岗位关系，主要有以下三种情况。

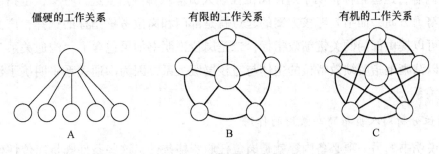

图2-4　实质的岗位关系

图2-4中A图所示的岗位关系在实质上和其表面上看起来并没有多大区别，每一个任职者只和其上级主管进行沟通，而在同级之间缺乏必要的沟通，显然不是一种理想的工作关系。而B图说明除了上下级之间的沟通外，同级之间也存在着一些沟通，表面上看，这种工作关系优于A图所示的关系，但实际上，这种有限的工作关系往往更多的是建立在任职者的个人喜好基础之上，并没有严格地遵循工作本身的要求，因而容易产生管理中的一大困难，即非正式团队的形成，所以这种工作关系也不是理想的工作关系。理想的工作关系如C图所示，所有岗位之间除了上下级关系外，各岗位也从工作需要出发，形成有机的沟通，叫做有机的工作关系。

（三）岗位分析的作用

岗位分析过程有助于人力资源管理制度中两个基本制度的建设，即岗位等级制度和任职资格制度,事实上,这两项制度也正是借助于岗位分析才产生的,它们在整个人力资源管理体系中处于核心地位,是其他各项人力资源管理工作的基础,如图2-5所示。

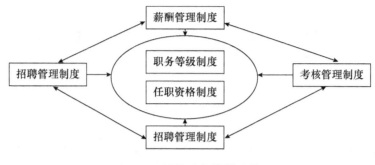

图2-5 岗位分析的基础性

岗位分析的具体支持作用体现在以下几个方面。

1. 岗位分析对绩效考核的作用

这一作用主要体现在两个方面:一是岗位说明书的必备项目中有"岗位关键业绩指标"这一内容,这些指标指明了对该岗位任职人员应从哪些角度进行考核,也指出了岗位上人员的努力方向,而绩效考核方案的起点就是部门和岗位考核指标的选择,广义的工作分析甚至可以提供部门的关键绩效指标;二是岗位说明书如果包含了"沟通关系"这一项目,就可以清晰地指明绩效考核的主体与考核层级关系,因为沟通关系中明确了汇报、指导与监督关系。

2. 岗位分析对人员招聘与录用的作用

岗位说明书的另一项必备内容就是岗位任职资格条件,这些条件既是岗位评价的重要参考要素,又天然是该岗位人员空缺时设计招聘要求的基础。招聘广告中一般有空缺岗位的学历、工作经验、专业技术水平、能力方向、人格特征等要求,而这些内容在岗位说明书的任职资格条件项目中均可找到。

3. 岗位分析对员工培训与职业生涯设计的作用

企业员工培训的一个重要特点是具有强烈的导向性,这个导向的重要依据之一就是岗位说明书所规定的内容,尤其是岗位职责的要求、考核指标要求、能力要求等内容,在新员工培训中,新员工本岗位的说明书甚至能成为其必修教材之一。另外在进行员工职业生涯设计时,岗位分析还可以提供职业发展的路径与具体要求。

4. 岗位分析对人力资源规划的作用

人力资源规划的核心工作是人力需求与供给的预测,在运用技能清单法、管理人员置换图、人力接续计划、马尔可夫矩阵法进行供给预测时,都离不开清晰的岗位层级关系和晋升、岗位转换关系,这些都是岗位说明书所应该规定的。在需求观测时,除了需要对人力资源数量预测，还需要对其质量要求进行预测，说明书中的任职资格条件就成为重要的参考。

5. 岗位分析对薪酬设计与管理的作用

工作评价是合理制定薪酬标准的基础，正确的工作评价则要求深入地理解各种工作的要求，这样才能根据它们对组织的价值大小进行排序。岗位分析通过了解各项工作的内容、工作所需要的技能、学历背景、工作的危险程度等因素确定工作相对于组织目标的价值，也可以作为决定合理薪酬的依据。岗位分析为薪酬管理提供相关的工作信息，通过工作差别确定薪酬差别，使薪酬结构与工作相挂钩，从而制定公平合理的薪资政策。

6. 岗位分析对组织分析的作用

岗位分析详细地说明了各个岗位的特点及要求，界定了工作的权责关系，明确了工作群之间的内在联系，从而奠定了组织结构设计的基础。通过岗位分析，尤其是广义的工作分析，可以全面揭示组织结构、层级关系对岗位工作的支持和影响，为组织结构的优化和再设计提供决策依据。另外，岗位分析还与劳动定编和定员工作有着非常紧密的联系。定编是指按照一定的人力资源管理程序，采用科学规范的方法，从组织经营战略目标出发，合理确定组织机构的结构、形式、规模以及人员数量的一种管理方法。定员是在定编的基础上，严格按照组织编制和岗位的要求，为组织每个岗位配备合适人选的过程。在现代企业管理中，只有不断地加强定编定员工作，组织才能实现组织机构的精简与统一，才能避免人力资源的浪费，最终实现组织的经营战略目标。如果组织的定编定员工作没有实际的成效，组织就很有可能出现机构臃肿、人员膨胀、效率低下、人浮于事的现象。

7. 岗位分析对直线管理者的作用

岗位分析对人力资源管理者的作用显然是非常重要的，对于直线管理者的作用也是不容忽视的。首先，它有利于直线管理者加深对工作流程的理解，及时发现工作中的不足，并可以及时针对工作流程进行改造创新，从而提高工作的效率或有效性。其次，工作分析可以使直线管理者更深入地明确工作中完成某项任务所应具备的技能，这有助于直线管理者在辅助人力资源部门进行人员招聘时真正发挥它的效能。最后，直线管理者还担负着对每一位雇员进行绩效评估，及时反馈并督促其改进绩效的职责，而绩效的评定标准以及绩效目标的设定是离不开每种工作所需完成的任务内容的，这也是与工作分析休戚相关的。

二、岗位分析的信息提供

岗位分析的质量主要取决于三个方面：一是工作信息提供者的选择；二是适当的分析方法的选择；三是合理的分析步骤的设计。其中第一点中，工作信息的提供者即岗位分析的主体选择决定了所收集信息的真实性，而人力资源管理专业人员要对各主体提出信息资料的规范性要求。

(一) 岗位分析所需的资料

岗位分析所需要的信息的类型和范围取决于岗位分析的目的、岗位分析的时间约束和预算约束等因素。资料的连贯性、精确性、可接受性是选择资料来源的决定性因素。因此相关工作的工作专家、工作执行者和管理监督者是主要的资料来源，而与待分析工作相关的下属和其他工作人员、顾客以及工作分析者则主要是对工作信息进行补充和筛选，另外，还可以参阅相关的工作分析资料、职业分类辞典等。岗位分析信息的主要类型参见表2-2。工作分析所需要获得的有关资料包括：(1) 工作活动资料，即各项工作实际发生的活动类型，如清洗、打字等；(2) 人类行为资料，指与个人工作有关的人类行为资料，如体能消耗情况、行走距离长短、写作能力等；(3) 工作器具资料，指工作中所使用的机器、工具、设备以及辅助器械的情况；(4) 绩效标准，即用数量或质量来反映的各种可以用来评价工作成绩的方法；(5) 相关条件，指工作环境、工作进度、组织行为规范以及各种财务性和非财务性奖励措施；(6) 人员条件，指与工作相关的知识、技能以及个人特征等，包括学历、训练背景、工作经验、性格、兴趣和身体特征等。

表2-2 岗位分析信息

一、工作活动	三、工作条件
1. 工作任务的描述 　　工作任务是如何完成的 　　为什么要执行这项任务 　　什么时候执行这项任务	1. 人身工作环境 　　在高温、灰尘和有毒环境中工作 　　工作是在室内还是在户外
2. 与其他工作和设备的关系	2. 组织的各种有关情况
3. 进行工作的程序	3. 社会背景
4. 承担这项工作所需要的行为	4. 工作进度安排
5. 动作与工作的要求	5. 激励（财务和非财务的）
二、工作中使用的机器、工具、设备和辅助设施	四、对员工的要求
1. 使用的机器、工具、设备和辅助设施的清单 2. 应用上述各项加工处理的材料 3. 应用上述各项生产的产品 4. 应用上述各项完成的服务	与工作有关的特征要求： 　　特定的技能 　　特定的教育和训练背景 　　与工作相关的工作经验 　　身体特征 　　态度

资料来源：张一驰. 人力资源管理教程 [M]. 北京：北京大学出版社，2003.

（二）岗位分析的主体

决定岗位分析信息质量的还有一个重要因素，就是向谁来获得这些信息，即岗位分析主体的选择。搜集岗位分析信息的工作通常由实际承担工作的人员，工作承担人员的直接上级主管，以及一名人力资源管理专家来共同进行。

1. 利用不同主体的顺序

通常的做法是：首先由人力资源管理专家（人力资源管理者、工作分析专家或咨询人员等）观察和分析正在被进行中的工作，然后编写出一份岗位说明书和一份岗位规范，员工及其直接上级主管也要参与此项工作，例如，可能会要求主管人员填写问卷，在问卷中列举出其下属的主要工作活动。最后，由承担工作的员工及其上级主管来审查和修改岗位分析人员所编写出的反映他们工作活动和职责的那些结论性描述。这样，岗位分析活动就需要由人力资源管理专家、组织的主管人员和普通员工通过共同努力与合作完成。

2. 不同主体的优劣

实际工作的任职人员、该岗位的直接主管和外部人力资源管理专家这三种主体在提供岗位分析信息时各有优缺点，所以应综合利用，但以岗位主管为主。这三者的优缺点见表2-3。

表2-3　岗位分析主体的优缺点

岗位分析主体	优　　点	缺　　点
岗位任职人员	◇ 对工作最熟悉 ◇ 信息收集的速度快 ◇ 能提高他们对岗位分析结果带来的任何工作改变的接受程度	◇ 收集信息的标准化程度和工作职责的完整性都比较差 ◇ 如果负担不平均，会引起那些被要求收集工作分析信息的员工的抵触 ◇ 倾向于夸大他们工作的责任和重要性
岗位直接主管	◇ 对所要分析的工作包括它的无形方面具有全面而深入的了解 ◇ 收集信息的速度较快 ◇ 能较公正的表达意见	◇ 需要首先对主管人员进行如何开展工作分析的培训 ◇ 对主管人员来说在时间上是一个沉重的负担，进而可能影响信息的客观性
外部人力资源管理专家	◇ 最客观公正，保持信息的一致性 ◇ 所收集信息的专业性和规范性有保证	◇ 成本太高 ◇ 可能会因对组织的情况缺乏了解而忽略工作中某些无形的方面

无论是选择收集岗位分析信息的方法还是选择负责收集信息的主体，都决定于多种因素，包括需要分析的岗位的特点和复杂性，任职者对外部分析人员的接受程度，以及分析

的最终目的。其中最重要的是考虑岗位分析的目的。另外，对收集信息的人员的选择要比对收集信息方法的选择更为重要。

三、岗位分析的程序

实施岗位分析要有计划有步骤地进行，而且在针对不同类型的企业进行分析时，所采用的程序有可能会不同。

（一）岗位分析流程图

不同类型的组织可能采用不完全相同的岗位分析程序，影响因素有很多，比如组织的业务类型、不同的岗位分析目的、不同岗位分析方法的选择等，但无论哪种岗位分析，其程序的基本要素是相同的，都要先从确定岗位分析目的出发，选择适当的岗位分析工具，收集并分析整理工作信息，制定岗位说明书并检验评价，如图2-6所示。

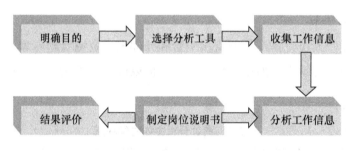

图2-6 岗位分析流程图

（二）一般组织的岗位分析步骤

岗位分析的过程要解决好两个方面的问题：一是岗位分析的操作程序；二是这些操作程序与组织人事管理活动的关系。

1. 准备阶段

（1）确认岗位分析的目的，即确定所取得的工作资料到底用来干什么，解决什么管理问题。确定岗位分析的目的对于选择分析法、确定分析的规模、信息收集的范围等有重要意义。

（2）限定所要收集的信息类型和收集方法，以节约时间、精力和费用。

（3）选择被分析的岗位，即选择有代表性、典型性的岗位还是对全部岗位进行分析。

（4）建立岗位分析小组。分配进行分析活动的责任和权限，以保证分析活动的协调。

（5）制定岗位分析规范。规范主要包括的内容有：岗位分析的规范用语；岗位分析活动的进度；岗位分析活动的层次；岗位分析活动的经费。当岗位分析活动规模很大时，注意分批分期有阶段地运行。

（6）做好必要的准备，通过宣讲岗位分析活动的目的，求得岗位信息提供者的合作，以获得真实、可靠的信息。

现代组织的岗位分析活动量很大，一般要提供有关岗位的整体信息，因此准备阶段的工作就非常重要了。

2. 设计阶段

这一阶段主要是考虑如何进行分析活动，包括下列几项内容。

（1）选择信息来源。信息的来源有：工作执行者、管理监督者、顾客、岗位分析人员、相关的岗位分析资料、职业分类辞典信息文件等。选择信息来源应注意：不同层次的信息提供者提供的信息存在不同程度的差别；岗位分析人员应站在公正的角度听取不同信息，不要事先存有偏见；使用各种职业信息文件，要结合实际，不可照抄照搬。

（2）选择岗位分析人员。岗位分析人员应具有一定的经验和学历，同时应保持分析人员进行活动的独立性。

（3）选择收集信息的方法。即根据所分析企业的实际情况以及各种分析方法的优劣选择适合的分析方法。

3. 收集分析阶段

岗位信息的收集、分析、综合阶段是岗位分析的核心阶段。包括以下三个相关的活动。

（1）按选定的方法和程序收集信息。

（2）对各种工作因素进行分析。主要包括信息描述、信息分类和信息评价。

（3）综合活动，即把所获得的分类信息进行解释、转换和组织，使之成为可供使用的条文。

具体来讲，对岗位信息的分析应包括以下内容：岗位名称分析、岗位内容分析、岗位环境分析、岗位执行人员必备条件分析等。

4. 结果表达阶段

在此阶段，主要解决如何用书面文件的形式表达分析结果的问题。分析结果的表达形式可以分为两类：一类是岗位说明书，它综合了岗位描述和任职者说明两部分内容，顾及工作性质和人员特性两个方面；另一类是心理图示法，内容侧重于分析任职者的具体特性，这种方式适用范围窄，不经常使用。

5. 运用阶段

在此阶段，核心问题在于如何促进岗位分析结果的使用。它包括两个方面的具体活动：制作各种具体应用文件，如提供录用文件、考核标准、培训内容等；培训岗位分析结果的使用者，增强管理活动的科学性和规范性。

6. 反馈调整阶段

此项活动是贯穿于全部岗位分析过程的。组织的生产经营是不断变化的，这些变化会直接或间接地引起组织分工协作体制发生相应的调整。在调整过程中，一些原有的岗位会消失，一些新的岗位会产生，而且原有岗位的性质、内涵、外延也会发生变化，因此，及时地对岗位分析文件进行调整和修订就成为必然。另一方面，岗位分析文件的适用性只有通过反馈才能得到确认，并根据反馈来修改其中不适应的部分。

（三）生产型企业的岗位分析步骤

1. 岗位信息的初步调查

（1）浏览已有的文件，对此项任务的主要任务、主要职责及工作流程图有大致的了解；

（2）准备最初的提纲，作为面谈的参考；

（3）列出这项工作的主要任务与职责。

2. 第一次工作现场考察

（1）第一次现场调查的目的是使分析者熟悉现场的环境，了解工人使用的工具、设备、机器，一般的工作条件及主要的职责。

（2）对复杂或不熟悉的设备亲自直接观察。

（3）最好由任职人员的上级陪同做向导，然后进行现场观察，因为他们了解情况，并可随时咨询。

3. 访谈

（1）第一次的访谈对象最好是基层的管理者，他们能更好地提供有关工作的情况。

（2）每天的访谈对象最好不要超过4人，每人不超过2个小时。

（3）访谈对象的选择。首先应为该岗位的实际任职者，他有责任完成此岗位所规定的各项任务，对情况了解最直接而详尽；其次，被选择作访谈对象的任职者应是职工中的典型代表。

4. 第二次工作现场考察

（1）这次调查是为了澄清、明确或进一步充实通过访谈获得的信息；

（2）最好仍是由首次观察与访谈时的同一位基层管理者陪同进行向导。

5. 信息的综合处理

（1）对从书面材料、现场观察与基层管理者及任职人员的访谈中获得的信息进行了分析、归类，写出一份综合性的岗位说明书；

（2）这一阶段的工作相当繁杂，需要大量的时间对材料进行分析和研究，必要时，还需要用到适当的分析工具与手段；

(3) 岗位分析者在遇到问题时，还需随时得到基层管理者的帮助；

(4) 再察看一下最初列出的"主要任务与职责单"，确保所有的问题都能得到解决。

6. 岗位说明书的检验与定稿

(1) 召集整个调查中所涉及的基层管理者及任职人员，讨论由岗位分析所制定的岗位说明书是否完整、准确；

(2) 召开检验会时，将岗位说明书的初稿复印，并分发给每位到会人员；

(3) 讨论、斟酌岗位说明书中的每一行，甚至每个词语，由岗位分析者记下大家的意见；

(4) 根据讨论的结果，最后确定出一份详细、准确的岗位说明书。

第三节　岗位分析的方法与岗位说明书

保证岗位分析的科学性与有效性的另一个重要方面就是岗位分析方法的选择，岗位分析方法有许多种，但对于不同规模、不同类型的组织，应选用不同的方法和方法的组合，才有可能更好地收集岗位信息。

一、岗位分析的方法

岗位分析的方法有许多种，如问卷法、访谈法、观察法、亲验法、工作日志法等，但最常用的是问卷法和访谈法，而且往往是各种方法综合运用，才能更好地收集岗位信息。

（一）问卷法

为在短时间内收集到大量的信息，有关人员要事先设计出一套岗位分析问卷，把要收集的信息以问题的形式提出，由工作人员或指定的人员填写，再将问卷加以归纳、分析，并作好详细的记录，从相同岗位的问卷中找出共同的具有代表性的回答，并据此写出岗位职责描述，再征求该岗位工作者的意见，进行补充和修改。为了全面系统的进行岗位描述，避免遗漏每一项工作任务，最好将各项任务一一列举，越全越好，然后再归类整理、分析评估。在岗位分析时也可训练各部门的负责人，由他们分别分析本部门的工作，再加以汇总评估，这样做有两个优点：其一，本部门的负责人对其部门内岗位有着最直接和全面的认识，描述的内容参考性最强；其二，可以调动这些部门负责人的积极性和责任感，这对做好岗位分析工作是十分必要的。

1. 问卷法的操作要点

问卷法的操作要点可以归结为：（1）针对不同的组织应设计不同的问卷，切忌照搬某个所谓成功问卷；（2）问卷语言的设计应以组织中最低阅读能力的人能够理解为限，以保证问卷可以被所有人理解；（3）问卷中的问题应语义明确，不能产生歧义，不能有诱导倾向或不同的人有不同的理解；（4）对于任职条件及沟通关系类的问题应尽量使用封闭式的提法，以便于对比统计；对于职责类的问题则可以使用开放式的提法，以避免有用信息的遗漏；（5）问卷的填写者应要求独立完成。

目前流行的问卷有许多种，有从国外引进的，也有在国内企业实践中发展出来的，但在使用问卷法时应注意本着与企业实际情况相结合的原则，有针对性地进行特定问卷的设计，从而避免直接引入别的企业使用过的问卷造成与企业实际脱节的局面。

2. 三种典型的国外问卷

（1）职位分析问卷（PAQ）。美国普度大学（Purdue University）的研究员曾经研究出一套数量化的工作说明法，这就是"职位分析调查问卷（PAQ）"，虽然它的格式已定，但仍可用之分析许多不同类型的工作。PAQ 本身要交由熟悉待分析工作的工作分析员填写。它有194 个问题，计分为以下六个部分：

① 资料投入（即指职工进行工作时获取资料的来源及方法）；

② 用脑过程（即如何去推理，作出决策、计划及处理资料）；

③ 工作产出（即职工该完成哪些身体活动，及其使用之工具器材如何）；

④ 与他人之关系（与本身工作有关人员之关系如何）；

⑤ 工作范畴（包括实体工作与社交性工作）；

⑥ 其他工作特征（除去上述，其他有关职务之活动、条件与特征）。

然后从具有决策、沟通与社交能力，执行技术性工作的能耐，身体灵活度，操作设备与器具的技能，处理资料之能力等五个方面来衡量。不过要注意 PAQ 并非岗位说明书的替代品，而是说前者有助于后者的编拟。PAQ 真正的优点有二：第一，由于大多数工作皆可用五个基本尺度加以描绘，因而可以用 PAQ 将工作分为五类（如秘书二处、秘书三处等）；第二，因为由它可得每一个（类）工作的数值与等级，因此 PAQ 可用来建立每一个或每一类工作的薪资水准。

（2）管理岗位描述问卷（MPDQ）。该问卷是专门针对管理类型的岗位，这类岗位有两个特点：一是管理者经常试图让本职工作去适应自己的管理风格，而不是让自己去适应工作的需要，因此易模糊真正的客观标准；二是管理类型的岗位工作具有非规范化和非程序性的特点，对于规律性的工作内容的总结较困难。针对这两个特点，托纳和平托在1976年设计了 MPDQ 问卷，包括208 个问题，由管理人员自己填写，分6 个标准评分，这些问题总体上可以被划分为战略规划、部门间协调、内部业务控制、产品和服务责任、公共与客户关系、高层次的咨询指导、行动的自主性、财务审批权、雇员服务、监督、复杂性和压力、重要财务责任、广泛的人事责任、组织图、评论和反应等15 个方面。

（3）功能性工作分析问卷（FJA）。功能性工作分析问卷是在美国劳工部工作分析技术的基础上发展出来的。美国劳工部的做法是，假设每一种工作的功能都反映在它与资料、人和事三项要素的关系上，故可由此而对各项工作进行评估。在各项要素中，各类基本功能都有其重要性的等级，数值越小，代表的等级越高；数值越大，代表的等级越低。采用这种方法进行工作分析时，各项工作都会得出数值，据此可以决定薪酬和待遇标准。

FJA对美国劳工部的做法进行了改进，主要区别在两个方面：（1）功能性工作分析法不仅仅是依据信息、人、物三个方面来对工作进行分类，它对工作的分类还考虑以下四个因素：在执行工作时需要得到多大程度的指导；执行工作时需要运用的推理和判断能力应达到什么程度；完成工作所要求具备的数学能力有多高；执行工作时所要求的口头及语言表达能力如何。（2）功能性工作分析还确定工作的绩效标准以及工作对任职者的培训要求。

3. 一个详细的岗位调查问卷（见表2-4）

表2-4 岗位调查问卷

姓名		性别		
出生年月		民族		
籍贯		婚姻状况		
参加工作时间		工作地点		照片
岗位编号		工作职务		
技术职称		学术团体		
教育背景	类别	学位	毕业时间	主修专业
	高中			
	大专			
	本科			
	硕士			
	博士			
工作目标	主要工作目标		其他工作目标	
	1.		1.	
	2.		2.	
	3.		3.	
	4.		4.	
	5.		5.	
	6.		6.	
	7.		7.	
工作基本情况	备注			

(续　表)

	活动名称	活动内容	活动依据
工作活动程序	1.		
	2.		
	3.		
	4.		
	5.		
	6.		
	7.		
	8.		

工作时间安排	1. 正常工作时间为每日　　时开始至　　时结束。
	2. 每周加班时间大约为　　小时。
	3. 每日午休时间大约为　　小时，　　%的情况下可以保证。
	4. 每周外出时间大约为　　小时，占正常工作时间的　　%。
	5. 每月出差大约为　　次，每次出差大约为　　天。
	6. 你所从事的工作是否比较繁忙？（是/否）
	7. 你在哪个工作时间段比较繁忙？
	8. 对你出差时使用的交通工具按照使用频率排序为：
	9. 你是否在业余时间看书？（是/否）
	10. 你通常都看些什么书？
	11. 你用在学习上的时间每周大约为　　小时。
	12. 其他需要补充说明的问题：
	备注

	名称	结果	占全部工作时间百分比（%）	权限		
工作活动内容				承办	需报审	全权负责

工作基本特征	工作责任心	1. 对自己的工作结果基本不负责任。
		2. 只对自己的工作结果负责。
		3. 对整个部门的工作结果负责。
		4. 对自己的部门和相关部门负责。
		5. 对整个公司负责。
	权限	1. 在工作中时常做些小的决定，一般不会影响其他人。
		2. 在工作中时常做一些决定，对部分人员有影响。
		3. 在工作中时常做一些决定，对整个部门有影响，但不影响其他部门。
		4. 在工作中时常做一些比较重大的决定，对自己的部门和相关部门都产生影响。
		5. 在工作中时常做重大的决定，对整个公司都有重大影响。

(续 表)

工作基本特征	自由度	1. 有关工作的程序和方法均由上级部门详细规定，遇到问题时需要随时请示上级解决，工作结果需要上报上级审核。
		2. 分配工作时上级仅仅是指示要点，工作中上级并不随时指导，但遇到困难时可以直接或间接请示上级，工作结果要报上级审核。
		3. 分配任务时上级只说明要达成的任务或目标，工作的具体方法和程序均由自己决定，工作结果原则上仅接受上级审核。
	工作难易度	1. 完成本职工作的方法和步骤完全不相同。
		2. 完成本职工作的方法和步骤基本相同。
		3. 完成本职工作的方法和步骤有一半相同。
		4. 完成本职工作的方法和步骤大部分相同。
		5. 完成本职工作的方法和步骤完全相同。
	工作信息	1. 在工作中所接触到的信息为原始的、未经加工处理的信息。
		2. 在工作中所接触到的信息为经过初步加工的信息。
		3. 在工作中所接触到的信息为经过高度综合的信息。
		备注　如出现多种情况，可以简单进行说明。
	工作资料	1. 在工作中经常用事实资料进行判断。
		2. 在工作中经常用事实资料和背景资料进行判断。
		3. 在工作中经常用事实资料、背景资料和模糊的相关资料进行判断。
		4. 在工作中经常用事实资料、背景资料、模糊的相关资料和难以确定的相关资料进行判断。
		备注　如出现多种情况，可以简单进行说明。
	工作计划	1. 在工作中没有计划。
		2. 在工作中需要做一定的计划。
		3. 在工作中需要做部门计划。
		4. 在工作中需要做公司整体计划。
		备注　如出现多种情况，可以简单进行说明。
	个人计划和规划	1. 日计划。
		2. 周计划。
		3. 月计划。
		4. 季度计划。
		5. 年度计划。
		6. 长期计划。
		7. 个人短期计划。
		8. 个人长期计划。
	资料机密程度	1. 在工作中所接触的资料属于公开性资料。
		2. 在工作中所接触的资料属于不可公开性资料。
		3. 在工作中所接触的资料属于机密资料，仅对中层以上领导公开。
		4. 在工作中所接触的资料属于公司高度机密，仅对少数高层领导公开。
		备注　如出现多种情况，可以简单进行说明。

(续 表)

工作失误	经济损失	1. 2. 3. 4.
	形象损失	1. 2. 3. 4.
	管理损失	1. 2. 3. 4.
	其他损失	1. 2. 3. 4.
	备注	对损失按照轻、较轻、一般、较重和重分别具体标明。
工作失误	损失影响程度	1. 损失不影响其他人的正常工作。 2. 损失只影响本部门内少数人。 3. 损失影响整个部门。 4. 损失影响到其他部门。 5. 损失影响整个公司。
	备注	
工作压力	1. 工作中你是否要经常迅速做出决定? 　没有　很少　一般　较多　非常多	
	2. 你手头的工作是否经常被打断? 　从来没有　很少　偶尔　经常	
	3. 你的工作是否经常需要注意细节? 　没有　很少　偶尔　经常	
	4. 你所处理的各项业务彼此是否相关? 　完全不相关　很少　一般　较多　完全相关	
	5. 你的工作是否需要精力高度集中,如果是,约占你工作总时间的　　%	
	6. 你的工作是否需要专业知识? 　不需要　很少　有一些　很多　非常多	
	7. 你的工作中是否存在不舒服的感觉? 　没有　很少　偶尔　经常	
	8. 你的工作是否具有创造性? 　没有　很少　有一些　很多　非常多	
	9. 你的工作是否有压力? 　没有　很少　有一些　压力很大	
	备注	

（续　表）

				等级	频率
任职资格	需要准备的文字资料	1.			
		2.			
		3.			
		4.			
		5.			
		6.			
		7.			
		8.			
		9.			
		10.			
	学历要求	1.			
		2.			
		3.			
		4.			
		5.			
		6.			
	相关培训	培训科目	培训内容	培训时间	
	工作经历	所在单位		时间	
	工作中遇到的困难			解决困难的方式	

(续　表)

		名称	等级	需求程度
任职资格	其他能力要求	1. 领导能力		
		2. 指挥能力		
		3. 协调能力		
		4. 沟通能力		
		5. 创新能力		
		6. 授权能力		
		7. 计划能力		
		8. 管理能力		
		9. 组织能力		
		10. 激励能力		
		11. 表达能力		
		12. 公关能力		
		13. 宣传能力		
		14. 写作能力		
		15. 判断能力		
		16. 谈判能力		
		17. 信息管理能力		
		18. 实施能力		
		19. 资源分配能力		
		20. 说服能力		
		21. 其他		
	备注			

	知识内容	等级	需求程度
任职资格要求			

	考核的角度	考核的标准
考核		

	认为你从事的工作哪些不合理，哪些需要改进，应如何改进？
建议	

(续表)

备注	你还有哪些问题需要进一步说明？	
	直接上级确认符合事实后签字： 　　　签章：	
	如不符合事实，请说明。	

资料来源：刘伟、刘国宁主编：《人力资源》，第 61～67 页，北京，中国言实出版社，2005。

4. 问卷法的优缺点

问卷法是进行岗位分析运用最广泛的一种方法，主要是基于以下优点：（1）收集信息量大且速度较快，可以实现在短时期获取大量岗位信息的目的；（2）标准统一，便于统计分析，问卷设计者可以根据分析的需要进行问卷题目的编排与设计，针对性强，易于发现普遍规律性问题。

当然，问卷也存在着一些不足之处：（1）问卷的设计难度较大，要想全面了解企业岗位状况而又要面对不同的岗位特点与人员特点，对设计者的要求非常高；（2）有些问卷的阅读能力要求较高，限制了问卷的使用范围，也影响了使用效果；（3）没有互动反馈，是一种单向交流，对于开放性问题的反映并不好，不能够深入，且易遗漏信息。

（二）访谈法

是指以个别谈话或小组访谈方式开展面谈获取信息资料的一种工作分析方法。访谈前要准备好详细的结构化提纲，先由工作者本人对所从事工作的内容、目的、方法加以描述，然后再由其上级加以纠正和补充，整个面谈过程要做好详细记录。这里需要指出的是，事先要向面谈对象说明面谈的目的，争取他们的理解与支持。

1. 访谈法的操作要点

运用访谈法时要注意几个方面：（1）由于实践中采用全员访谈的可能性较小，所以要对重点访谈对象有计划、分层次地进行；（2）访谈要取得访谈对象的配合，向对方说明访谈的目的和程序，保持访谈气氛的融洽；（3）最好是结构化的访谈，因此要提前制定访谈提纲，以便于统计整理；（4）访谈时间的选择要合理，一是尽量不要干扰访谈对象的正常工作，二是每次访谈最好不要超过 2 个小时；（5）访谈者的提问与表达要保持中立，不要介入和引导被访者的观点。

2. 访谈中经常问到的问题

访谈中常提到的问题如表 2-5 所示。

表 2-5　岗位分析访谈常见问题

一、基本信息类
1. 您所在的岗位名称是什么？
2. 本岗位属于哪个部门？部门主管是谁？
3. 您从事本岗位多长时间？您在本单位工作多长时间？
4. 在本部门内与本岗位平级的岗位还有哪些？
5. 您本人参加工作多长时间？是否一直从事本岗位？
二、岗位职责类
1. 您所负责的日常工作有几大方面？
2. 这几块工作中最核心的工作是什么？
3. 这几块工作难度最大的是什么？
4. 您所在的岗位还管辖哪些岗位？
5. 除了对本岗位工作负责外，哪些工作出了问题也需您负责？
6. 您的工作是定时的还是不定时的？是否存在负荷不均？
三、任职条件类
1. 您认为从事本岗位工作需要什么样的学历水平？
2. 您认为从事本岗位工作需要什么样的经验水平？
3. 您认为从事本岗位工作需要什么样的专业技术水平？
4. 您认为从事本岗位工作还需要什么样的能力特点？
5. 您本人在学历、经验、专业技术水平及能力方面的现状是什么？
四、沟通关系类
1. 您对谁直接负责，对谁间接负责？
2. 您管理的人员和岗位有哪些？
3. 在本部门内部，与您合作密切的岗位是什么？
4. 在本单位内，与您合作密切的跨门岗位是什么？
5. 您是否需要与本单位以外的单位发生直接联系，双方关系是什么？

(续 表)

五、工作条件类
1. 您从事本岗位工作在室内外工作时间的比例如何？ 2. 您在工作中能否采用比较舒适的工作姿态？ 3. 您主要使用脑力还是体力劳动？ 4. 本岗位工作使用什么样的设备？ 5. 本岗位工作环境中存在什么样的不良因素？ 6. 从事本岗位工作是否会患职业病？

3．某访谈记录

下面是对北京市某建筑工程公司劳资员岗位任职者的访谈记录。

（1）基本信息

访谈对象：张××　　　　　　访谈主持者：汪××

访谈时间：2010年8月3日下午2：30～3：30

访谈地点：北京市某建筑工程公司第二工程处会议室

（2）访谈主要内容

汪：请您简单介绍一下自己。

张：我是公司二处第一工程队劳资员张××。

汪：您知道本次谈话的目的吗？

张：知道一些，好像是为了工资改革。

汪：是的，为了设计新的工资制度，我们需要进行工作分析，与您的谈话是收集岗位信息的重要工作之一，希望您能配合我们的工作。您在本岗位工作多长时间了？

张：三年。

汪：之前在什么岗位工作？

张：我中专毕业后参加工作就在公司二处，开始在工地熟悉工作，定岗后就是劳资员，可以说一直从事本岗位工作。

汪：您的部门主管是谁？

张：一队队长曹××。

汪：您工作是对他负责吗？

张：不是，我行政上直接对一队书记负责，业务上对二处人事劳资部负责。

汪：请具体说明一下。

张：我们队两位主要领导队长和书记是这样分工的，队长全面负责，但主要抓生产，书记主要负责行政后勤事务，我这块工作归书记分管。但劳资工作的业务内容受二处人事劳资部指导，主要工作也都要向人事劳资部汇报，并负责完成人事劳资部分派的任务。

汪：那您所负责的日常工作有哪些？

张：主要有这样几块。一是负责队内考勤统计，编制报表、台账；二是负责发放工资、奖金；三是办理队内各部门之间人员调动的具体事宜工作；四是做好队内劳动保护及防暑降温工作；另外还负责一些临时性的工作。

汪：这些工作中最主要的是什么？

张：最主要的是前两项工作，这些工作都是对处人事劳资部负责的。

汪：与其他两个队相比，三个劳资员的工作内容有什么不同吗？

张：基本一样，是同一个岗位的工作。

汪：还有什么岗位归您管辖吗？

张：没有了，我本身做的就是最基层的基础工作。

汪：那和您日常工作联系最多的岗位是什么？

张：队内是核算员，处里是人事劳资部的劳资员，我做的报表都要报送给他，接受工作指派的最多的也是他。

汪：您的工作负荷均衡吗？

张：不均衡。尤其体现在有工程和没工程时，还有不同规模的工程也不一样。没工程时，几乎没有什么工作，只做一些日常的考勤统计及工资发放，工作量也小很多。在大规模的工程里工作量却非常大，几乎吃住在工地上，连续一个月不回家也有过。

汪：那么一年中的忙闲有规律吗？

张：不太有规律，总体来说冬天没什么活，但其他时间也不一定有活，要看处里任务的多少。

汪：工程队有自己到市场上承揽业务吗？

张：没有，完全由处里统一安排。

汪：从您刚才说的来看，您与施工人员的工作环境一样，是吗？

张：不完全一样。虽然都是在工地上，工作时间基本差不多，但危险性和体力支出比施工人员要小得多。但比起办公室人员环境要差许多，总体来说，有三分之二以上的工作时间在室外。

汪：您本人是中专学历，对吧，有三年工作经验，您的专业技术水平是什么？

张：我目前是科员级。

汪：从您的条件来看，您觉得够用吗？

张：我觉得足够了，中专都有些高了，有两年经验积累也就够了。

汪：其他两个队的劳资员和你条件一样吗？

张：有一个比我晚一年参加工作，其他条件一样，另一个工龄长一些，大概有十几年了吧，技校毕业，以前从事施工方面工作的。

汪：您认为这个岗位还需要一些什么特殊的要求？

张：要有很强的责任心，另外还应该有很强的人际关系协调能力，因为工地上人员比较复杂，需要和各种各样的人打交道。

汪：对您的工作还有什么要补充的吗？

张：暂时没有了，有什么问题可以随时找我。

汪：好的，谢谢您的合作。

访谈双方签字（略）。

4. 访谈法的优缺点

访谈法作为问卷法的必要的补充，是进行岗位分析的重要手段，一般运用普遍问卷结合重点访谈的方法即可基本收集到所需要的信息。

访谈法有很明显的优点：（1）互动性强，由于是一种面对面的交流，增加了反馈，使被了解的问题能够更深入；（2）可以唤起工作者的职责意识，规范其行为，从而有利于以后岗位描述的推行。

访谈法也存在着一些缺点：（1）首先，由于方法本身操作上的需要，这种手段比较占用时间，因而效率不是很高，如果谈话对象很多就很难操作；（2）在工作分析者不熟悉描述岗位的情况下，可能会被访谈对象误导，从而使收集到的信息出现偏差；（3）访谈法对操作者的要求较高，而且结果不易统计对比；（4）访谈法经常会影响被访者的正常工作。

访谈法与问卷法有着很强的互补性，因而两种手段的综合运用一般都会收到比较理想的效果。

（三）观察法

指有关人员直接到现场，亲自对一个或多个工作人员的工作行为进行观察、收集、记录，包括有关工作内容，工作时间的相互关系，人与工作的作用，以及工作环境、条件等信息。为了获取所需的信息，这种观察应具有结构性，事先应做好充分的准备，并取得工作者的支持与配合。

1. 观察法的操作要点

执行观察法时要注意几个方面：（1）被观察的工作应相对静止、稳定，即在一定时间内，工作内容、工作程序、对工作人员的要求不会发生明显的变化。（2）适用于大量标准化的、周期较短的以体力活动为主的工作，不适用于脑力活动为主的工作。（3）要注意工作行为样本的代表性，有时，有些行为在观察过程中可能未表现出来。（4）观察人员尽可能不要引起被观察者的注意，不应干扰被观察者的工作。（5）观察前要有详细的观察提纲和行为标准，如表2-6所示。

表 2-6　某企业生产车间的岗位分析观察提纲

```
被观察者姓名：_____          日期：_____
观察者姓名：_____          观察时间：_____
工作类型：_____          工作部门：_____
观察内容：
1. 什么时间开始正式工作？
2. 上午工作多少时间？
3. 上午休息多少时间？
4. 第一次休息时间从_____到_____。
5. 第二次休息时间从_____到_____。
6. 上午完成产品多少件？
7. 平均多少时间完成一件产品？
8. 与同事交谈几次？
9. 每次交谈约_____分钟。
10. 室内温度_____度。
11. 抽了几次烟？
12. 喝了几次水？
13. 什么时候开始午休？
14. 出了多少次品？
15. 搬了多少原材料？
16. 噪音分贝是多少？
```

资料来源：张佩云主编：《人力资源管理》，第93页，北京：清华大学出版社，2004。

2. 观察法的优缺点

这种方法的优点有：（1）操作较灵活、简单易行；（2）直观、真实，能给岗位分析人员直接的感受，因而所获得的信息资料也较准确；（3）可以了解广泛的信息，如工作活动内容、工作中的正式行为和非正式行为、工作人员的士气等。

但此方法的运用受到很大的局限，主要缺点有：（1）时间成本很高，效率低下；（2）观察周期不易确定，对于生产操作岗位较适合，对于管理型和技术型岗位就不适合了；（3）由于专业所限，岗位分析人员不能准确地对所观察的信息做出正确的判断；（4）关于任职人员的任职资格条件不能由观察得出；（5）在观察中，被观察者的行为可能表现出与平时不一致的情况，从而影响观察结果的可信度。

（四）亲验法

亲验法顾名思义，就是工作分析人员到被分析的岗位中实际体验岗位工作特点，获得岗位信息的一种方法。但这种方法的局限性非常大，观察法所具备的限制条件它都存在，因而这是一种用的很少的方法，经常作为其他方法的一种补充，对难以用语言表达的一些特殊岗位或验证一些信息时才使用。

1. 亲验法的操作要点

操作要点主要有：（1）亲验的岗位是岗位分析人员能够理解和从事的；（2）在岗位亲验时不能给实际工作造成障碍；（3）较危险的岗位不适合亲验；（4）对岗位的体验要保证一定的周期，以对岗位的相关信息有完整的认识。

2. 亲验法的优缺点

优点：（1）准确了解工作的实际任务和在体力、环境、社会方面的要求；（2）直接、直观，信息的可靠性高；（3）可以弥补不善表达的员工对岗位信息提供的不足；（4）可以收集到观察法所不能体会到的内容。

缺点：（1）时间成本很高，效率低下；（2）对于岗位分析人员的专业性要求太高，许多岗位根本无法亲验；（3）体验周期和时间都不易确定。

（五）工作日志法

由工作者本人记录每日工作的内容、程序、方法、权限、时间等，同时还记录相关的责任、权利、人际关系、工作负荷及感受等。工作日志一般有两种类型：对于生产型的岗位叫生产日志；对于管理和技术型的岗位叫工作日记。采用工作日志法，可在一定时间内获取第一手资料。

1. 工作日志法的操作要点

操作要点主要有：（1）工作日志的记录必须是在确定岗位分析目标前就已完成的，这样才能尽可能避免选择性信息的出现，保证其客观性；（2）工作日志必须是有关岗位工作的一切信息，包括有利和不利的信息；（3）为保证所取信息的可信度，要求工作日志的记录必须持续一段时间，以保证所取信息的完整与客观；（4）工作日志表的填写应每日一份，以免雷同，同时，应根据各岗位的实际情况规定填写的时间段，如规定 10 分钟填写一次或 20 分钟填写一次。

表2-7 工作日志表

姓名		年龄		性别		所在部门		职务		上级负责人		编号		日期	
起始时间	工作内容	所用工具	工作地点	合作人	完成情况（完成总任务的比率）	未完成的原因
说明					签名	

2. 工作日志法的优缺点

工作日志法是进行岗位分析所依据资料的重要来源，它具有几个优点：（1）由于工作日志应是在工作不知觉状态下的忠实记录，因而资料来源比较可靠；（2）工作记录本身非常翔实，提供的信息充分。同样，此方法也有局限性：（1）需要积累的周期较长，时间成本高；（2）资料口径可能与岗位分析的要求有出入，因而整理的工作量较大；（3）工作日志往往有夸大的倾向，不利于信息的收集。

二、岗位说明书

（一）岗位说明书的基本概念与主要项目

1. 岗位说明书的基本概念

岗位说明书是岗位分析最主要的结果，是通过岗位分析过程，用规范的文件形式对组织各类岗位的工作性质、任务、责任、权限、工作内容和方法、工作条件，以及岗位名称、编码、层级和该岗位任职人员的资格条件、考核项目等做出统一的规定，它一般包括岗位描述和岗位规范两部分。

岗位描述一般用来表达工作内容、任务职责、环境等，主要以"事"为中心，而岗位规范是对员工完成某项工作必备的基本素质和条件的规定，表达任职者所需的资格要求，主要以"人"为中心。从内容涉及的范围来看，岗位说明书的内容十分广泛，既包括岗位有关事项的性质、特征、程序、方法和要求的说明，也包括对承担本岗位工作人员的资格条件的说明。岗位规范的内容比较简单，主要涉及对岗位人员的任职资格条件的要求，因此，岗位规范是岗位说明书的一个重要组成部分。

2. 岗位说明书的主要项目

（1）岗位基本信息。包括：岗位名称、直接上级岗位名称、所属部门、岗位编码、工资等级、定员人数、岗位性质。同时也可选择性地列出岗位分析人员姓名、人数和岗位分析结果的批准人等栏目。

岗位名称应标准化，以求通过名称就能使人了解岗位的性质和内容，主要是命名准确、美观，切忌粗俗和冗长。

（2）岗位职责概述。即用最简练的语言说明岗位的性质、中心任务和责任。比如：

总裁：受公司董事会委托，执行董事会的决策、决议，对公司的生产经营实施全面的监控和最高行政管理。

经营计划部部长：拟定公司中长期发展战略及年度经营计划，组织考核，对公司经营活动进行分析；组织部门职责范围内的其他工作。

人力资源部部长/经理：组织向各部门提供人力资源管理专业性服务，激发公司员工工作的积极性，使其工作绩效不断提高。

技术装备部部长/经理：负责公司年度生产业务计划的编制、审核、综合、平衡工作。

（3）岗位职责详述。这是岗位说明的重点之一，要逐项列出本岗位所应负有的职责。较为理想的格式是首先把岗位工作内容归为几个大类，然后再分点说明。

（4）关键业绩指标。这个内容指明各项工作内容所应产生的结果或所应达到的标准，以定量化为最好。最常见的关键业绩指标有三种：一是效益类指标，如资产盈利效率、盈利水平等；二是营运类指标，如部门管理费用控制、市场份额等；三是组织类指标，如满意度水平、服务效率等。

值得注意的有两点：关键业绩指标最好同第三项的岗位职责详述对应起来；各项指标最好能够量化，从而有利于执行。

（5）岗位关系。岗位关系描述包括：此岗位受谁监督；此岗位监督谁；此岗位可晋升的岗位；可转换的岗位；可升迁至此的岗位；与哪些岗位发生联系及联系的密切程度；有时还应包括与企业外部的联系。

（6）岗位环境。主要包括五个方面：① 工作场所，在室内、室外，还是其他的特殊场所；② 工作环境的危险性，说明危险性存在的可能性，对人员伤害的具体部位、发生的频率，及危险性原因等；③ 工作时间特征，如正常工作时间、加班时间等；④ 工作的均衡性，即工作是否存在忙闲不均的现象及经常性程度；⑤ 工作环境中的不良因素，即是否在高温、高湿、寒冷、粉尘、有异味、噪声等工作环境中工作，工作环境使人是否愉快。

（7）任职资格条件。常见的任职资格条件有：① 学历及专业要求；② 所需资格证书；③ 经验：一般经验、专业经验、管理经验；④ 知识：基础知识、业务知识、政策知识、相关知识；⑤ 技能要求：即完成本岗位工作所需要的专业技术水平；⑥ 一般能力要求,如计划、协调、实施、组织、控制、领导、冲突管理、公共关系、信息管理等能力及需求强度;⑦个性要求,如情绪稳定性、责任心、外向、内向、支配性、主动性等性向特点。

需要注意的是,任职资格条件是指完成岗位工作所需要的最低要求,而不应人为地提高。另外为了体现先进的导向性,可以分为两栏,一栏是必备条件即最低要求,另一栏是期望条件即适度偏高的要求。

(二)岗位说明书的格式与要求

1. 岗位说明书的格式

岗位说明书的格式没有统一要求,可以用表格方式,也可采用叙述型,但以表格方式最为常见,要体现统一、协调、美观的原则。如表2-8所示。

表2-8 岗位说明书表格

岗位名称: (POSITION)	所在部门: (DEPT.)
岗位编码: (CODE)	编制日期: (DATE)
岗位概要:	
岗位职责(DUTY AND RESPONSIBLITY)	
1. 1.1 1.2	
2. 2.1 2.2	
3. 3.1 3.2	
4. 4.1 4.2	

（续　表）

5. 　5.1 　5.2		
关键绩效指标（KPI）		
任职资格（REQUIREMENT）		
项目（CATEGORY）	必备要求（JUNIOR）	期望要求（SENIOR）
学历及专业要求：		
所需资格证书：		
工作经验：		
知识要求：		
技能要求：		
能力要求：		
个性要求：		
主要关系（CONTACT）		
关系性质	关系对象	
直接上级		
直接下级		
内部沟通		
外部沟通		
岗位环境和条件（WORKING CONDITIONS）		
经常性工作场所、工作设备、工作时间、工作条件：		

2. 岗位说明书的编写要求

岗位说明书在企业管理中的地位极为重要，不但可以帮助任职人员了解其工作，明确其责任范围，还可为管理者的某些重要决策提供参考。一份好的岗位说明书具备以下特点：

（1）清晰。整个岗位说明书中，对工作的描述清晰透彻，任职人员读过以后，可以明白其工作内容，无须再询问他人或查看其他说明材料。避免使用原则性的评价，专业难懂词汇须解释清楚。

（2）具体。在措词上，应尽量选用一些具体的动词，如"安装"、"加工"、"传递"、"分析"、"设计"等。指出工作的种类，复杂程度，需任职者具备的具体技能、技巧，应承担的具体责任范围等。一般来说，由于基层工人的工作更为具体，其岗位说明书中的描述也更具体、详细。

（3）内容可根据岗位分析目的进行调整，可简可繁。

（4）为建立企业岗位分析系统，须由企业高层领导、典型职务代表、人力资源管理部门代表、外聘的岗位分析专家与顾问共同组成工作小组或委员会，协同工作，完成此任务。

第四节　练　习　题

一、基本概念

职位　任务　工作分析　岗位说明书

二、单选题

1. 由一项或多项任务组成的活动叫做（　　　）。
    A. 职责　　　　B. 职位　　　　C. 岗位　　　　D. 工作簇

2. 由一项或多项职责组成的恰好满足一个人工作量的与任职人员一一对应的是（　　　）。
    A. 职责　　　　B. 职位　　　　C. 岗位　　　　D. 工作簇

3. 由一个职位或几个相同职位组成的是（　　　）。
    A. 职责　　　　B. 职业　　　　C. 岗位　　　　D. 工作簇

4. 由一系列相关或相近的岗位组成的叫做（　　　）。
    A. 职责　　　　B. 职业　　　　C. 职位　　　　D. 工作簇

5. 在工作分析信息收集对象中最客观公正保持一致性的是（　　　）。
    A. 高层领导　　　　　　　　B. 工作分析专家
    C. 直线主管　　　　　　　　D. 工作任职者

6. 在工作分析信息收集对象中实践时依赖最多的主体是（　　　）。
    A. 高层领导　　　　　　　　B. 工作分析专家

C. 直线主管 D. 工作任职者

7. 正确的工作分析程序是（ ）。
   A. 明确目的—选择分析工具—收集工作信息—分析工作信息—结果评价—制定工作说明书
   B. 选择分析工具—明确目的—收集工作信息—分析工作信息—结果评价—制定工作说明书
   C. 选择分析工具—明确目的—收集工作信息—分析工作信息—制定工作说明书—结果评价
   D. 明确目的—选择分析工具—收集工作信息—分析工作信息—制定工作说明书—结果评价

8. 处理信息量大、速度快且标准统一是（ ）工作分析方法的优点（ ）。
   A. 亲验法　　B. 观察法　　C. 问卷法　　D. 访谈法

9. 不能收集到有关任职者资格条件的工作分析方法是（ ）。
   A. 亲验法　　B. 观察法　　C. 问卷法　　D. 访谈法

10. 实质上的岗位关系中最正确的是（ ）。
    A. 僵硬的工作关系　　B. 有机的工作关系
    C. 有限的工作关系　　D. 上下级关系

11. 访谈法的优点是（ ）。
    A. 标准统一　　B. 有切身的感受
    C. 互动，双向沟通　　D. 成本低

12. 适合于管理型岗位进行工作分析的问卷是（ ）。
    A. PAQ问卷　　B. MPDQ问卷　　C. FJA问卷

13. 适合于操作型岗位进行工作分析的问卷是（ ）。
    A. PAQ问卷　　B. MPDQ问卷　　C. FJA问卷

14. 直接与薪酬建立联系的工作分析问卷是（ ）。
    A. PAQ问卷　　B. MPDQ问卷　　C. FJA问卷

15. 倾向于夸大责任和重要性岗位分析的主体是（ ）。
    A. 岗位任职人员　　B. 岗位直接主管
    C. 外部人力资源专家　　D. 人力资源经理

16. 成本最高的岗位分析主体是（ ）。
    A. 岗位任职人员　　B. 岗位直接主管
    C. 外部人力资源专家　　D. 人力资源经理

17. 贯穿于全部岗位分析过程的是（ ）。
    A. 设计阶段　　B. 收集分析阶段　　C. 运用阶段　　D. 反馈调整阶段

18. 可以唤起工作者职责意识并规范其行为的岗位分析方法是（　　）。
    A. 亲验法　　　B. 观察法　　　C. 问卷法　　　D. 访谈法

19. 可以了解工作中正式与非正式行为及人员士气的岗位分析方法是（　　）。
    A. 亲验法　　　B. 观察法　　　C. 问卷法　　　D. 访谈法

20. 可以弥补不善表达员工对岗位信息提供不足的岗位分析方法是（　　）。
    A. 亲验法　　　B. 观察法　　　C. 问卷法　　　D. 访谈法

三、多选题

1. 对岗位说明书的要求有（　　）。
   A. 清晰　　　B. 具体　　　C. 简单　　　D. 多方参与

2. 工作分析所需资料的决定因素有（　　）。
   A. 工作分析的目的　　　　　　B. 工作分析的时间约束
   C. 工作分析的预算约束　　　　D. 工作说明书的格式

3. （　　）具有适用范围窄的缺点。
   A. 问卷法　　　　　　　　　　B. 工作日志法
   C. 亲验法　　　　　　　　　　D. 访谈法
   E. 观察法

4. （　　）收集工作分析信息所花费的时间较长（　　）。
   A. 问卷法　　　　　　　　　　B. 工作日志法
   C. 亲验法　　　　　　　　　　D. 访谈法
   E. 观察法

5. 岗位说明书各项目中最重要且必备的三个内容是（　　）。
   A. 工作职责详述　　　　　　　B. 沟通关系
   C. 任职资格条件　　　　　　　D. 工作职责概述
   E. 工作环境　　　　　　　　　F. 关键业绩指标

6. 对工作熟悉且收集信息速度较快的岗位分析主体有（　　）。
   A. 岗位任职人员　　　　　　　B. 岗位直接主管
   C. 外部人力资源专家　　　　　D. 人力资源经理

7. 岗位说明书的工作关系描述的是（　　）。
   A. 此工作受谁监督，此工作监督谁
   B. 此工作可晋升的职位，可转换的职位，以及可升迁至此的职位
   C. 任职者的工作职责
   D. 与哪些职位发生关系

8. 工作日志的主要类型有（ ）。
   A. 岗位规范　　　B. 生产日志　　　C. 工作日记　　　D. 操作手册
9. 在实践中运用最多的两种岗位分析方法是（ ）。
   A. 问卷法　　　　　　　　　　　B. 工作日志法
   C. 亲验法　　　　　　　　　　　D. 重点访谈法
   E. 观察法

四、判断题

1. 一岗多人是不规范的管理现象。（ ）
2. 工作分析是薪酬设计的基础。（ ）
3. 直线主管作为工作分析信息提供主体之一具有掌握信息全面的优点。（ ）
4. 问卷法可以深入地收集到最客观的工作分析信息。（ ）
5. 岗位说明书中任职人员资格条件的制定应就高不就低。（ ）
6. 有限的工作关系要优于僵硬的工作关系。（ ）

五、简答题

1. 阐述岗位分析的作用。
2. 分析岗位分析主体的优缺点。
3. 分析工作分析方法的优缺点。
4. 详细说明岗位说明书的主要内容。
5. 生产型企业的岗位分析步骤。

第三章 人力资源规划

第一节 主题案例与知识链接

 案例

五金制品公司的人力资源规划①

李智先生几天前才调到人力资源部当助理,就接受了一项紧迫的任务,要求他在 10 天内提交一份公司的人力资源规划,为公司全年各项人力资源管理活动的执行打下基础 (*链接 A:人力资源规划的作用,参见第 87 页*)。

虽然他进这家公司已经有 3 年了,但面对桌上那一大堆文件、报表,一筹莫展。经过几天的资料整理和思考,他觉得要编好这个计划,必须考虑下列各项关键因素:

首先是公司现状。公司共有生产与维修工人 825 人,行政和文秘等管理人员 143 人,基层与中层管理干部 79 人,工程技术人员 38 人,销售人员 23 人。

其次,据统计,近 5 年来员工的平均离职率为 4%,没理由会有什么改变。不过,不同类别的员工的离职率并不一样,生产工人离职率高达 8%,而技术人员和管理干部则只有 3% (*链接 B:人力资源供给预测方法之马尔可夫分析法,参见第 98 页*)。

再次,按照既定的扩产计划,白领职员和销售员要新增 10%~15%,工程技术人员要增加 5%~6%,中、基层干部不增也不减,而生产与维修的蓝领工人要增加 5% (*链接 C:人力资源需求预测方法之转换比率法,参见第 101 页*)。

有一点特殊情况要考虑:最近本地政府颁发一项政策,要求当地企业招收新员工时,要优先照顾妇女和下岗职工 (*链接 D:人力资源规划信息的收集,参见第 91 页*)。公司一直未曾有意地排斥妇女或下岗职工,只要他们来申请,就会按照同一种标准进行选拔,并

---

① 资料来源:张佩云. 人力资源管理 [M]. 北京:清华大学出版社,2004.

无歧视,但也未特殊照顾。如今的事实却是,只有一位女销售员,中、基层管理干部除两人是妇女外,其余也都是男的,工程师里只有三位是妇女,蓝领工人中约有11%是妇女或下岗职工,而且都集中在最底层的劳动岗位上（*链接E：人力资源预测结果的平衡之结构不平衡,参见第103页*）。

李智还有5天就得交出计划,其中包括各类干部和职工的人数、从外界招收的各类人员的人数,以及如何贯彻市政府关于照顾妇女与下岗人员政策的计划（*链接F：对人力资源规划的要求,参见第86页*）。

此外,五金制品公司刚开发出几种有吸引力的新产品,所以预计公司销售额5年内会翻一番,李智还得提出一项应变计划以备应付这种快速增长（*链接G：人力资源需求预测,参见第99页*）。

第二节 人力资源规划概述

人力资源规划是组织战略规划的重要组成部分,它为组织战略目标的实现提供了人力资源的保证,另外,人力资源规划还指导着整体的人力资源管理工作。

一、什么是人力资源规划

（一）人力资源规划的含义

一个组织的总体规划是由涉及人、财、物等多个方面的子规划有机组成的,例如财务规划、市场开发规划、技术开发规划等,人力资源规划就是其中之一。因此,人力资源规划就是为了实现组织目标而从人力资源的角度提供的长期安排。其具体含义可以表述为：组织适应周围环境的变化,为了实现组织的总体目标,在现有人力资源状况分析的基础上,对未来较长周期内（一年或一年以上）人力资源的供给与需求做出预测,并制订实施计划来满足组织发展对于人力资源的需要。可以从四个方面来把握这一含义：

（1）人力资源规划是组织应对内外环境变化的需要。组织所处的内外环境是不断变化的,这就必然影响到组织人力资源的需求和供给变化,人力资源规划就对这些变化进行科学的预测和分析,从而保证组织在近期、中期和远期都能获得必要的人力资源补充。

（2）组织的人力资源供需不平衡是经常的,所以人力资源规划要用稳定的政策措施来应对。组织中经常会出现新的业务拓展或原有业务规模的扩大,这都会在绝对数上产生对外部人员的抛出需求,也可能会在某些方面收缩业务或发生技术对人员的替代,这又会产生过剩人员,即使在问题平衡时,正常的人员调动、升迁、退休、离职等也会产生结构性不平衡,因此人力资源规划要落到实处。

（3）人力资源规划是组织总体规划的一个组成部分，因此要以组织战略目标为导向。组织战略规划要先行，人力资源规划要服从和服务于组织战略规划。

（4）对组织目标的服从不能以牺牲员工利益为代价，应综合平衡。组织的人力资源规划要为员工的自我发展创造良好的条件，组织应该充分发挥每个员工的积极性、主动性和创造性，要不断提高员工的工作效率，从而最终实现组织的经营目标。在考虑组织经营目标的同时，组织应该关心每一个员工的利益和发展要求，要引导他们在实现组织目标的同时实现个人的自我价值。只有这样组织才能获得所需要的人力资源。

（二）对人力资源规划的要求

人力资源规划本身的质量好坏不但影响其执行的状况，而且会影响到组织目标的实现，因此，好的人力资源规划既要符合组织的利益，又要有很强的可操作性。张佩云认为，人力资源规划要符合四个要求。①

1. 人力资源规划必须与组织的经营目标相结合

组织的经营目标是指组织在一定时期内的经营方向和经营计划，组织的各项活动必须围绕着经营目标的实现而进行。人力资源管理同样必须以此为基础，组织的人员配置、培训和教育必须与经营目标决定的岗位设置、人员素质要求及各种协作、合作关系配合，而且对组织内员工的激励必须与工作目标相结合。只有这样，才能充分调动员工的积极性、主动性和创造性，从而保证组织目标的实现。

2. 人力资源规划必须与组织的发展相结合

组织内员工的智慧和创造性是促进组织发展的根本源泉，而组织的发展也必须以一定数量和质量的人员为基础。组织人员的招聘、培养等都必须考虑到组织长期发展的要求。

3. 人力资源规划必须有利于吸引外部人才

现代化组织的竞争是人才的竞争，但对一个组织来说。单从组织内部很难配齐组织竞争和发展所需要的各种人才，因此必须向外招聘优秀人才。组织只有招进所需要的各种优秀人才，才能在激烈的市场竞争中立于不败之地。

4. 人力资源规划必须有利于增强组织员工的凝聚力

人是组织的主体，能否把员工团结在组织总目标的周围，是人力资源管理的关键，这就要求组织必须建立"以人为中心"的组织文化，真正关心员工、爱护员工，充分挖掘员工的潜能，使组织的总体目标和个人目标同组织文化紧密结合在一起，增强组织员工的凝聚力。

除此之外，编者认为还要符合两个要求：第一，人力资源规划要与其他组织子规划相

---

① 参见张佩云. 人力资源管理 [M]. 北京：清华大学出版社，2004.

配合。例如，人力资源规划想要获取某高级人才，但财务规划中没有相应的人工成本支出，那这个规划就不能实现。第二，人力资源规划必须具备操作性和现实性，不能空谈。人力资源规划要从战略出发，但要落实在战术层面，无论是质还是量的分析及对未来的安排必须要与组织的现实相结合，不做不能实现的空想。

二、人力资源规划的作用

人力资源规划的作用体现在两个方面，一是在整体组织运营中具有重要作用，二是在人力资源作业活动中起着统辖的作用。

（一）人力资源规划对组织整体的作用

1. 人力资源规划可以有效地应对组织发展中的人员短缺

组织所处的外部环境始终处于变化之中，例如新的政府用人政策、人工成本计量办法、最低工资标准的限制等，都会对组织的人力资源需求与供给产生影响。组织内部条件也在不断变化，如技术的变化与提高、管理模式的改变等也对人力资源的需要与供给产生影响，准确的把握这些变化并做出预见性的安排是人力资源规划的本意所在。一般来说，低技能的一般员工容易通过劳动力市场获得，或通过对现有员工进行简单培训即可满足工作需要，但对那些对企业起关键作用的技术人员和管理人员的短缺则无法立即满足组织的需要。当今组织员工的流动率比较高，组织的人力资源管理部门就必须在很短的时间内匆忙地招聘新员工，这很容易导致录用标准的下降，结果会招收一些勉强胜任和容易迁徙的员工，又会导致以后的流动率上升。

对于规模比较大的组织来说，事先进行人力资源规划的必要性更大，原因有二：一是在大规模的组织中，员工分工明细，工作的专业化程度比较高，新进员工的适应期比较长；二是规模大的组织岗位空缺数额一般也比较大，要做到及时填补，必须提早准备。

2. 人力资源规划有利于促进组织战略目标的实现

组织的高层管理者在制定战略目标和发展规划以及选择决策方案时总要考虑组织自身的各种资源，尤其是人力资源的状况。如果有科学的人力资源规划，就有助于高层领导了解组织内目前各种人才的余缺情况，具有在一定时期内进行内部抽调、培训或对外招聘的可能性，从而有助于他们进行决策。人力资源规划要以组织的战略目标、发展规划和整体布局为依据，但反过来，人力资源规划又有助于战略目标和发展规划的制定，并可以促进战略目标和发展规划的顺利实现。

3. 人力资源规划有利于调控人工成本

人工成本控制是成本控制中的一个重要环节，人工成本中最大的支出项目是工资，而企业工资总额在很大程度上取决于企业的人员分布状况，即人员在不同岗位和不同级别上的数量状况。在组织发展的最初阶段,相对来说,低工资的人数较多,但随着组织的发展和员工任职能力的提高,工资成本就会逐渐上升,加上其他因素的影响,这样一来,人工成本很可能超过组织所能承担的能力。人力资源规划就是要对组织内的人员结构、岗位分布等进行合理的调整,从而在一定范围内很好地控制人工成本。

另外,在进行人力资源规划时,应对外部劳动力市场进行详细的调查,如劳动力的供需状况、哪种人力资源稀缺、哪种人力资源很容易获得,各部门和各岗位的人员数量及其分布如何,为组织劳动力定价提供依据。保持人员适当的流动率,造成一定的竞争压力,可以提高员工的工作效率和劳动生产率,通过降低招聘成本、安置成本和培训成本使人力资源总成本降低,推动了组织的发展、扩大和进步。

4. 人力资源规划有利于稳定员工的预期

人力资源规划可以为员工提供较为明确的发展前景与路线,使员工知道该如何在组织的成功中去发展自身,例如职业生涯规划本身就是针对员工的个性化发展方案,可以有效地激励员工作长期打算,只有员工预期稳定,对组织保持长期的信心,才能调动其主动性与积极性。

(二) 人力资源规划在人力资源管理作业活动中的作用

人力资源规划在人力资源管理作业活动中处于一个统领的地位,虽然在人力资源管理部门的岗位设置中不会有这个岗位,但它的制定需要全体人力资源管理乃至各级管理人员的参与,因此在人力资源管理体系中它是一项全局性的工作。

1. 人力资源规划有利于人力资源管理活动的有序化

人力资源规划是组织人力资源管理的基础,它由总体规划和各种业务规划构成,为管理活动,如确定人员的需求量、供给量、调整岗位和任务、培训等提供可靠的信息和依据,进而保证管理活动的有序化。如果没有人力资源规划,那么,企业什么时候需要补充人员,补充哪个层次的人员,如何避免各部门人员提升机会的不均等以及如何组织培训等,都会出现很大的随意性和混乱。

2. 人力资源规划是其他人力资源管理业务规划的总纲

在实际制定人力资源规划时,各人力资源管理人员可能会从各自不同的作业活动分工去提出各种业务规划,但作为总规划是人力资源管理部门的整体安排,所以既要反映各作业活动的内有逻辑联系,防止衔接不上,又要避免重复。例如,如果本规划周期内有外部人员补充规划,那么在培训规划中就必然要有对应的设计,即要安排新员工培训。同理,晋升规划、职业生涯规划往往也伴随着各种不同的培训规划,这种衔接要靠总体的人力资源规划来统筹。

3. 人力资源规划对其他作业活动的具体关系

(1) 与薪酬管理的关系。人力资源需求的预测结果可以作为企业制定薪酬规划的依据,由于需求的预测不仅包括数量而且还包括质量,这样企业就可以根据预测期内人员的分布状况,并结合自身的薪酬政策进行薪酬总额的预测,或者根据预先设定的薪酬总额调整薪酬的结构和水平。此外,企业的薪酬政策也是预测供给时需要考虑的一个重要因素,人员供给的预测是针对有效供给来进行的。先来看外部供给,如果企业自身没有吸引力,那么再大的外部供给市场对它来说也是没有意义的,因此在进行外部供给预测时需要衡量企业自身的吸引力,而薪酬就是衡量吸引力时的一个重要指标。对内部供给来说,各岗位的薪酬水平也会影响供给的情况,薪酬水平高的岗位供给量肯定会大于薪酬水平低的岗位。

(2)与绩效管理的关系。人力资源规划中,绩效考核是进行人员需求和供给预测的一个重要基础,通过对员工工作业绩以及态度能力的评价,企业可以对员工的状况做出判断,如果员工不符合岗位的要求,就要进行相应的调整,这样造成的岗位空缺就形成了需求预测的一个来源;同时,对于具体的岗位来说,通过绩效考核可以发现企业内部有哪些人能够从事这一岗位,这也是内部供给预测的一个重要方面。

(3)与员工招聘的关系。人力资源规划与员工招聘有着直接的关系,当预测的供给小于需求,而企业内部的供给又无法满足这种需求时,就要到外部进行招聘,招聘的主要依据就是人力资源规划的结果,这其中包括招聘的人员数量和人员质量。

(4)与员工配置的关系。员工配置就是在企业内部进行人员的晋升、调动和降职,员工配置的决策取决于多种因素,如企业规模的变化、组织架构的变动以及员工绩效的表现等等。而人力资源规划也是其中一个重要的因素,员工配置的一项很重要作用就是进行内部的人力资源供给,当然这种供给只是针对某个层次而言的。在需求预测出来以后,企业就可以根据预测的结果和现有的人员状况,制订相应的员工配置计划来调整内部的人力资源供给以实现两者的平衡。

(5)与员工培训的关系。人力资源规划与员工培训的关系更多地体现在员工的质量方面。企业培训工作中关键的一项内容就是确定培训的需求,只有培训的需求符合企业的实际,培训才有可能发挥效果。而供需预测的结果则是培训需求确定的一个重要来源,通过对现有员工的质量和所需员工的质量进行比较,就可以确定出培训的需求,这样通过培训就可以提高内部供给的质量,增加内部供给。

(6)与员工解聘的关系。人力资源规划与员工解聘的关系是比较明显而直接的,在长期内如果需求小于企业内部的供给,就要进行人员的解聘辞退以实现供需的平衡。

三、人力资源规划的主要内容

人力资源规划主要有两种,一是组织的人力资源的总体规划,它是根据人力资源管理的总目标而制定的组织总体人力资源数量、质量及岗位供需状况的安排;二是在总体规划指导下的各种专项业务规划,常见的有补充规划、晋升规划、配备规划、培训开发规划、绩效管理规划、收入分配规划、职业生涯规划七种,详见表3-1。

表 3-1　人力资源规划的内容

名称	定 义	作 用	与其他规划的关系
总体规划	根据人力资源管理的总目标而制定的组织总体人力资源数量、质量及岗位供需状况的安排	◇ 从总体上满足组织发展对于人力资源的需求	◇ 统筹、指导其他业务规划 ◇ 其他业务规划要服从总体规划的安排
补充规划	根据组织运转的情况，合理地在中长期把组织所需数量、质量的人员填补在可能产生空缺的岗位上	◇ 应对正常的人力损耗 ◇ 可以改变组织的人力资源结构	◇ 包含晋升规划（内部补充） ◇ 包含配备规划（水平补充） ◇ 必然涉及培训规划 ◇ 与职业生涯规划交叉
晋升规划	根据组织人员分布状况和层级结构所制定的人员提升的政策和方案	◇ 体现组织注重能力的思想 ◇ 改善劳动投入的经济性 ◇ 可以激励员工	◇ 是一种垂直的补充 ◇ 需要培训规划先行 ◇ 可能与职业生涯规划交叉
配备规划	对中长期内处于不同岗位或工作类型但属于同一层级的人员分布状况的规划	◇ 保证组织保持一定强度的水平流动 ◇ 可以培养多面手 ◇ 工作轮换激励人员，等待上层空缺 ◇ 超员时平均工作负荷	◇ 是一种水平的补充规划 ◇ 必然涉及培训规划（转岗位培训） ◇ 可能与职业生涯规划交叉
培训开发规划	为了对某些岗位进行人才储备和提高岗位适应能力而设计的规划	◇ 为重点岗位储备人才，空缺时可迅速填补 ◇ 改善个人与岗位要求的匹配关系	◇ 是所有业务规划都会涉及的内容 ◇ 发生在补充、晋升及配备之前 ◇ 是职业生涯规划的重要实现手段 ◇ 是保证绩效管理规划实现和解决不良绩效结果的手段
绩效管理规划	管理者和员工关于工作目标和标准的契约制定及执行过程	◇ 确保组织绩效的实现 ◇ 给员工努力提供导向和辅导	◇ 多次涉及培训规划 ◇ 为职业生涯规划提供参考建议
收入分配规划	对组织未来一个周期内工资总额及分配、结构、增长率等做出的安排	◇ 有效控制人工成本 ◇ 保持工资增长率低于劳动生产率增长率 ◇ 有效地激励员工	◇ 伴随着晋升规划而发生 ◇ 受绩效管理规划结果的制约 ◇ 是职业生涯规划的重要通道之一
职业生涯规划	对员工工作生涯的人事程序的规划	◇ 稳定员工预期，提高忠诚度 ◇ 开发员工潜力 ◇ 把个人发展与组织发展结合起来	◇ 会经历补充、配备、晋升等多种规划 ◇ 其实现需要培训开发规划来保证

第三节 人力资源规划的程序与方法

一、人力资源规划的程序

（一）人力资源规划流程图

人力资源规划流程是人力资源管理的几个基本流程之一，它从流程的起点"组织内外人力资源信息的收集"开始，经历一个并行的阶段"人力资源供给与需求预测"，再根据供需平衡的需要制订实施计划并执行，最后是对人力资源规划的反馈与评估，如图3-1所示。

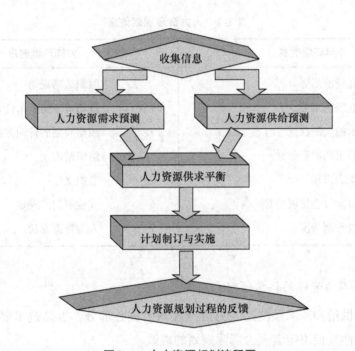

图3-1 人力资源规划流程图

（二）人力资源规划步骤详解

1. 第一步，收集信息阶段

人力资源规划的信息要靠人力资源信息系统来提供，拥有这一系统的组织收集和分析信息的效率要高一些。无论有无人力资源信息系统，信息的收集都要从组织内外两个环境入手来进行。如表3-2所示。

（1）外部环境。所谓外部环境就是影响组织正常经营的外部因素。如组织所在地的政治、经济、文化、法律、人口以及社会环境等。外部环境中最重要的因素是劳动力市场因素、政府相关法律法规以及劳动者的自主择业情况。外部环境因素会直接影响人力资源供给状况，如劳动力市场的缩小会直接导致企业人力资源的外部供给减少。

（2）内部环境。内部环境主要包括组织的经营战略、组织的人力资源结构以及组织的环境等。组织的经营战略是组织的宏观计划，对组织内所有的经营活动都有指导作用。组织的环境主要包括组织现有的组织结构、管理体系、薪酬设计以及企业文化等，只有对组织现有的组织结构有了充分的了解，才能预测组织未来的组织结构。组织的人力资源结构就是现有的人力资源状况，包括人力资源数量、素质、年龄、工作类别、岗位等，有时也涉及员工价值观、员工潜能等。只有对现有人力资源进行了充分了解和有效利用，人力资源规划才能真正实现它的价值。

表3-2　人力资源规划信息

外部环境信息	内部环境信息
宏观经济形势	组织战略规划
行业经济形势	战略规划的战术计划
技术的发展状况	战略规划的行动方案
产品市场的竞争性	组织结构
劳动力市场	组织文化
人口和社会发展趋势	其他部门的规划
政府管制情况	人力资源现状

2. 第二步，人力资源的供需预测

人力资源的供给和需求预测是人力资源规划的核心部分，也是技术要求最高的部分，供需预测的准确性直接决定着人力资源规划的成败。

（1）人力资源需求预测。需求预测主要是根据组织战略规划和组织的内外条件选择预测技术，然后对人力资源需求结构和数量进行预测。影响人力资源需求预测的因素主要有：① 组织的业务量或产量；② 预期的人员流动率；③ 提高产品或劳务的质量以及进入新行业的决策对人力需求的影响；④ 生产技术水平或管理方式的变化对人力需求的影响；⑤ 组织所能拥有的财务资源对人力需求的约束。通过需求预测可以得出组织在员工数量、组合、成本、新技能、工作类别等方面的需求，以及为完成组织目标所需的管理人员数量和层次的列表。

最简单的人力需求预测是先要预测组织产品或服务的需求，然后将这一预测转化为满足产品或服务需求而产生的对员工的实际需求。例如，对一个生产个人计算机的企业来说，满足产品或服务需求的活动，可以被描述为生产产品的数量、销售访问的数量、加工订单的数量等等。假设预测企业的生产率为每周生产1000台计算机，按每周40个工作小时计算，可能需要10000个装配工时。10000个工时除以40小时，得出需要250名装配工。更复杂的预测方法将在下面的内容中介绍。

（2）人力资源供给预测。人员供给预测也称为人员拥有量预测，是人力预测的又一个关键环节，只有进行人员拥有量预测并把它与人员需求量相对比之后，才能制定各种具体的规划。人力供给预测包括两部分：一是内部拥有量预测，即根据现有人力资源及其未来变动情况，预测出各规划时间点上的人员拥有量；二是对外部人力资源供给量进行预测，确定在各规划时间点上的各类人员的可供给量，主要考虑社会的受教育程度、本地区的劳动力的供给状况等。

供给预测通过分析劳动力过去的人数、组织结构和构成，以及人员流动、年龄变化和录用等资料，预测出未来某个特定时刻的人力资源供给情况。预测结果为组织现有人力资源状况，以及未来在流动、退休、淘汰、升职及其他相关方面的变化。其作用可归结为四个方面：① 检查现有员工填充企业中预计的岗位空缺的能力；② 明确指出哪些岗位的员工将被晋升、退休或者被辞退；③ 明确指出哪些工作的辞职率、开除率和缺勤率高得异常或存在绩效、劳动纪律等方面的问题；④ 对招聘、选择、培训和员工发展需要做出预测，以能够及时地为工作岗位的空缺提供合格的人力补给。

3. 第三步，人力资源供需平衡

在充分掌握了人力资源的供求预测后，可以根据组织的具体情况，制定相应的措施，以实现组织人力资源供求的平衡。人力资源供求平衡问题直接涉及组织经营目标能否实现的问题，因此在处理的过程中要尽量小心谨慎。通常来说，人力资源供给与需求之间可能有四种较为典型的情况存在：人力资源供不应求；人力资源供大于求；人力资源供给与需求之间的结构关系失调；人力资源供给和需求基本保持平衡。但人力资源供给和需求基本保持平衡的这种情形相对较少，且都是短期行为，任何一个组织都不可能存在长期的均衡，这是由组织内外环境的复杂性所决定的。但是，由于不同组织的生命周期不同，因此他们的变动趋势也不尽相同，不同竞争格局的组织所选择的应对战略也不同。组织应该根据具体情况制定供求平衡规划。

4. 第四步，人力资源规划的制定与实施

人力资源规划的制定就是根据前面对供需的平衡需要制定各种具体的规划，包括前面提到的七种规划，但重点要做好三个方面工作：（1）设计新的组织结构，能够吸引、容纳、保留、激励员工，以服务于规划目标。这种组织应该具有以下特征：员工拥有更多的工作自主权利参与决策与管理；畅通的全方位的沟通网络；内部激励与外部激励有机结合的激励系统与机制；更进步的工作设计；关心员工工作生活质量，并使之与生产率并重；全面考虑员工的技能、知识、个性、兴趣、偏好及组织特征之间的相互匹配等。（2）设计有效的替换计划和继任计划。替换计划主要适用于一般员工，并关注近期需要，主要包括：随着新技术、新产品、新市场的发展，哪些不适应的人员需要替换；替换计划表要标明各个任职者的姓名、需要替换的人员姓名、可能替换该任职者的人员的姓名以及需要从外部招聘的人员资质特征等。继任计划主要适用于管理者，具有长期性、开发性和弹性；强调继任的及时性、代际之间的年龄梯次性和能力的递升性；注重继任者的储备性、差额性。（3）设计裁员计划。裁员是企业由于各种原因在人力资源供大于需或供不适应需时的重要活动，是人力资源计划的重要组成部分。裁员计划要适当、适度、适时。它包括提前退休、外部安置、工资清算、人员再培训、提供工作转换机会、员工职业生涯计划设计以及有关的咨询服务等。

在人力资源规划政策的指导下，确定具体的实施方案。一般来说，供求情况和相应的政策确定后，执行的具体操作和技术就不成问题，问题是企业要重视这些工作，明白人力资源规划对企业经营的影响程度，按科学程序进行管理。人力资源规划实施过程需要注意以下几点：（1）必须要有专人负责既定方案的实施，要确保这些人拥有保证人力资源规划方案实现的权利和资源。（2）要确保不折不扣地按规划执行。（3）在实施前要做好准备。（4）实施时要全力以赴。（5）要有关于实施进展状况的定期报告，以确保所有的方案都能够在既定的时间里执行到位，并且保证方案执行的初期成效与预期的情况一致。

5. 第五步，人力资源规划过程的反馈与评估

对人力资源规划实施的效果进行评估是整个规划过程的最后一步，由于预测不可能做到完全准确，因此人力资源规划也不是一成不变的，它是一个开放的动态系统。人力资源规划的评估包括两层含义，一是指在实施的过程中，要随时根据内外部环境的变化来修正供给和需求的预测结果，并对平衡供需的措施做出调整；二是指要对预测的结果以及制定的措施进行评估，对预测的准确性和措施的有效性做出衡量，找出其中存在的问题以及有益的经验，为以后的规划提供借鉴和帮助。

二、人力资源供给预测的方法

人力资源供给预测可以分为外部供给预测和内部供给预测。

（一）外部预测

外部供给预测是指组织以外能够提供给组织所需要的人力资源的质和量的预测，主要

的渠道是外部劳动力市场。外部供给是解决组织人员新陈代谢和改变人员结构的根本出路，是任何组织都必须面对和采用的人力资源补充渠道，因此，合理地对外部供给进行预测是保证组织正常发展、节省人力购置成本的重要手段。但是外部供给有一个特点，即不能为组织所掌控，而只能通过信息的收集分析加以利用。

1. 外部人力资源供给的影响因素

外部人力资源供给的影响因素主要有：（1）宏观经济形势和失业预期；（2）当地劳动力市场的供求状况，其中大中专毕业生的数量与质量及就业意向是很重要的因素；（3）行业劳动力市场的供求状况；（4）人们的就业意识；（5）组织的吸引力；（6）竞争对手的动态；（7）政府的政策、法规与压力。

2. 外部劳动力市场的主要分类

一般意义上外部劳动力市场可以分为四类：（1）蓝领员工市场；（2）职员市场；（3）专业技术人员市场；（4）管理人员市场。

我国现阶段并没有建立起全国统一的劳动力大市场，因此劳动力市场的分类也较为混乱，主要是不同主体举办的劳动力中介组织：（1）政府主办的劳动力市场，主要是劳动部门主办的职介机构和人事部门主办的人才市场；（2）行业、团体主办的；（3）大型企业主办的；（4）街道社区主办的；（5）民营中介组织。

（二）内部预测

当组织出现人力资源短缺时，优先考虑的应该是从内部进行补充，因为内部劳动力市场不但可以预测，而且可调控，以有效地满足组织对人力资源的需求。影响内部供给的因素主要有：（1）组织现有人力资源的存量；（2）组织员工的自然损耗，包括辞退、退休、伤残、死亡等；（3）组织内部人员流动，包括晋升、降职、平职调动等；（4）内部员工的主动流出即跳槽等；（5）组织由于战略调整所导致的人力资源政策的变化。人力资源内部供给预测的方法主要有以下三种。

1. 人事资料清查法

这种方法通过对组织现有人力资源质量、数量、结构和在各岗位上的分布状况进行检查，掌握组织拥有的人力资源状况。通过一些记录员工信息的资料，可以反映员工的工作经验、受教育程度、特殊技能、竞争能力等与工作有关的信息，以帮助人力资源规划人员估计现有员工调换工作岗位的可能性大小和决定哪些员工可以补充当前空缺岗位。这一方法常作为一种辅助性的方法，对管理人员置换、人力接续等提供更为详细的质量上的参考。如表3-3所示。

表 3-3　人事资料表

姓名		部门		科室		工作地点		填表日期	
到职日期		出生年月			婚姻状况			工作职称	
教育背景	类别	学位种类		毕业日期		学校		主修科目	
	高中								
	大学								
	硕士								
	博士								
训练背景	训练主题			训练机构			训练时间		
技能	技能种类					证书			
志向	你是否愿意担任其他类型的工作？							是	否
	你是否愿意调到其他部门去工作？							是	否
	你是否愿意接受工作轮调以丰富工作经验？							是	否
	如果可能你愿意承担哪种工作？								
你认为自己需要接受何种训练？	改善目前的技能和绩效：								
	提高晋升所需要的经验和能力：								
你认为自己现在就可以接受哪种工作指派：									

2．人力接续法

根据工作分析的信息，明确岗位对员工的要求和任职者情况，安排接续/继任计划。一是继任卡方法，主要用于管理者的内部接续管理，一般的继任卡如图 3-2 或表 3-4 所示。二是员工接续计划，主要用于一般员工的接续管理，以进行供给预测，如表 3-5 和图 3-3 所示。该方法强调计划的整体性和一致性，即计划要与组织内外部各个方面协调一致。

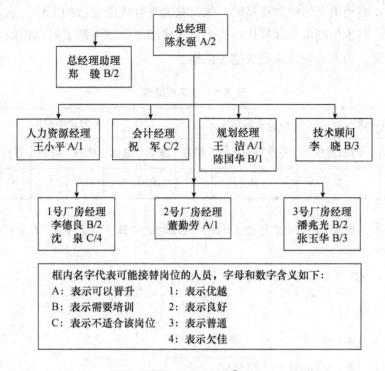

图 3-2　继任卡[①]

表 3-4　继任卡

该栏填写现任者晋升的可能性，可以用符号或颜色显示。如 A（红色）表示应该立即晋升；B（黑色）表示随时可以晋升；C（绿色）表示 1～3 年内可以晋升；D（黄色）表示 3～5 年内可以晋升。					
该栏填写现任者的职务，如 CEO、部门经理、客户经理等					
该栏填写现任者的年龄，以确定何时退休		该栏填写现任者的姓名		该栏填写现任者任现职的年限	
继任者	继任者1	姓名	年龄	现任职务	晋升可能性（用符号或颜色表示）
	继任者2	姓名	年龄	现任职务	晋升可能性（同上）
	继任者3	姓名	年龄	现任职务	晋升可能性（同上）
	紧急继任者	姓名	年龄	现任职务	列入晋升计划的时间

　　这一方法将每个岗位均视为潜在的工作空缺，而该岗位下的每个员工均是潜在的供给者。人员替代法以员工的绩效为预测的依据，当某位员工的绩效过低时，组织将采取辞退

---

① 参见张佩云. 人力资源管理［M］. 北京：清华大学出版社，2004.

或调离的方法；而当员工的绩效很高时，他将被提升替代他上级的工作。这两种情况均会产生岗位空缺，其工作则由下属替代。通过员工接续图可以清楚了解到组织内人力资源的供给与需求情况，为人力资源规划提供了依据。

表3-5 员工接续表

人力资源输入		组织或岗位上现有员工人数	人力资源输出							
外部招聘	内部晋升		辞退	辞职	退休	病残	死亡	晋升	降职	其他
X	Y	M	A	B	C	D	E	F	G	N

表3-5表明，该组织或岗位上员工的内部供给量 = M - (A + B + C + D + E + F + G + N) + (X + Y)。

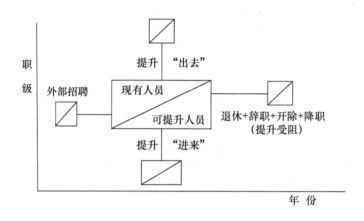

图3-3 员工接续图

3. 马尔可夫分析法

对称马尔可夫人力资源供给预测法，又称为转换矩阵方法，主要用于组织内部人力资源供给预测。其思路是找出过去人力资源供给变化的规律，根据得出的规律来预测人力资源变化趋势；通过不同工作岗位的变动情况来调查员工的发展模式，显示员工留任、升降职、进出比率的人数。对人员变动概率的估计，一般以5～10年的长度为一个周期来估计年平均百分比，周期越长，这一百分比的准确性越高。这种方法的第一步是构建员工变动矩阵（如表3-6、表3-7所示）。其中A到D由高到低，可以是职务类别、工资级别、业绩考核、学历水平等。起始时间到终止时间的选择也相对比较灵活。表3-6所示：AA对应数据为0.70，指A在该时间内留住70%的员工；A流动到B的员工占10%；A流动到C的员工为5%；流出企业的员工为15%；依此类推。从流动趋势来看，D流出的员工最少，晋升到C的为5%；B流出的员工最多，仅仅留住了60%，晋升到A的为15%，也最多，降级到 C 的为 5%、到 D 的为 10%；流出企业的为 10%。表 3-7 中，A 原有员工 62 人，留住 44 人，到 B 6 人，到 C 3 人，流出 9 人。依此类推。

表 3-6　流动可能性矩阵

工作状态		终止时间（目标状态）				流出率
		A	B	C	D	
起始时间（原有状态）	A	0.70	0.10	0.05	0	0.15
	B	0.15	0.60	0.05	0.10	0.10
	C	0	0	0.80	0.05	0.15
	D	0	0	0.05	0.85	0.10

表 3-7　现任职者矩阵

	原有员工数	A	B	C	D	流出人数
A	62	44	6	3	0	9
B	75	11	45	4	8	7
C	50	0	0	40	2	8
D	45	0	0	2	38	5
终止员工数		52	51	49	48	29

马尔可夫法虽然在一些国际性的大公司中得到广泛应用，但其所估计的人员流动概率与预测期的实际情况可能有差距，因此使用这种方法得到的内部人力资源供给预测的结果也就可能会不精确，其最大的价值在于提供了一种内部人员流动的分析框架。

三、人力资源需求预测的方法

人力资源需求预测的影响因素一般包括以下几个方面：(1) 企业的业务量或产量，由此推算出人力需要量；(2) 预期的流动率，指由于辞职或解聘等原因引起的岗位空缺规模；(3) 提高产品或劳务的质量或进入新行业的决策对人力需求的影响；(4) 生产技术水平或管理方式的变化对人力需求的影响；(5) 企业所能拥有的财务资源对人力需求的约束；(6) 外部人力资源市场的竞争状况，主要是对同类组织人力配备和人力储备的影响。

人力资源需求预测根据预测的精确程度可以分为经验预测和数学预测，前者强调运用预测者的主观经验，后者强调运用数学和统计的方法来计算。

(一) 经验预测

1. 管理者决策法

这种方法是组织的各级管理者，根据自己工作中的经验和对组织未来业务量增减情况的直接考虑，分别汇总决策确定未来所需人员的方法。其操作要点为：(1) 先由基层管理者根据自己的经验和对未来业务量的估计，提出本部门各类人员的需求量并报上一级管理者；(2) 由上一级管理者估算平衡，再报上一级的管理者，直到最高层管理者作出决策；(3) 然后由人力资源管理部门制订出具体的执行方案。这是一种非常简便、粗放的人力资源需求预测方法，主要适用于短期的预测。如果组织规模小，生产经营稳定，发展较均衡，它也可以用来预测中、长期的人力需求。但这种方法除了对各级管理者的经验及判断要求较高外，还会出现基层管理者倾向于扩大需求量的现象，即所谓的"帕金森定律"，这就对高层的决策提出了更的要求。

2. 德尔菲法

德尔菲法又称德尔菲（Delphi）预测技术，也称集体预测方法。德尔菲法是发现专家对影响组织发展的某一问题的一致意见的程序化方法。这里的专家可以是基层的管理人员，也可以是高层经理；他们可以来自组织内部，也可以来自组织外部。总之，专家应该是对所研究的问题有发言权的人员。德尔菲法是1940年代在兰德公司的"思想库"中发展起来的。这种方法的目标是通过综合专家们各自的意见来预测某一领域的发展状况，适合于对人力需求的长期趋势预测。

德尔菲预测技术的操作要点是：(1) 在组织中广泛地选择各个方面的专家。这些专家都拥有关于人力预测的知识或专长，每位专家可以是管理人员，也可以是普通员工。(2) 主持者向专家们说明预测对组织的重要性。这一任务一般由人力资源部门来完成，目的是取得专家对这种预测方法的理解和支持，同时通过对企业战略定位的审视，确定关键的预测方向，解释变量和难题。(3) 发放调查问卷。主持者列举出预测小组必须回答的一系列有关人力预测的具体问题，然后使用匿名填写问卷等方法来设计一个可使各位预测专家在预测过程中畅所欲言地表达自己观点的预测系统，例如邮件、网络等。使用匿名问卷的方法可以避免专家们面对面集体讨论的缺点，因为在专家组的成员之间存在着身份或地位的差别，较低层次的人容易受到较高层次的专家的影响而丧失见解的独立性，同时也存在一些专家不愿意与他人冲突而放弃或隐藏自己正确观点的情况。(4) 第一轮意见汇总与反馈。人力资源部门需要在第一轮预测后，将专家们各自提出的意见进行归纳，并将这一综合结果反馈给他们。(5) 重复汇总反馈3～5轮。重复第四步，让专家们有机会修改自己的预测并说明原因，直到专家们的意见趋于一致。

运用德尔菲技术时要注意几个问题：(1) 在预测过程中，人力资源部门应该为专家们提供充分的信息，包括已经收集的历史资料和有关的统计分析结果，目的是使专家们能够做出比较准确的预测。(2) 所提出的问题应该尽可能简单，以保证所有专家能够从相同的角度理解员工分类和其他相关的概念而不产生歧义。(3) 对于专家的预测结果不要求精确，但是要专家们说明对所做预测的肯定程度。(4) 组织者要保证专家表达意见的独立性。

（二）数学预测

1. 转换比率法

这种方法是根据过去的经验，把组织未来的业务活动水平转化为人力需求的预测方法，其原理是借助劳动生产率和组织业务总量之间的关系来对所需的人力资源数量进行折算的一种方法，三者之间存在以下关系：

$$业务总量 = 人力资源数量 \times 劳动生产率 \qquad (公式一)$$

对应于不同的业务公式一可以变为不同的类型，例如：

$$产量 = 人力资源数量 \times 人均生产率，或\ 销售收入 = 人力资源数量 \times 人均销售额$$

那么，把公式一进行移项，就可得到我们需要的对人力资源需求的公式：

$$人力资源需求量 = \frac{业务总量}{劳动生产率} \qquad (公式二)$$

公式二假定劳动生产率不变，那么要考虑劳动生产率的变化，则要进一步修正公式：

$$计划期人力资源需求量 = \frac{现业务总量 + 计划期业务的增长量}{现劳动生产率 \times (1 + 劳动生产率的增长率)} \qquad (公式三)$$

例如：假设某商学院在2009年有MBA学生1500人，在2010年计划招生增加150人，目前平均每个教师承担15名学生的工作量，生产率保持不变，那么，在2010年该商学院就需要教师数为

$$2010年教师需求量 = \frac{1500 + 150}{15} = 110（人）$$

如果生产率提高10%，则需求量变为

$$2010年教师需求量 = \frac{1500 + 150}{15 \times (1 + 10\%)} = 100（人）$$

但需要指出的是，这种预测方法存在着两个缺陷：一是进行估计时需要对计划期的业务增长量、目前人均业务量和生产率的增长率进行精确的估计；二是这种预测方法只考虑了员工需求的总量，没有说明其中不同类别人员需求的差异。若考虑到不同类别人员需求，其具体做法是：先根据过去的业务活动水平，计算出每一业务活动增量所需的人员相应增量，再把对实现未来目标的业务活动增量按计算出的比例关系，折算成总的人员需求增量，然后把总的人员需求量按比例折成各类人员的需求量。例如，某炼油厂根据过去的经验，为增加1000吨的炼油量，需增加15人，预计1年后炼油量将增加10000吨，折算人员需求量为150人。如果管理人员、生产人员、服务人员的比例是1:4:2，则新增加的

150人中，管理人员约为20人，生产人员为85人，服务人员为45人。

2. 回归分析法

在计量分析模型中经常会用到回归分析法，这是一种统计分析的方法，其原理就是找出那些与人力资源需求关系密切的因素，并依据过去的相关资料确定出它们之间的数量关系，建立一个回归方程，然后再根据这些因素的变化以及确定的回归方程来预测未来的人力资源需求，其关键在于所找到的与人力资源需求相关的变量的准确性，在统计上要通过相关的一些假设检验，才能有更好的预测效果。但在实践中由于管理上数据容量的限制和人心理因素的高度不确定性，所以管理回归模型的效果远不如宏观经济中的计量模型有效。

最简单的回归分析法是趋势分析法，回归时只考虑一个变量因素，也就是一元回归分析。而多元回归由于涉及的变量较多，所以建立方程时要复杂许多，但是它考虑因素比较全面，所以预测的准确度往往要高于一元回归。下面举一个一元线性回归的例子。假设一个学校对教师的数量影响最大的因素是学生的数量，经过若干年份的积累，得到以下统计数据（见表3-8）：

表3-8　某学校学生数与教师数统计数据

学生数量	200	240	300	360	390	450	520	550	590	620	680	740	800
教师数量	17	19	27	30	36	42	50	51	56	62	69	73	80

设学生数量是 X，教师数量是 Y，假设两者之间线性相关，回归方程为：

$$Y = a + bX$$

则系数 a 和 b 的计算公式为别为：

$$a = \frac{\sum y}{n} - b\frac{\sum x}{n} \qquad b = \frac{n(\sum xy) - \sum x \sum y}{n(\sum x^2) - (\sum x)^2}$$

代入本例中得 $a = -6.32$，$b = 0.11$，则回归方程为：

$$Y = -6.32 + 0.11X$$

其中，系数 a 的 t 检验值为 -5.5，系数 b 的 t 检验值为49.6，方程相关系数检验值为 $R^2 = 0.996$，$D\text{-}W$ 检验值为2.01，均取得了较好的检验效果，假设成立。所以如果预测未来学生数量增长为1000人时，教师的需求量为：

$$Y_1 = -6.32 + 0.11 \times 1000 = 103.68 \approx 104 \text{（人）}$$

四、人力资源预测结果的平衡

当人力资源需求和供给被预测出来后，就需要比较这两项预测结果，会出现四种情况：一是总量与结构都平衡；二是供大于求；三是供小于求；四是虽然总量平衡，但结构不平衡。这四种情况除了第一种外，都需要在人力资源规划中采取一些措施来解决不平衡。

1. 供大于求

也就是当预测未来人力资源供给大于需求时，可以从供和需两方面采取措施：

需求方面：（1）企业要扩大经营规模，或者开拓新的增长点，以增加对人力资源的需求，例如企业可以实施多种经营吸纳过剩的人力资源供给。（2）对富余员工实施培训，即增加培训人员的需求，减少对现有岗位的人员供给。这相当于进行人员的储备，为未来的发展做好准备。

供给方面：（1）裁员或者辞退员工，在我国还有提前退休、内退、待岗等做法，这种方法虽然比较直接，但是由于会给社会带来不安定因素，因此往往会受到政府的限制。（2）冻结招聘，就是停止从外部招聘人员，通过自然减员来减少供给。（3）缩短员工的工作时间、实行工作分享或者降低员工的工资，通过这种方式也可以减少供给。

2. 供小于求

也就是当预测未来人力资源供给小于需求时，也可以从供和需两方面采取措施：

需求方面：（1）提高现有员工的工作效率，这也是减少需求的一种有效方法，提高工作效率的方法有很多，例如改进生产技术、增加工资、进行技能培训、调整工作方式等等。（2）提高员工的积极性，鼓励员工加班加点。（3）可以将企业的有些业务进行外包，这其实等于减少了对人力资源的需求。

供给方面：（1）从外部雇用人员，包括返聘退休人员，这是最为直接的一种方法。可以雇用全职的也可以雇用兼职的，这要根据企业自身的情况来确定，如果需求是长期的，就要雇用全职的；如果是短期需求增加，就可以雇用兼职或临时的员工。（2）降低员工的离职率，减少员工的流失，同时进行内部调配，增加内部的流动来提高某些岗位的供给。

3. 总量平衡，结构不平衡

实际上不管问题平不平衡，组织的人力资源往往存在着结构的不平衡，即有的岗位供大于求，有的岗位供小于求，对于这种情况可以采取以下措施：（1）进行人员内部的重新配置，包括晋升、调动、降职等，来弥补那些空缺的岗位，满足这部分的人力资源需求。（2）对人员进行有针对性的专门培训，使他们能够从事空缺岗位的工作。（3）进行人员的置换，释放那些组织不需要的人员，补充组织需要的人员，以调整人员的结构。

第四节 练 习 题

一、基本概念

人力资源规划　德尔菲法　马尔可夫法

二、单选题

1. 进行人力资源规划的六个步骤依次是（　　）。
   A. 收集信息—人力资源计划过程的反馈—人力资源需求预测—人力资源供给预测—所需要的项目的计划与实施
   B. 收集信息—人力资源需求预测—人力资源供给预测—所需要的项目的计划与实施—人力资源计划过程的反馈
   C. 人力资源需求预测—人力资源供给预测—收集信息—所需要的项目的计划与实—人力资源计划过程的反馈
   D. 收集信息—人力资源需求预测—人力资源供给预测—人力资源计划过程的反馈—所需要的项目的计划与实施

2. 内部人力资源供给预测的影响因素主要有（　　）。
   A. 宏观经济形势和失业预期
   B. 人们的就业意识
   C. 组织由于战略调整所导致的人力资源政策的变化
   D. 劳动力市场的供求状况

3. 下列哪种方法是人力资源需求预测的方法？（　　）
   A. 人事资料法　　　　　　　　B. 管理人员置换图
   C. 转换比率法　　　　　　　　D. 马尔可夫法

4. 下列哪种方法是人力资源供给预测的方法？（　　）
   A. 转换矩阵法　B. 回归分析法　C. 集体预测法　D. 转换比率法

5. 配备规划保证了组织内人员的（　　）。
   A. 垂直调动　　B. 水平流动　　C. 培训开发　　D. 及时补充

6. 晋升规划保证了组织内人员的（　　）。
   A. 垂直调动　　B. 水平流动　　C. 培训开发　　D. 及时补充

7. 外部人力资源供给预测的影响因素主要有（　　）。
   A. 组织的吸引力　　　　　　　B. 组织现有的人力资源存量

C. 员工的自然损耗　　　　　　　D. 组织内部人员流动的强度

8. 下列不是人力资源需求预测的影响因素有（　　）。

   A. 组织的业务量或产量　　　　B. 外部人力资源竞争状况

   C. 生产技术水平或管理方式的变化　　D. 组织的吸引力

9. 下列方法中一般作为辅助方法使用的人力资源预测方法是（　　）。

   A. 人事资料法　　B. 人力接续法　　C. 管理者决策法　　D. 马尔可夫法

10. 需要对计划期业务增长量、目前人均业务量和生产率增长率进行精确估计的方法是（　　）。

    A. 人事资料法　　B. 管理人员置换图　　C. 转换比率法　　D. 马尔可夫法

11. 降低工资水平有助于解决人力资源（　　）。

    A. 供大于求　　　　　　　　　B. 供小于求

    C. 结构不平衡　　　　　　　　D. 总量平衡，结构不平衡

12. 提高工资水平有助于解决人力资源（　　）。

    A. 供大于求　　　　　　　　　B. 供小于求

    C. 结构不平衡　　　　　　　　D. 总量平衡，结构不平衡

三、多选题

1. 人力资源规划的两项重要工作为（　　）。

   A. 需求预测　　B. 环境预测　　C. 供给预测　　D. 发展预测

2. 如果人力资源需求预测大于供给预测可以采取的行动有（　　）。

   A. 组织劳务输出

   B. 增加录用的数量

   C. 提高每位员工的生产率或增加他们的工作时间

   D. 辞退员工

3. 下列哪些因素可以构成人力资源需求预测的解释变量？（　　）

   A. 企业的业务量或产量

   B. 预期的人员流动率

   C. 提高产品或劳务的质量或进入新行业的决策对人力需求的影响

   D. 生产技术水平或管理方式的变化对人力需求的影响

   E. 企业所能拥有的财务资源对人力需求的约束

4. 如果人力资源供给预测大于需求预测可以采取的行动有（　　）。

   A. 组织劳务输出

   B. 增加录用的数量

   C. 提高每位员工的生产率或增加他们的工作时间

D. 辞退员工

E. 减少加班数量或工作时间、鼓励员工提前退休、减少新进员工的数量

5. 被包含在补充规划中的人力资源子规划有（　　）。
   A. 晋升规划　　B. 培训开发规划　　C. 收入分配规划　　D. 配备规划

6. 下列哪种人力资源需求预测方法属于经验预测法？（　　）。
   A. 转换比率法　　B. 管理者决策法　　C. 回归分析法　　D. 德尔菲法

7. 下列哪种人力资源需求预测方法属于数学预测法？（　　）。
   A. 转换比率法　　B. 管理者决策法　　C. 回归分析法　　D. 德尔菲法

8. 与人力资源需求量成正相关关系的因素有（　　）。
   A. 组织的业务量或产量　　　　　B. 预期的人员流动率
   C. 生产技术水平或管理方式的变化　　D. 组织所能拥有的财务资源

9. 若人力资源总量平衡，结构不平衡，可采取的措施有（　　）。
   A. 进行人员内部的重新配置　　B. 降低工资
   C. 对人员进行针对性的专门培训　　D. 进行人员置换

10. 必然涉及培训开发规划的有（　　）。
    A. 补充规划　　　　　　　　B. 绩效管理规划
    C. 收入分配规划　　　　　　D. 职业生涯规划

四、判断题

1. 人力资源需求预测可以分为外部需求预测和内部需求预测。（　　）
2. 人力资源供给预测可以分为外部供给预测和内部供给预测。（　　）
3. 改变技术组合可以导致在总工作量增大的情况下所需人力资源数量的减少。（　　）
4. 转换比率法可以说明不同类别员工需求的差异。（　　）
5. 绩效管理规划不涉及培训开发规划。（　　）
6. 继任卡方法主要用于一般员工的接续管理。（　　）
7. 人力资源结构平衡总量一定平衡。（　　）
8. 人力资源总量平衡结构必然平衡。（　　）
9. 运用德尔菲技术时专家应当面进行充分讨论。（　　）

五、计算题

1. 设某商学院在2005年有学生1500人，在2006年计划招生增加150人，目前平均每个教师承担15名学生的工作量，生产率保持不变，那么在2006年该商学院需要多少名教师？若生产率提高20%，2006年需要多少教师。请列出公式、计算过程及结果。

2. 试用马尔科夫分析法对某公司业务部人员明年供给情况进行预测，请在下表内根

据各种人员现有人数和每年平均变动概率，计算和填写出各种人员的变动数。若需求保持不变，计算需补充的人数；若需求总量增加20%，各层级人员结构保持不变，计算需补充的人数。

职 务	现有人数	人员变动概率				离 职
		g	j	s	y	
高层领导人（g）	40	0.8	—	—	—	0.20
基层领导人（j）	80	0.1	0.70	—	—	0.20
高级会计师（s）	120	—	0.05	0.80	0.05	0.10
会计员（y）	160	—	—	0.15	0.65	0.20
总人数	400					68
需补充人数	/					/

3. 某炼油厂根据过去的经验，为增加1000吨的炼油量，需增加15人，预计1年后炼油量将增加10000吨，折算人员需求量为多少人？如果管理人员、生产人员、服务人员的比例是1:4:2，则新增加的人员中，管理人员、生产人员、服务人员各有多少？

六、简答题

1. 阐述人力资源规划的作用。
2. 说明德尔菲法的操作要点及注意事项。
3. 详细阐述人力资源规划的操作步骤。
4. 阐述对人力资源规划的要求。

第四章　人力资源招聘与选拔

第一节　主题案例与知识链接

 案例

北京同仁堂医药集团公司人员选聘程序

　　北京同仁堂医药集团公司是我国中药行业著名的老字号企业,至今已有数百年的历史。改革开放后,同仁堂组建集团公司、股改上市、不断适应市场,改革创新,奋力拼搏,整体运行质量有了很大的提高。2000年年初,公司面向社会公开招聘高中级专业人才,并委托北京市一家咨询公司*(链接A:外部招聘渠道,参见第113页)* 来做此项工作,这是公司人事管理制度的一个创新。

　　在前期准备过程中,工作人员达成共识,即关注企业文化,尽量挑选与企业文化中相似的应聘人员。北京同仁堂集团公司本身有着很好的品牌和形象,在招聘宣传中重点突出其平实、稳重的特点以及市场经济下新的生机。广告用语也基本突出类似特征*(链接B:招聘广告的制作,参见第117页)*。

　　招聘信息发出不久,收到300多份简历。按照应聘岗位分别归类登记并输入数据库后,按照预计的招聘程序开始选聘工作。

　　第一,履历表的筛选。选聘工作之前,人事部门已经根据工作岗位规范确定了各类人员的选拔标准,并确定使用统一的筛选标准。履历表提供了许多有用的信息,那些在专业技术和经历方面比较适合公司发展目标,且与同仁堂医药集团公司的企业文化基本融合的应聘者将成为筛选的优胜者*(链接C:履历表的审查,参见第119页)*。

　　第二,人事专家面谈。面试是人事选拔中最常用的获得信息的手段,对人事决策具有直观作用。面试的目的是双重的,即信息的收集和对候选人的评价,它弥补了其他选拔手段中信息空白的不足。同仁堂公司强调这种面谈的现实作用,借以评估那些只能通过面对面的相互交流才能测出来的因素，如语言表达、自信心及人际交往能力。公司着重考察应聘者的适应组织环境能力、与人友好相处能力，由此推断什么工作能充分发挥应聘者的才智。五个人事工作人员面试后，依据印象和感觉对应聘者进行综合评估，并筛选出优胜者*(链接D：面试，参见第123页)*。

第三，心理测试。各种测评工具各有所长，它们的功能不同，适用对象和解释的范围也不同。根据不同岗位的需要把心理测试工具分成一般管理人员、中高级管理人员、专业技术人员（财会、营销、策划）共三类方式。在策略上采用择优策略，尽可能全面地了解所有应聘人员的情况，从能力、性格、动机、兴趣等各个角度和层次上做广泛测试，依据岗位要求综合性地评估各人的优势水平、与岗位要求的匹配程度，从中选择最具综合优势的人员。采用能力测试、个性测试和职业适应性测试，*(链接E：心理测试，参见第121页)* 同时确定不同的岗位考察的内容侧重点，形成不同测验维度的权重关系，这些差异在测验设计和评估标准上都有具体体现。

在这个基础之上，公司注意考察另外一些问题。如能否适应国有企业的工作，稳定性如何，期望薪金如何，对于一些期望较高的候选人，人事工作人员与其详细讨论。通过这一阶段筛选，剩下的应聘者基本满足相关岗位的要求。

第四，专业理论方面的测试。公司采用了结构化面谈的方式。考官主要有：从社会上请来的拟聘岗位方面的技术专家、医药集团公司领导、用人部门的主管经理和人事面谈专家。面试主要以技术专家为主导，用人部门主管经理和人事面谈专家从各方面来综合考察候选人 *(链接F：面试准备，参见第125页)*。

面试工作结束后的第二天，由各方面专家、公司相关人员、咨询公司组成最后评议组对剩余候选人排序，确定出最终候选人 *(链接G：录用，参见第130页)*。

（资料来源：张德. 人力资源开发与管理案例精选［M］. 北京：清华大学出版社，2002.）

第二节　招聘与选拔概述

招聘是根据企业的总体发展战略规划，制订相应的岗位空缺计划，并决定如何寻找与获取合适的人员来填补这些岗位空缺的过程。它主要由两个相对独立的过程组成，一是招募（Recruitment），二是选拔（Selection）。招募主要是以宣传来扩大影响，达到树立企业形象，吸引应聘者应征的目的；而选拔则是使用各种技术测评与选拔方法鉴别和考察，挑选出组织所需要的、恰当的岗位空缺填补者的过程，选拔不仅要评价应聘者的知识、技能和个性特征，还要预测应聘者未来在组织的绩效水平。招聘产生的原因一般是在新的组织单位成立、现有岗位空缺、企业业务扩大或调整不合理的职工队伍结构时产生的。成功的招聘活动应该遵循"职得其才，才适其用"的原则，也就是能力和岗位匹配，最优的不一定是最匹配的，最匹配的才是最优选择，既不要出现"低才高就"的现象，也不要出现"高才低就"的现象，才职匹配，效果才能最优。招聘的效果是由企业文化决定的招聘理念和招聘者所掌握的招聘技术共同作用形成的，这就要求我们在工作中要将两者结合起来为企业招聘到合适的员工。

一、有效的人力资源招聘的意义

（一）确保企业能够吸纳到保证质量的人力资源，提高企业核心竞争力

现代企业的竞争实质上是人力资源的竞争，人力资源已成为企业重要的核心竞争力。招聘工作作为企业人力资源管理开发的基础，一方面直接关系到企业人力资源的形成，对企业今后的成长和发展具有重要意义，另一方面也直接影响企业人力资源开发管理其他环节工作的开展。只有招聘到高素质的一线员工和技术人员，才能保证高质量的产品和服务。

（二）扩大企业知名度，树立企业良好形象

招聘，尤其是外部招聘，是企业招聘人员与应聘者直接接触向外部展示企业风貌，宣传企业文化的重要渠道，如广告招聘、大型的人才交流会和校园招聘都是树立企业形象的很好机会。招聘人员的素质和招聘工作的质量在一定程度上也被视为企业管理水平和效率的标志，所以，很多企业对招聘工作都给予了高度重视，除了要吸纳优秀的人才外，更重要的一个目的是为企业做形象宣传。

（三）招聘工作直接影响着人力资源管理的费用

作为人力资源管理的一项基本职能，招聘成本是人力资源管理成本的重要组成部分，主要包括有三部分，一是招聘的直接成本，包括广告费用、宣传资料费用、招聘人员工资等；二是重置成本，因招聘不慎，重新再招聘时所花费的费用；三是机会成本，因人员离职及新员工尚未完全胜任工作所产生的费用。如果在招聘选拔方面出现失误，招聘单位的业绩、形象和员工士气都会受到影响，会间接地使竞争对手获利，给人力资源部门的工作造成压力，还会牺牲大量的招聘选拔费用。因此，招聘活动的有效进行能够大大降低招聘成本，从而降低人力资源管理的费用。

二、招聘的流程

招聘活动的流程一般包括招募、选拔、录用和评估四个阶段。招募阶段是企业为了吸引更多更好的应聘者而进行的若干活动，主要内容包括招聘计划的制订与审批、招聘信息

的发布等。选拔阶段是企业根据人与岗位相匹配原则,挑选出最合适的人选,这个阶段由初步筛选、测评、背景调查、体检等环节组成;录用阶段主要涉及对已挑选的候选人进行录用决策、初始安置、试用、正式录用等过程;评估阶段主要指对招聘的结果、招聘的成本和招聘的方法等方面进行评估。详细流程如图4-1所示。

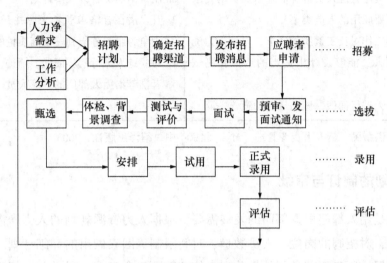

图4-1 招聘的流程

第三节 招 募

一、招聘工作中人力资源管理部门与用人部门的职责

招聘组织或机构一般由主管人力资源管理工作的企业负责人牵头,以人力资源管理部门为主,吸收相关部门和人员参加。在现代企业中,人力资源管理已经越来越依赖于各部门经理,每个管理者都有其独立的主管部门人力资源决策权,在招聘方面,最终起决定性作用的录用决策是由用人部门做出,它直接参与整个招聘过程,人力资源部门在招聘过程中更多的起到组织和服务的功能。人力资源管理部门与用人部门在招聘方面的职责划分参见表4-1。

表 4-1　人力资源管理部门与用人部门在招聘方面的职责划分

	用人部门主管人员的活动	人力资源管理人员的活动
招聘职责	1. 列出特定工作岗位的职责要求，以便协助进行工作分析 2. 向人力资源管理人员解释对未来雇员的要求以及所要雇用的人员类型 3. 描述出工作对员工素质的要求，以便人力资源管理人员能够设计出适当的选拔和测试方案 4. 同候选人进行面谈，做出最后的甄选决策	1. 在部门主管人员所提供资料的基础上编写工作描述和工作说明书 2. 制订出雇员晋升人事计划 3. 开发潜在合格求职者来源并开展招聘活动，力争为组织募集到一批高质量的求职者 4. 对候选人进行初步面谈、筛选，然后将可用者推荐给用人部门的主管人员

资料来源：谌新民. 新人力资源管理［M］. 北京：中央编译出版社，2003.

二、招聘计划的制订与审批

招聘计划是用人部门根据部门的发展需要，根据人力资源规划的人力净需求、工作说明的具体要求，对招聘的岗位、人员数量、时间限制等因素做出的详细计划。招聘计划是招聘的主要依据。制订招聘计划的目的在于使招聘更趋合理化、科学化。招聘计划的内容包括：一是招聘的岗位、人员需求量、每个岗位的具体要求；二是招聘信息发布的时间、方式、渠道与范围；三是招募对象的来源与范围；四是招募方法；五是招聘测试的实施部门；六是招聘预算；七是招聘结束时间与新员工到位时间。

招聘计划由用人部门制订，然后由人力资源部门进行复核，特别是要对人员需求量、费用等项目进行严格复查，签署意见后交上级主管领导审批。

三、确定招聘渠道

一般来说，企业既可从内部挑选合适的员工，也可以从社会上招聘新员工，根据渠道不同，招聘可分为内部招聘与外部招聘，两种招聘渠道各有利弊，需要针对企业的特点与招聘对象的不同，采取不同的招聘方式。

（一）内部招聘

内部招聘的来源有三种：内部提升、工作调换或工作轮换、返聘。其中，内部提升是指用现有员工来填补高于其原级别岗位空缺，它有利于调动员工的积极性并有助于其个人的发展，但是容易造成"近亲繁殖"，可能觅不到最佳的合适人选；工作调换指在相同或相近级别的岗位间进行人员的调动来填补职业空缺，当这种调动发生不止一次时，就形成了工作轮换，这种方式有助于员工掌握多种技能，提高他们的工作兴趣，但会影响工作的专业性；返聘则是将解聘、已退休或下岗待业的员工再召回组织来工作。

（二）外部招聘

当新的企业新的部门创立，或内部招募不能满足企业对人力资源的需求时，企业就需要从外部挑选合格的员工。相比内部招聘，外部招聘的来源相对比较多，包括校园、竞争者和其他公司、失业者、退休员工、退伍军人等。

（三）内部招聘与外部招聘的比较

一般来说，当企业在内部出现岗位空缺或某新业务扩展需要人力时，应该先进行内部招聘，尤其是管理人员，要首先考虑从企业内部晋升。当从企业内部无法选拔到合适的人选时，则再考虑从外部招聘，内部招聘与外部招聘的优缺点比较见表4-2。招聘新的人员并不是保证完成工作任务的惟一途径，还有一些替代性的方式，比如（1）对现有的组织结构和人员进行合理调配；（2）成立临时性团队或特别任务小组；（3）业务外包，请外部的专业人士完成该工作任务；（4）采取措施保留人才，减少人才流失；（5）通过培训使员工获得相应的工作能力。

表4-2　内部招聘与外部招聘的优缺点比较

	内部招聘	外部招聘
优点	1. 了解全面，风险小，可靠性高 2. 可鼓舞员工士气，激励员工进取 3. 应聘者可更快适应工作 4. 使组织培训投资得到回报 5. 节约时间和费用	1. 人员来源广，选择余地大，有利于招到一流人才 2. 新员工能带来新技术、新思想、新方法 3. 当内部有多人竞争而难做出决策时，外部招聘可在一定程度上平息或缓和内部竞争者之间的矛盾 4. 人才现成，节省培训投资费
缺点	1. 来源局限于企业内，水平有限 2. 容易造成"近亲繁殖"，出现思维和行为定势 3. 可能会因操作不公或员工心理原因造成内部矛盾	1. 不了解企业情况，进入角色慢，较难融入企业文化 2. 对应聘者了解少，可能会招错人 3. 内部员工得不到机会，积极性可能受到影响

一般来说，高级管理人才的选拔遵循内部优先的原则，因为单位内部培养造就的人才，更能深刻理解和领会企业的核心价值观；而对于成长期的企业，要广开外部渠道，吸引和接纳需要的各类人才；而当外部环境发生剧烈变化时，企业必须采用内外结合的人才选拔方式。

（四）招聘方法

1. 内部招聘的方法

内部招聘的方法主要有两种：一是工作公告法，二是档案记录法。

（1）工作公告法

工作公告法通常是通过布告栏、内部报纸、广播和员工大会等方式发布招聘消息，向员工通报现有工作空缺，让员工了解组织的需要，从而吸引相关人员来申请这些空缺岗位。所发布信息中应描述空缺岗位的职责、报酬、应聘者应具备的条件等。工作公告法给员工提供了平等的成长和发展机会，员工自由、自愿申请，能吸引更多有资格的员工参加应聘和竞争，因而能使组织以较低成本配置员工进入最适合的岗位。

（2）档案记录法

在企业一般都会有员工的个人资料档案记录，从中可以了解到员工在教育、培训、工作经历、技能、绩效等方面的信息，通过这些信息，人力资源部门就可以筛选确定出符合空缺岗位要求的人员。使用这种方法时，要注意两个问题：一是档案资料的信息必须真实可靠、全面详细，此外还要及时进行更新补充，这样才能保证被聘人员的质量；二是确定人选后，应当征求本人的意见，看其是否愿意服从调配。档案记录法只限于对员工客观信息的了解，而对主观信息如沟通技能、判断能力、职业素养等却难以确认。

随着计算机和网络技术的发展，现在很多企业都建立起了人力资源信息系统（HR-MIS），对员工的个人信息进行动态化和规范化的管理，使得运用档案记录法进行内部招聘的效率和效果都得到了大幅度提升。

2. 外部招聘的方法

由于外部招聘人员的来源在企业外部，因此招聘方法的选择就显得非常重要，否则求职者无法获知企业的招聘信息。外部招聘的方法主要有以下几种。

（1）广告招聘

广告是通过广播、电视、报纸、杂志、网络和印刷品等媒体向公众传送企业就业需求信息的一种方式。广告是一种能够最广泛地通知潜在求职者工作空缺的办法，由于借助不同的媒体作广告会带来截然不同的效果，所以企业所要招聘的岗位类型往往决定了媒体的选择。

在我国，企业一般不采用广播与电视广告的招聘方式，因为其支出费用较高，而且招聘效果受各频道知名度或节目收视率的影响，不易"保存"，且因其受众广泛，容易吸引过多的应聘者参与，也会加大招聘与选拔工作的难度。广播和电视广告主要是用于招聘企业的高级管理人才，多以访谈面试、专题节目的形式出现，比如中央电视台的《绝对挑战》节目，企业还可借机大力宣传企业的形象。

报纸广告发行量大,读者面广,可以涉及不同层次的求职者,因此是企业进行招聘时采用最多的媒体形式。利用杂志发布招聘广告常用于高级人才和业内专家的招聘,如招聘高级程序设计人员时,可选择在电脑杂志上发布招聘广告,针对性较强,还可以宣传企业形象,但杂志出版周期较长。

网络招聘是一种通过计算机网络向公众发布招聘信息的一种新方式,其成本低、信息量大、快捷方便,且招聘效果也较好,尤其是办有自己专门网站的企业,长期设置招聘栏目来吸引求职者浏览企业网站,不仅能为企业的招聘工作服务,而且有助于提高企业知名度。各种广告媒体的优缺点比较,见表4-3。

表4-3 各种广告媒体的优缺点比较

媒体类型	优 点	缺 点
广播电视	容易引起注意;灵活性强;传递信息更直接和主动	费用高;传递的信息简单;持续时间短;不能选择特定的求职者
报纸	成本低;大小可灵活选择,发行广泛;分类广告便于查找	制作质量比较差;对象没有针对性;容易出现招聘竞争,容易被忽视
杂志	印刷质量好;保存时间长;针对性强;大小也可以灵活选择	发行时间较长;发行地域太广;见效期较长
互联网	费用低;速度快;传播范围广;信息容量大	信息过多,容易被忽略;有些人不具备上网条件;容易出现竞争
招募现场宣传材料	容易引起应聘者的兴趣,并引发他们的行动	宣传力度有限,有些印刷品会被人舍弃

(2)招聘会

招聘会可以简单分为两大类:一类是专场招聘会,即只有少数几家企业或按行业岗位类别划分而举行的招聘会。专场招聘会是企业欲招聘大量人才或面向特定群体(如校园招聘会)而举行的。另一类是非专场招聘会,即由某些人才中介机构组织的有多家单位参加的招聘会。

与其他方法相比,招聘会具有明显优势:第一,这种招聘方式是由企业的招聘人员直接实施的,因此可以有效避免信息传递过程中的失真现象,使求职者能够获取真实的信息;第二,招聘人员可以与求职者直接见面交流,这实际上是一种初步的筛选过程,在一定程度上可以减轻选拔录用工作的负担;第三,通过这种招聘方法,企业可以很好地进行自我形象宣传。但招聘会的费用一般比较高,需要投入较多的人力和物力。

对于校园招聘而言,其优点也是十分明显的,一方面,企业可以找到足够数量的学习愿望和学习能力强,可塑性好的高素质人才;另一方面,与具有多年工作经验的人相比,新毕业学生的薪酬期望也较低。不足之处是学生缺乏实际工作经验,需要进行一定时期的培训,并且他们往往过于理想化,对于自身能力估计过高,容易对工作和企业产生不满,在毕业后的前几年离职率普遍较高。由于学生毕业是有周期的,所以校园招聘会也是定期召开,因此在时间上这种招聘方法会受到很多限制,企业不能自主掌握。事实上,目前大多数院校也都设置了就业办公室来辅助企业进行校园招聘,帮助毕业生实现就业。

(3) 职业中介机构

职业中介机构是那些专门向企业组织提供人力资源的机构,包括各种职业介绍所(如政府主办的公共职业介绍机构,私人的职业介绍所、管理咨询顾问公司)、人才交流中心、各级教育机构(大中专院校)和猎头公司(Head hunter)等。职业中介机构承担着双重角色,既为企业择人,又为求职者择业。企业利用职业中介机构招聘所需人员,不仅效率高效,而且费用支出较少,是组织从外部获取员工的重要途径。但职业中介机构对应聘者情况了解不够,不一定都能招聘到符合岗位要求的合适人选。

猎头公司是指专门为企业招聘中高级管理人员或重要的专业人员的私人就业机构。由于这类人才稀缺,且工作稳定,他们主动求职的愿望相对较低,因此采用公开的招聘方法通常难以奏效。而猎头公司会主动去寻找和发现这些人才,并建立有专业的人才数据库,还能够在整个搜寻和甄选过程中为企业保守秘密。所以,如果企业在征召核心员工时,猎头公司的帮助是必不可少的。猎头公司中介服务费用相对较高,一般是招聘岗位年薪的30%~40%。

目前市场上的中介机构水平良莠不齐,企业要借助职业中介机构,招聘员工首先要选择一家合法正规、声望好、有实力的中介机构;其次,必须向中介机构提供准确完整的工作说明,这有利于中介机构找到合适的人选;再次,企业要参与监督中介机构的工作,定期检查那些被中介机构接受或拒绝的候选人资料,及时地发现和纠正其不妥之处。

(4) 推荐招聘

推荐招聘是通过企业的员工、客户或者合作伙伴的推荐来选拔所需要人才,其招聘成本比较低,推荐人对应聘人员也比较了解,而且应聘人员一旦被录用,离职率也比较低。不足之处是容易在企业内部形成非正式团体,如果不加控制,会出现任人唯亲的现象;由于被推荐的应聘人员数量不多,随机性较大,选拔的范围也非常有限。推荐招聘的操作过程中,要注意两点:一是组织公布招聘信息,要明确拟招聘的岗位、数量及应聘条件;二是要制定有效推荐员工的激励措施。

总之,招聘人才的方法多种多样,要根据招聘员工类型的不同而采用不同的招聘方法。例如,招聘一般员工可以通过报纸杂志、员工推荐或求职者自荐的方式;招聘销售人员则多采用招聘广告、推荐和职业中介机构的方式;招聘专业技术人员常通过大中专院校、报纸刊物或网络招聘;而招聘中高层管理人员和高级专业人员可以通过猎头公司、管理咨询顾问公司等。

四、招聘广告的制作与信息发布

(一) 招聘广告的制作

一般来说,招聘广告制作的内容包括:企业基本情况、空缺岗位情况、申请者必须具备的条件、报名时间、地点和联系方式、需要的证件及材料等。招聘广告设计的原则可以遵循"注意—兴趣—愿望—行动"四原则,即 AIDA (attention- interest- desire- action) 原则。

A,即 Attention,代表广告要吸引人的注意;比如在报纸的分类广告中,由于广告密度很大,印刷紧凑的广告常常被求职者忽略。如何让广告与众不同是要特别关注的问题。

I,即 Interest,是要吸引求职者对岗位的兴趣,这种兴趣既要来自广告用语的生动,又要从应聘岗位自身挖掘,如工作的挑战性、收入、环境等。

D,即 Desire,是要激起求职者申请空缺岗位的愿望,这需要与求职者的需求紧密联系在一起,如岗位的满足感、发展的机会、合作的气氛等。

A,即 Action,代表广告要有让对公司感兴趣的求职者看了以后有采取行动的力量。

招聘广告要准确传达企业招聘岗位的信息,不能误导求职者,要帮助求职者形成合理的心理预期,以利于日后员工队伍的稳定。简言之,就是要做到能把组织的招聘信息及时传达给那些条件符合岗位要求的求职者,并促使其采取最强烈的响应行动。

(二) 招聘信息发布

对于内部招聘来说,发布招聘信息意味着岗位公告 (Job Posting And Bidding),即把关于工作招聘的信息在组织内部进行有效公布。

对于外部招聘来说,招聘信息发布的主要形式就是招聘广告。下面是海尔集团实习生招聘广告示例。

海尔集团实习生招聘简章示例

海尔集团是世界著名家电制造商、中国最具价值品牌。海尔在全球 30 多个国家建立本土化的设计中心、制造基地和贸易公司,已发展成为大规模的跨国企业集团,自 2002 年以来,海尔品牌价值连续蝉联中国最有价值品牌榜首。海尔品牌旗下冰箱、空调、洗衣机、电视机、热水器、电脑、手机、家居集成等 19 个产品被评为中国名牌,伴随着整个市场的蓬勃发展,海尔集团的生产规模也在迅速地提升,公司在暑期为广大学生提供实习的机会,欢迎您的加入!

一、用工条件
岗位:生产线操作员
实习时间:2010 年 7 月 1 日—2010 年 9 月 1 日
学历:中专以上学历

（续　表）

> 年龄：16周岁以上
>
> 身高：符合岗位操作及安全要求
>
> 视力：裸眼视力≥0.6，无色盲
>
> 健康状况：身体健康，无传染性疾病及其他足以影响他人健康的疾病
>
> 二、薪资、福利等相关政策
>
> 薪资：实习工资=基本工资+中夜班津贴+加班费；中夜班津贴：中班：7元/天；夜班：10元/天；实习期平均工资：1500元左右，生产旺季可以达到2500元；工资发放时间：每月15日，以工资卡的形式发放
>
> 保险：缴纳意外伤害保险
>
> 食宿：住宿免费
>
> 福利：工作餐补贴（6元/天）统一以餐费充值卡形式兑现；7～9月份提供高温补贴；报销来公司报到路费
>
> 三、工作地点
>
> 公司在青岛各县市、济南、大连、重庆、顺德、合肥、武汉、贵州设有生产园区，公司将对招募之员工合理进行安排（原则上就近安置就业）。
>
> 四、校企合作
>
> 海尔集团真诚邀请各中专/职高/技校洽谈校企合作事宜，以实现校企合作双赢。
>
> 五、联系方式
>
> 校企合作联系人：赵先生 15269267×××　电话：0532-88937470　Email：zhaozhw@haier.com
>
> 地址：青岛市海尔路1号海尔人力资源部　邮编：266001
>
> 个人报名咨询电话：0532-88931001　Email：hrqdzp@haier.com

资源来源：海尔集团招聘网站。

第四节　选拔录用

选拔录用也叫人员甄选，是指通过运用一定的技术手段对已经招募到的求职者进行鉴别和考察，区分其性格特点与知识技能水平、预测他们的未来工作绩效，挑选出企业需要的、能胜任组织工作岗位要求的员工过程。

一、求职申请表/履历表

（一）求职申请表

求职申请表也称工作申请表（见表4-4），是企业人力资源部门精心设计的由求职者

填写的反应求职者基本情况（包括求职者的客观信息、过去成长与进步经历、求职动机等）的一种规范化的表格。

表 4-4 ××××公司求职申请表　　　应聘岗位：

姓名		性别		出生年月		政治面貌		
学历		毕业院校				专业		
职称		现从事的专业/工作						照片
现工作单位					联系电话			
通讯地址					邮编			
家庭地址					身份证号码			
掌握何种外语					程度如何有无证书			
技能与特长					技能等级			
个人兴趣		身高		米	体重	公斤	健康状况	
个人简历								
欲离开原单位的主要原因						现在的工资		
欲加入本单位的主要原因								
收入期望		元/年		可开始的工作日期				
晋升期望（岗位、时间）								
培训期望（内容、日期、时间）								
其他期望								
家庭成员情况								
备注								
自愿保证：本人保证表内所填写内容真实，如有虚假，愿受解职处分。 申请人签名：　　　　　日期：								

（二）履历表

履历表又称个人简历，是求职者向企业提供其背景资料（包括职业经历、教育背景、成就和专业技能）和进行自我陈述的一种方式，它既是求职者过去工作历程的写照，也是一种自我宣传的手段，通常没有严格统一的规格，形式灵活，随意性大，便于求职者充分进行自我表达。尽管招聘方通常都会要求申请者提供履历，但履历并不能准确预测求职者将来的绩效水平,可能是因为履历本质上就是求职者的广告,存在自我夸大的倾向。一些调查研究表明,30%的履历内容都包含言过其实的成分。履历筛选的目的是要把个人履历所反映的求职者情况与工作要求进行比较,因而企业招聘人员应把注意力集中在与工作有关的事件上,不能被别出心裁的求职信和"光彩照人"的履历表象所迷惑。此外,应特别注意履历表所提供信息的真实性问题,履历中的造假现象可能出现在多个方面,如学历作假;省略了工作时间或延长工作时间;夸大或谎称拥有某些专业知识和经验等。因此有必要进行人员选拔过程中的另外一个重要环节:背景调查。

表 4-5　求职申请表和履历表的优缺点比较

	求职申请表	履 历 表
优点	1. 直接了当 2. 结构完整 3. 限制了不必要的内容 4. 易于评估	1. 开放式;有助创新 2. 允许求职者强调他认为重要的内容 3. 允许求职者点缀自己 4. 费用较小,容易做到
缺点	1. 封闭式,限制创造性 2. 制定和分发费用较高	1. 允许求职者省略或添加某些信息 2. 难以评估

二、人员素质测评

在完成对求职者申请表和履历表的预审后,一般会由人力资源部门人员对求职者进行初步面试,进一步排除不符合要求的求职者。然后要对求职者进行更广泛、更深入的考察,了解其学识水平、技术技能、性格、气质、能力等状况,通行的一种做法就是采用人员素质测评。人员素质测评是综合利用心理学、管理学和人才学等学科的理论、方法和技术,对候选人的任职资格和对工作的胜任程度进行系统的、客观的测量、评价和判断,从而做出录用决策的一种选拔技术。它是通过观察人的少数具有代表性的行为,依据一定的原则或通过数量分析,对贯穿人的行为活动中的能力、个性、动机等心理特征进行分析推论的过程。人与人之间是存在差异的,这种差异可以通过各种方法加以测量和区别,这为人员素质测评奠定了基础。

一个好的人才测评工具应该既稳定可靠,又具有较高的准确性。人们用信度来衡量人员素质测评工具的稳定性和可靠性。一般有四个指标:再测信度指测评结果与以同样的测评工具、测评方式与测评对象再次测评结果间的差异程度;复本信度指测评结果相对于另一个非常相同的测评的结果的变异程度;内部一致性信度指所测素质相同的各测评项目分数间的一致性程度;评分者一致性信度指测评者个体的主观误差而引起的差异程度。而测量的正确性指标称为效度,通常有三个指标:一是从内容性质方面分析其内容效度,即"所测即所想测";二是从测验实际所测得的结果与测验的理论构想或假设的符合程度分析其构想效度,即"所测即所假设";三是从测验候选人的胜任程度方面分析其实证效度,即"所测即所实现"。

企业人员素质测评种类很多,目前我国企业使用较多的有以下几种。

(一) 心理测试

心理测试是指在控制的情景下,对应聘者的智力、潜能、气质、性格、态度、兴趣等心理特征进行测度,以了解被测试者潜在的能力及其心理活动规律的一种测试方法。心理测试主要包括能力测试和性格测试两大类。

1. 能力测试

能力是指个人顺利完成某种活动所必备的心理特征。任何一种活动都要求从事者具备相应的能力,能力测试用于衡量应聘者是否具备完成岗位职责所要求的能力,它具有两种功能:一是判断应聘者具备什么样的能力,即诊断功能;二是测定应聘者在从事的工作中成功的可能性,即预测功能。能力测试一般包括智力测试、能力倾向测验和特殊能力测试。

(1) 智力测试。智力测试是科学测验的起源,也是最早运用于人员测评和选拔的方法。尽管在今天智力测试更多地被运用于教育领域,人员选拔和测评也有了更多的工具可供选择,但招聘工作者有时仍将智力测试作为测评一个人的重要工具。表示智力水平高低一般用智力商数(Intelligence Quotient, IQ)表示,即智商。智商有两种表达方式,一种叫比率智商,一种叫离差智商,比率智商针对儿童比较常用,它的计算方法是用智力年龄(MA)和实际年龄(CA)之比乘以100,即比率智商 $IQ = MA/CA \times 100$。由于智力并非是永远随年龄而发展的,显然比率智商对成人来说不太合适,因此在衡量成人的智力水平时通常采用离差智商。离差智商的假设是人类总体的智力测试分数是按正态分布的,计算离差智商时以平均数为100,标准差为15来计算。即离差智商 $IQ = 100 + 15Z$,离差智商分值高低取决于被测者在一个特定团体中的位置,因此是相对的比较。一般来说,正常人的智商是90~109,110~119为中上水平,120~139为优秀水平,140以上为非常优秀,智商高的人并不适合做管理工作、操作工作。常用的智力测试工具有韦克斯勒智力量表(Wechsler scale, WS)、瑞文标准推理测验(Raven's Standard Progressive Matrices, SPM)等。

(2) 能力倾向测试。在招聘选拔中使用的能力测试多为能力倾向测试,它强调的是对能力的各个方面的测量,有些能力倾向是各种不同种类的工作都需要的,有些能力倾向则只是在一些特定的工作中才需要,主要测量的能力一般包括:言语理解能力、数量关系能力、逻辑推理能力、综合分析能力、知觉速度与准确性等。为了能方便地对能力倾向进行评价,一些机构编制了成套的能力倾向测验,其中比较有代表性的是一般能力倾向测试。一般能力倾向测试(General Aptitude Tests Battery, GATB)最初是由美国劳工部自1934年开始，花了10多年的时间研究制定的，包括九种职业能力倾向：一般能力（G）、言语能力（V）、数理能力（N）、书写能力（Q）、空间判断力（S）、形状知觉（P）、运动协调（K）、手指灵活度（F）以及手腕灵巧度（M）。这套测试工具所涵盖的各种能力与不同的职业类型密切相关，经过测试可以对应聘者是否适宜从事所应聘的岗位做出判断，例如手指灵活度不高的人，就不适宜从事打字员这一工作。

（3）特殊能力测试。特殊能力指那些与具体岗位相联系的不同于一般能力要求的能力，例如人力资源管理岗位，就要求具备较强的人际协调能力；而保安岗位，对反应能力的要求就比较高。特殊能力包括飞行能力、音乐能力、美术能力、文书能力、机械能力、操作能力以及创造力等。特殊能力测试的工具主要有：明尼苏达办事员测试（Minnesota clerical test）、西肖音乐能力测试（Seashore measures of musical talents）、梅尔美术判断能力测试（Meier art tests）。在使用特殊能力测试时，企业要根据岗位岗位的类别，选择相应的测试方法。

2. 性格测试

性格，也可称为人格、个性，可以将其简单理解为人们所具有的个体独特的、稳定的对待现实的态度和习惯化了的行为方式。它是一个人区分于其他人的稳定的心理特征，是由先天和后天的交互作用而形成的，是一个人能否施展才华，有效完成工作的基础。由于人们的性格在很大程度上决定着其行为方式，而不同的岗位所要求的行为方式又不同，因此对应聘者的性格进行测试有助于判断他们是否胜任所应聘的岗位，例如销售岗位需要经常与人打交道，因此要求应聘者的性格应该比较外向。国外很多公司的CEO在选择自己的继任者时无不看重候选人的个性，期望找一个既有才干，又更具个性魅力的人；对应聘者个人而言，通过个性测试可以发现自己的个性是否适应应聘工作的性质和要求。

目前，对性格测试的方法有很多，主要归结为两大类：一类是自陈式测试，就是按照事先编制好的量表，向被试者提出一组有关个人行为、态度方面的问题，被试者根据自己的实际情况挑选符合自己特征的描写选项，测试者将被试者的回答和参考标准进行比较，从而判断其性格，常用的方法有：卡特尔16种人格因素量表（16PF）、明尼苏达多项人格量表（MMPI）、加州心理调查表（CPI）和爱德华个人爱好量表（EPPS）；另一类是投射式测试，就是向被试者提供一些未经组织的材料或设置一些刺激情景，如内容模糊的图片或绘画，让他们在不受限制的条件下自由地发挥想象，并做出反应，测试者通过分析反应的结果判断被试者的性格，主要测试的是成就动机等深层次的个体特征。H.罗夏（H. Rorschach）墨渍测试和主题统觉测试（Thematic Apperception Test, TAT）是两种常用的投射测试工具。

由于心理测试的编制是依据一定的心理学原理和心理测量学的方法，因此只有接受过正规培训的专业人士才有可能正确地理解和使用心理测试工具，而且在使用过程中要注意遵守和保护心理测试工具的知识产权。出于对被测试者负责的考虑，测验结果只可以在直接参与选拔决策的人员中公开，不得散布给其他人，负责招聘的人力资源部门也应该注意妥善保存好被测评者的心理测验结果。

（二）知识测试

知识测试是指主要通过纸笔测试的形式，对被试者的知识广度、知识深度和知识结构（专业知识、基础知识与相关知识）进行了解的一种方法。这种测试用于衡量应聘者是否具备完成岗位职责所要求的知识储备。虽然具备岗位所要求的知识并不是取得良好工作绩效的充分条件，但是它的一个必要条件。对于不同的岗位，知识测试的内容也不一样，例如录用会计人员，就要测试与会计有关的知识；而录用人力资源管理人员，就要测试人力资源管理知识。

知识测试对于应聘者来说，是一种相对公平、受主观因素影响较小的测试手段；对于招聘者来说，便于操作，不需要特殊设备，阅卷方便迅速，测试费用相对低廉，可以节约大量时间。不足之处在于可能会过分强调对记忆能力的考察，对实际工作的能力考察不够，这些不足使得员工之间真实的知识水平差异无法充分区分，因此知识测试往往只作为一种辅助手段与其方法一起使用，有条件的企业应该请有关专家出题，并建立题库，同时在考试时要严格操作程序，防止舞弊现象发生。

（三）面试

面试是指在特定时间、地点进行的，预先精心设计好的、有明确目的和相对固定程序的谈话，通过面试者对被面试者的交谈和观察，了解被面试者个性特征、能力状况以及求职动机等情况的一种人员甄选与测评技术。

1. 面试的类型

从面试效果来分，可分为初步面试和诊断面试。初步面试相当于面谈，通常由人力资源部门中负责招聘的人员实施，初选不合格者将被筛掉；诊断面试是对初步面试合格者作进一步的实际能力与潜力测试，使企业招聘方与应聘者互相补充深层次信息，一般由用人部门负责，人力资源部门参与，这种面试对组织决策应聘者是否加入组织至关重要。

从面试的结构化程度来分，面试可分为结构化面试、半结构化面试和非结构化面试。

（1）结构化面试

结构化面试指在面试前，已设立好面试固定内容或问题清单，面试人员按照这个框架对每个应聘者分别作相同的提问，并控制整个面试的进程。其优点是由于对所有应聘者均按同一标准执行，因而可以获取内容与形式类似的信息，可靠性和准确性高，可以全面进行分析、比较，减少面试人员的主观判断，且方便面试人员对局面的控制，对面试人员的要求也较低。缺点是过于僵化，难以随机应变，因为所收集信息的范围受到限制，当被面试人数较多时，面试内容容易被传播。主要适用于来自不同单位的求职者以及校园招聘时使用。

（2）非结构化面试

非结构化面试指面试前无需作面试问题的准备，面试人员只要掌握组织、岗位的基本情况即可，在面试过程中提问的问题带有很大隐蔽性和随意性，其目的在于给应聘者充分发挥自己能力与潜力的机会，适用于招聘中高级管理人员。其优点是面试过程灵活自由，问题可因人、因情境而异，深入浅出，因而可获取较深入信息。缺点是缺乏统一标准，易带来偏差，且对面试人员要求较高，要求其要具备丰富经验和很高素质。

（3）半结构化面试

半结构化面试是介于结构化面试和非结构化面试之间的一种面试形式，指只对面试的部分内容有统一要求，如规定统一的程序和评价标准，但面试题目可以根据面试对象而随意变化。

此外，从面试目的的不同，面试可以分为压力面试和非压力面试。压力面试往往是在面试开始时给应聘者提出一些带有挑衅、刁难性质的问题，问题常常会带有一定的敌意或具有攻击性，将应聘者置于一种人为的紧张气氛中，面试人员以此观察应聘者的反应，并做出判断。压力面试可以考察应聘者的应变能力、压力承受能力、气质性格等，一般用于招聘销售人员、公关人员、高级管理人员。例如：如果你是某公司的一名副经理，由于工作需要各部门正职经理均外出了，今天是星期一，上班后有几件事情要求你必须处理，一是由很多文件要等待批示；二是参加约好的客户谈判；三是公司某员工出车祸，已送入医院，现生命垂危，需要公司领导火速探望。你如何处理这三件事情？

根据面试内容设计重点不同，可将面试分为行为性、情境性和综合性等三类面试。行为性面试是基于行为的连贯性原理发展起来的一种新型面试技术，面试的目的是要了解应聘者两方面的信息，一是应聘者过去的工作经历，判断其选择本组织的原因，预测其在未来所采取的行为模式；二是了解应聘者对特定行为所采取的行为模式，并将其行为模式与空缺岗位所期望的行为模式进行比较分析。其优势在于客观真实、准确度高、针对性强。在面试过程中，面试人员往往要求应聘者对其某一行为的过程进行描述，常提问以下类似问题："告诉我你上次那份工作中最有成就的一件事，你是怎样开始创意的？你是怎样实施并最终完成计划的？你又是怎样处理你碰到的困难的？""你能否谈谈你过去的工作经历与离职的原因？""请你谈谈你昨天向你们公司总经理辞职的经过？"等等，面试中使用的问题都是从工作行为分析中得来的。由此来确定在特定情况下，应聘者所做的事情，哪些是有效的，哪些是无效的；情境性面试是通过给应聘者创设一种假定的情境，考察应聘者在情境中如何考虑问题、做出何种行为反应；综合性面试则兼有前两种面试的特点。

2. 面试的过程

不同的企业对面试过程的安排会有所不同,但是为了保证面试的效果,一般来说都要按照下面几个步骤来进行。

（1）面试准备阶段

面试准备阶段要完成以下几项工作。

① 选择面试人员。这是决定面试成功与否的一个关键步骤,有经验的面试人员能够很好地控制面试进程,并做出正确的用人判断。面试人员应具备的素质要求：一是要能客观公正地对待所有应聘者。不应以个人主观判断评价应聘者,而应以录用标准加以衡量；二是要具备良好的语言表达能力,在提问过程中语音表达清楚准确,不引起应聘者的歧义和误解,并善于引导应聘者回答问题；三是要善于倾听应聘者的陈述,并能准确理解；四是要具有敏锐的观察力。对应聘者的身体姿态、语言表达、面部表情、精神面貌要善于观察；五是要善于控制面试进程,使面试始终保持一个良好、轻松愉快的气氛。面试人员一般由人力资源部门和业务部门的人员共同组成。

② 明确面试时间。可以让应聘者和面试人员充分做好准备。

③ 了解应聘者的情况。面试人员应提前查阅应聘者的相关资料,对应聘者的基本情况有一个大致了解,这样在面试中可以更有针对性地提出问题,以提高面试效率。

④ 准备面试材料。包括两方面内容：一是面试评价表,这是面试人员记录应聘者面试表现的工具,一般由应聘者信息、评价要素以及评价等级三部分组成,见表4-6。二是面试提纲,对于结构化和半结构化面试来说,一定要提前准备好面试提纲；即使是非结构化面试,也要在面试前大致思考一下准备提问的问题范围,以免在面试过程中离题太远；面试提纲一般要根据准备评价的要素来制定。

⑤ 安排面试场所。面试场所是构成面试的空间要素,企业在安排面试场所时应当尽可能让应聘者便于寻找。此外,面试场所应该做到宽敞、明亮、干净、整洁、安静,为应聘者提供一个舒适的环境。

（2）面试实施阶段

这是面试的具体操作阶段,也是整个面试过程的主体部分,一般又可以分为以下几个部分。

① 引入阶段。应聘者在面试开始时往往都比较紧张,因此面试人员不能上来就切入主题,而应当先问一些轻松的话题,以消除应聘者的紧张情绪,建立起宽松、融洽的面试气氛,比如问,"你今天是怎么过来的呀？""我们这里还好找吧？"等。

② 正题阶段。在这一阶段,面试人员要按照事先准备的提纲或者根据面试的具体安排,向应聘者提出问题,同时对面试评价表的各项评价要素做出评价。提问的方式一般有两种：一是开放式提问,应聘者的回答可以自由发挥,比如"你认为一个人成功需要具备什么条件？"二是封闭式提问,就是让应聘者做出"是"与"否"选择的提问,比如"你

能否经常出差?"

在这个过程中,面试人员要特别注意提问的方式,第一,提问时应当明确,不能含糊不清或产生歧义;第二,提问时应当简短,过长的提问既不利于应聘者抓住主题,也会挤占他们的回答时间;第三,提问时尽量不要带感情色彩,以免影响应聘者的回答;第四,提问时不要问令人难堪的问题,除非出于某种特殊需要。

此外,面试考官还要注意自己的言谈举止,尽量不要出现异常的表情和行为,如点头、皱眉、耸肩等,这些体态语言会让应聘者感到面试人员在肯定或否定自己的回答,从而影响应聘者的情绪。同时还要避免第一印象、晕轮效应、趋中效应,不能以貌取人,避免个人偏见。

③ 收尾阶段。在这个阶段可以让应聘者提出一些自己感兴趣的问题,要以一种比较自然轻松的方式结束面试谈话,不能让应聘者感到突然。

(3) 面试的提问技巧

第一,要善于运用多种提问方式。在面试过程中,提问的问题不在于多,而在于精,最好能灵活运用各种类型的面试题目进行提问。

① 行为型问题。这类问题要求面试人员要直接围绕与工作相关的关键胜任能力来提问,并且让应聘者讲述一些关键的行为事例。例如,某一项工作要求任职者对项目进行管理,就可以问以下问题:"请你讲述在过去的工作中由你管理项目的一次经历"、"当时这个项目有什么要求?""你是怎样完成项目目标的?"

② 情境型问题。提供给应聘者一个与未来的工作情景相关的假设情境,让应聘者回答在这种情境下他们会怎样做。例如,"假如一名员工一向工作表现出色,最近却在工作中频频出现失误,你会怎样解决这个问题?"

③ 智能型问题。提供给应聘者一个比较复杂的社会问题,让应聘者发表自己的看法,一般用于考察应聘者的综合分析能力,也在一定程度上考察应聘者对社会的关心程度。这类问题一般不是要应聘者发表专业性的观点,也不是对观点本身正确与否做评价,而主要是看应聘者是否能言之有理。比如"中国有句古话'成者为王,败者为寇',您怎么看?"

④ 意愿型问题。主要考察应聘者的求职动机与拟任岗位的匹配性、应聘者的价值取向和生活态度。比如,"你为何想离开原工作单位?"

第二,提问时尽量避免应聘者能用"是"与"否"回答问题。

第三,无论应聘者的回答是否正确,都不要做任何评价,要学会倾听和观察,必要时给予目光接触以示鼓励。

第四,注意掌握和控制时间,不要让应聘者支配整个面试。遇到滔滔不绝的应聘者,要善于将话题转移到正轨上。

附：面试常见提问举例

1. 你为何要申请这项工作？（了解应聘者的求职动机）
2. 你认为这项工作的主要职责是什么？或如果你负责这项工作你将怎么办？（了解对应聘岗位的认知程度及其态度）
3. 你认为最理想的领导是怎样的？请举例说明（了解应聘者的管理风格及行为倾向）
4. 对你的应聘，你家庭的态度怎样？（了解其家庭是否支持）
5. 你的同事当众批评、辱骂你时，你怎么办？（了解其处理棘手问题的经验及处理冲突的能力）
6. 你的上级要求你完成某项工作，你的想法与上级不同，而你又确信你的想法更好，此时你怎么办？（困境中是否能冷静处理问题）

（4）面试结束

面试谈话结束以后，并不意味着整个面试就全部结束了，还有一些工作需要完成，主要是由面试官对面试记录进行整理，填写面试评价表（表4-6）等，以便在面试结束后进行综合评定，做出录用决策。

表4-6 某企业面试评价表

姓名		性别		年龄		编号		
应征岗位					所属部门			
评价要素	评 价 等 级							
	1（差）		2（较差）		3（一般）		4（较好）	5（好）
1. 个人修养								
2. 求职动机								
3. 语言表达能力								
4. 应变能力								
5. 社交能力								
6. 自我认知能力								
7. 性格								
8. 健康状况								
9. 可持续发展								
10. 相关专业知识								
总体评价								

（续　表）

用人部门意见	评价	人事部门意见	□建议录用　　□有条件录用　　□建议不录用	总经理意见	
	签字：		签字：		签字：

（四）评价中心技术

评价中心技术（Assessment Center）是西方企业中流行的一种选拔和评估管理人员，尤其是中高层管理人员的一种人才测评体系，其最突出的特点就是使用了情境性的测验方法对被测评者的特定行为进行观察和评价。因此，这种对实际行为的观察往往比被评价者的自我陈述更为准确有效，评价中心测试更多地注重测量被评价者实际解决问题的能力，而不是他们的观念和知识。评价中心技术的不足之处在于实施评价中心测试的时间成本和费用投入都比较高，一般只适用于选拔和物色较高层次的管理人员；此外，其主观程度较强，制定统一的评价标准比较困难，由于模拟情景的复杂程度较高，对任务的设计和实施中评价人员的要求也比较高。常用的评价中心技术包括公文筐测试、无领导小组讨论、角色扮演、演讲辩论、案例分析、团队游戏等。

1. 公文筐测试

公文筐测试（In-basket Test），也被称为文件筐测试，是评价中心最广泛和最核心的技术之一，被认为是最有效的一种评价工具。它是通过对被评价者将要从事的管理工作进行模拟从而对其潜在能力进行评定的一种有效方法。具体方法是在公文筐里准备一批信件或文稿资料，包括通知、报告、客户来信、下级反映情况的信件、电话记录、关于人事或财务等方面的一些信息及办公室的备忘录等。在实际工作中，这些文件是经常出现在管理人员的办公桌上的，既有来自上级的指示和下级的请示，也有组织内部面临的各种典型问题，既有日常琐事，也有重要大事，所有这一切都要求被测评者在规定时间内采取应对措施或做出决定，并且大多数情况下要独立完成这些文件的处理任务。公文筐测试可以较好地反映被评价者在管理方面的计划能力、组织协调能力、判断能力、决策能力以及领导能力的水平，此外还能反映对信息的收集和利用能力，处理问题的条理性、灵活性及对他人的敏感性等等。非常适合对管理人员，尤其是中高层管理人员评价。相对于其他测评方法，其优点一是实施操作非常简便，对实施者和场地的要求低；二是工具表面效度高，所采用的形式易为被评价者理解和接受；三是具有良好的内容效度；四是测试的成绩与实际工作中的表现也有很大的相关性，对被评价者的未来工作绩效具有很好的预测能力。其不足是编制设计公文筐测试项目的成本很高，评价比较困难，而且被评价者一般是在单独作答，很难评价其与他人沟通合作的能力。

2. 无领导小组讨论

无领导小组讨论（Leaderless Group Discussion，简称LGD）也是评价中心技术中经常被采用的一种测评方法。其操作方式是给一组被评价者一个待解决的问题，让他们在限定时间内展开讨论并解决这个问题，被评价者的最佳数量一般是 5～7 人。所谓"无领导"就是说参加讨论的这一组被评价者，在讨论问题情境中的地位是平等的，并没有特别指定小组领导者。当然在讨论的过程中一般会自发地产生领导。评价者不参与讨论过程，他们负责在测评之前向被评价者提出要讨论的问题，并介绍讨论的基本要求、要达到的目标以及时间限制等，至于怎样解决问题则完全由被评价者们来决定。无领导小组讨论主要考察被评价者的组织协调能力、领导能力、人际交往能力、辩论说服能力以及决策能力等，同时也可以考察被评价者的自信心、进取心、责任感、灵活性、情绪的稳定性以及团队精神等个性方面的特点及风格。其优点一是能够真正对被评价者的行为进行评价；二是贴近实际，表面效度高；三是能尽量减少被测评者掩饰自己的可能；四是能在同一时间对多名被评价者进行测评；五是考察的内容范围比较广泛，能获得大量的信息；不足之处是编制题目的难度比较大，对评价者和测评标准的要求较高，被测评者表现易受同组其他成员影响，其行为仍然有伪装的可能性。

3. 角色扮演

角色扮演（Role Play）是一种比较复杂的测评方法，在这种活动中要求被评价者扮演某一角色，模拟实际工作情境中的一些活动，去处理事先设置好的各种问题和矛盾，通过观察和记录被评介者在不同人员角色情景中表现出来的行为，来评价被试者的特质。例如，让12个被评价者组成3组，每组分别生产不同的产品，每组都需要从另外一组采购该组生产的产品，与自己组生产的产品组装后再卖给第三个组。每组内部的被评价者又会有分工，例如有的负责生产，有的负责采购，有的负责销售，他们密切合作，使自己组的产品获得好的销售额。有时这种活动也可以在计算机上模拟进行。在角色扮演中，评价者的主要任务有三点：一是在活动开始之前，向参加活动的被评价者做简单的说明与介绍，以确保被评价者了解整个活动的过程和规则；二是为参与活动的被评价者分配角色；三是对参与活动的被评价者的各种行为进行系统地观察与记录。比如"小溪任务"这个活动就是给一组被试者滑轮、铁管、木板、绳索，要求他们把一根粗大的圆木和一块较大的岩石移到小溪的另一端。这个任务只有通过测试者的努力协作才能完成，可以有效考察被试者的团队协作精神、领导能力和组织协调能力。角色扮演的优点就在于它能够更好地再现组织中的真实情况，虽然较为复杂，但它更为真实，缺点就在于对被试者的观察和评价比较困难，且费时较长。

在人员选拔评价中，要注意人才的选拔不是选最优秀的，而是要选最合适的，要将候选人与评价标准进行比较，而不是在候选人之间进行比较，此外，尽量不要降低标准来录用人员。

三、对未录用应聘者的处理及对候选人的录用

很多企业往往只关注将要被录用的候选人，而忽视了对未被录用的应聘者的回复。其实，对未被录用的应聘者进行答复是体现公司形象的一个重要方面。企业在答复未被录用的应聘者时最好采用通过信件和 E-mail 等书面形式。在措词上，语言要尽量简洁、坦率、礼貌，同时应该具有鼓励性，表示与应聘者建立长期的联系。如下面示例。

辞谢通知书

尊敬的先生/女士：

十分感谢您对我们企业工作岗位的兴趣。您对我们企业的支持，我们不胜感激。您在申请与应聘该岗位时的良好表现，使我们印象深刻。但由于我们名额有限，这次只能割爱。我们已经将您的有关资料，录入我公司人才资源信息库，如果有了新的空缺，我们会优先和您联系。

感谢您能理解我们的决定。祝您早日寻找到理想的岗位。

对您热诚应聘我们的企业，再次表示感谢！

人力资源部经理

录用通知书

＿＿＿＿＿＿先生（小姐）：

经我公司研究，决定录用您为本公司员工，欢迎您加盟本公司，请您于＿＿＿＿＿＿月＿＿＿＿＿＿日＿＿＿＿＿＿时到本公司＿＿＿＿＿＿部（处）报到。

＿＿＿＿＿＿公司人事部
＿＿＿＿＿＿年＿＿＿＿＿＿月＿＿＿＿＿＿日

报到须知：

报到时请持录取通知书；

报到时须携带本人＿＿＿＿＿＿寸照片＿＿＿＿＿＿张；

须携带身份证、学历学位证书原件和复印件；

指定医院体检表；

本公司试用期为＿＿＿＿＿＿个月；

若您不能就职，请于＿＿＿＿＿＿月＿＿＿＿＿＿日前告知本公司。

四、背景调查

背景调查是对应聘者与工作有关的背景信息进行查证，以确定其任职资格的过程。通过背景调查，一方面可以发现应聘者过去是否有不良记录，另一方面，也可以对应聘者的

诚实性进行考察。背景调查的主要内容有以下几个方面。

（一）学历学位

在应聘中最常见是在受教育程度上的作假行为。因为很多招聘岗位一般都会对学历提出明确要求，所以有些学历没有达标的应聘者就有可能用假文凭蒙混过关。目前，大学的毕业证书已经实现计算机系统管理，用人单位可以在互联网上进行查询，这为招聘企业开展背景调查工作提供了便利条件。

（二）过去的工作经历

主要了解的是应聘者过往的受聘时间、岗位和职责、离职原因和薪酬等情况，最理想的方式就是直接向原单位雇主了解，此外还可以向其原单位同事、客户了解情况。

（三）过去的不良记录

主要调查应聘者过去是否有违法犯罪或者违纪等不良行为。虽然我们相信一个人过去犯过错误会改过自新，但这些信息仍然要引起注意。在进行背景调查时要注意从各个不同的渠道来验证信息真伪，不能听信单一的被调查者或者一个渠道来源的信息，必要时可以委托专业的调查机构进行调查。

五、员工入职程序

当一名候选人经过层层选拔被录用后，在正式进入该单位工作前，还要经过以下一些入职程序：

（一）签订《聘用意向书》

与录用员工签订《聘用意向书》，双方签字后生效，人力资源部保存原件，录用员工留存复印件。

（二）体检

录用员工前往指定医院进行身体检查，并将体检结果交到人力资源部门，以确保身体条件符合所从事工作岗位的要求。

（三）档案转存

新员工的人事档案转入单位统一的档案管理机构。同时，人力资源部门把将要正式入职的员工信息录入员工信息管理系统，与新员工预先约定正式入职的时间。

（四）签订劳动合同

新员工填写档案登记表，根据《中华人民共和国劳动法》，建立劳动关系，签订劳动合同，然后办理各种福利转移手续。

最后，我们简单了解一下招聘程序的最后一个步骤——招聘评估。招聘评估用来检验招聘工作的最终效果，一般在一次招聘工作结束之后，要对整个招聘工作做一个总结和评价，目的是进一步提高下次招聘工作的效率和效果。招聘评估有利于组织节省费用支出和提高招聘工作人员的工作水平。招聘评估的主要评估内容包括招聘成本效益评估，录用人员评估（录用人员的质量和数量）和信效度评估。在招聘活动结束后，企业通常要将招聘的活动内容和结果进行整理，形成招聘总结，从而不断积累招聘工作的经验并修正不足，达到提高招聘工作质量的目的。

第五节 练 习 题

一、基本概念

招聘　面试　心理测试　评价中心技术

二、单选题

1. 招聘活动的流程一般包括哪四个阶段（　　）。
    A. 招募、选拔、筛选和评估
    B. 发布招聘广告、招募、录用和评估
    C. 发布招聘广告、选拔、录用和评估
    D. 招募、选拔、录用和评估

2. 哪一项不是招聘的直接成本？（　　）
    A. 机会成本　　B. 宣传资料费用　　C. 招聘人员工资　　D. 广告费用

3. 广播和电视广告主要是用于招聘企业的哪种人才（　　）。
    A. 市场销售代表　　　　　　B. 研究开发人才
    C. 技术工人　　　　　　　　D. 高级管理人才

4. 企业需要招聘数量较多，而且具有较高素质的人才，通常采用（　　）。
    A. 校园招聘　　　　　　　　B. 广告招聘
    C. 职业中介机构　　　　　　D. 熟人推荐

第四章 人力资源招聘与选拔

5. 下列哪一项是内部招聘渠道的优点？（   ）
   A. 人员来源广，选择余地大，有利于招到一流人才
   B. 不了解企业情况，进入角色慢，较难融入企业文化
   C. 可能会因操作不公或员工心理原因造成内部矛盾
   D. 应聘者可更快适应工作

6. 哪一种招聘方式的成本最高？（   ）
   A. 职业中介机构   B. 招聘广告
   C. 员工推荐   D. 猎头公司

7. 招聘广告的设计原则是？（   ）
   A. 注意—兴趣—思考—行动   B. 注意—兴趣—愿望—行动
   C. 注意—观察—愿望—行动   D. 注意—兴趣—愿望—联络

8. 用来衡量测评工具的稳定性和可靠性的指标是（   ）。
   A. 难度   B. 信度   C. 效度   D. 接近度

9. 在面试中，面试人员应（   ）。
   A. 尽量展现自己的看法和观点
   B. 营造对立的沟通气氛
   C. 避免表达自己的负面情绪
   D. 尽量使用封闭性问题

10. 在招聘过程中，对个人简历进行筛选时，要注意个人简历（   ）。
    A. 一般都有严格、统一的规格
    B. 有利于求职者充分进行自我表达
    C. 在招聘过程中的作用不大
    D. 一般能够全面提供企业所关注的信息

11. 关于结构化面试，下面说法正确的是（   ）。
    A. 对求职者的沟通技能要求高
    B. 方便面试人员控制局面
    C. 可靠性和准确性比较低
    D. 形式灵活

12. 最终的录用决策应当由哪个部门做出？（   ）
    A. 人力资源部门   B. 高级管理层
    C. 外聘专家组   D. 用人部门

13. 评价中心技术中运用得最广泛、而且被认为最有效的种方式是（   ）。
    A. 无领导小组讨论   B. 角色扮演
    C. 公文筐测试   D. 管理游戏

14. 提供一组内容模糊的图片或绘画，让应聘者在不受限制的条件下做出反应，从而了解被试者性格的测试方法是（　　）。
    A. 投射式测试　　　　　　　　　B. 行为描述面试
    C. 自陈式测试　　　　　　　　　D. 无领导小组讨论

15. 关于实施心理测试需要注意的问题的陈述，不正确的是（　　）。
    A. 注意遵守和保护心理测试的知识产权
    B. 应当聘用专业的心理人士
    C. 应当把测试作为唯一的人员选拔工具
    D. 测验结果只可以在直接参与选拔决策的人员中公开

16. 在选拔与录用的实施过程中，比较复杂和关键性的步骤是（　　）。
    A. 检查所填资料　　　　　　　　B. 测试与面试
    C. 身体体检　　　　　　　　　　D. 筛选申请材料

17. 下面属于自陈式测量测验的有（　　）。
    A. 卡特尔16种人格因素量表　　　B. 主题统觉测试
    C. 罗夏墨渍测试　　　　　　　　D. 明尼苏达办事员测试

18. 最早运用于人员测评和选拔的方法是（　　）。
    A. 特殊能力测试　　　　　　　　B. 能力倾向测试
    C. 智力测试　　　　　　　　　　D. 性格测试

19. 按面试（　　）不同，可将面试分为行为性、情境性和综合性等三种类型。
    A. 参与人员　　B. 实施方式　　C. 内容设计　　D. 效果

三、多选题

1. 招聘的替代性方式有（　　）。
    A. 对现有的组织结构和人员进行合理调配
    B. 业务外包
    C. 通过培训获得相应的工作能力
    D. 从外部招聘人员

2. 内部招聘的缺点是（　　）。
    A. 节约时间和费用
    B. 来源局限于企业内，水平有限
    C. 容易造成"近亲繁殖"，出现思维和行为定势
    D. 可能会因操作不公或员工心理原因造成内部矛盾

3. 外部招聘的方法包括（　　）。
    A. 广告招聘　　B. 招聘会　　C. 工作公告法　　D. 职业中介机构

4. 履历表的优点是（　　）。
   A. 开放式，有助创新
   B. 允许求职者强调他认为重要的东西
   C. 费用较小，容易做到
   D. 限制了不必要的内容
5. 测量的正确性指标称为效度，常用指标包括（　　）。
   A. 内容效度　　B. 形式效度　　C. 实证效度　　D. 构想效度
6. 从面试的结构化程度来看，可分为（　　）。
   A. 结构化面试　B. 层级面试　　C. 半结构化面试　D. 非结构化面试
7. 常用的评价中心技术包括（　　）。
   A. 公文筐测试　B. 无领导小组　C. 知识测试　　D. 角色扮演
   E. 团队游戏
8. 背景调查的主要内容有（　　）。
   A. 学历学位　　　　　　　　　B. 过去的不良记录
   C. 过去取得的业绩　　　　　　D. 过去的工作经历

四、判断题

1. 招聘主要由两个相对独立的过程组成，分别是招募和选拔。（　　）
2. 成功的招聘活动应该遵循"职得其才，才适其用"的原则。（　　）
3. 内部招聘的来源，包括校园、竞争者和其他公司、失业者、退休员工、退伍军人等。（　　）
4. 当企业内部出现岗位空缺时，一般要优先考虑从外部招聘人员。（　　）
5. 测量人才测评工具的正确性指标称为效度。（　　）
6. 校园招聘可以很好地宣传企业形象。（　　）
7. 无领导小组讨论属于心理测试的招聘测试手段。（　　）

五、简答题

1. 简述招聘与选拔的基本含义和意义。
2. 招聘与选拔的流程是什么？
3. 内部招聘和外部招聘各有何利弊？
4. 简述面试的过程。
5. 评价中心技术有哪些？

第五章 薪酬设计与管理

第一节 主题案例与知识链接

 案例一

工作评价的烦恼

某清洁机械厂在选择评价委员时,厂领导认为应充分发挥民主,所以决定以组织部长和劳动人事部长牵头,同时从一线工人中选出了四名代表,从班组长等一线管理人员中选出了三名代表,共九人组成了工作评价委员会,并由外部顾问主持评价(*链接A:工作评价的组织机构,参见第160页*)。但是在评价过程中,出现了一些意外的情况,首先是工作进展缓慢,技术培训工作进行了三天效果仍不理想;其次是第一轮评价打分结果汇总后,大家共同感觉偏差较大,不得已又重新进行了评价,但结果仍不理想(*链接B:工作评价方法之计点评分法,参见第159页*)。

在工作评价并划岗位归级后,出现以下结果:同样是库工岗位,但生产计划科和材料供应科的库工要比钣金车间和机加工车间的库工高一个等级;十二个职能科室的科长岗位分布在五个不同的等级;四个副厂长岗位也分布在两个不同的等级。有人提出,既然是"同样"的岗位或"同级"的干部所在的岗位,其岗位工资等级也应相同,而现在却分布在不同的等级甚至有很大差距,与此相反,漆工班长和焊工班长岗位却与车工班长和铣工班长岗位同级(*链接C:薪酬分级和定薪,参见第150页*)。

航天科技集团下属的某个企业在进行工作评价时,由于评价委员人数较多,共有二十七人,考虑到集中培训时已消耗较多时间,所以决定分散打分评价,即评价委员各自带回工作评价体系与评价表,在限定的时间内自由掌握节奏完成评价任务。结果汇总时却发现问题很大,一方面各评价委员评分差异过大,且同一评价委员所提供的评价表自相矛盾,更有甚者,出现不同评价委员提供的评价表雷同的现象,从而严重影响了评价的准确性。

(链接D：组织工作评价过程应注意的问题，参见第161页)

案例二

SDGH 咨询公司的薪酬难题①

SDGH 咨询公司成立于1993年，为国有全资子公司。其人员一部分来自投资主管部门的"固定工"，另一部分来自社会招聘的合同制员工。其基本业务是为客户规划设计和工程设计提供咨询服务。但是由于种种原因，一直没有形成一个适合公司的、基于战略的、整体考虑的薪酬方案 *(链接E：科学与合理薪酬制度的要求，参见第147页)*。到2004年，公司收入分配问题凸显。

1. 收入分配严重向个人倾斜

2000年以前，公司的分配水平一直略高于同行业平均分配水平，但从2001年起，员工分配水平提高加速，2004年达到顶峰，并大大超出同行业水平，劳动分配率 *(链接F：人工费用衡量之劳动分配率，参见第145页)* 高达69%。尽管2004年公司的收入超过历史最高水平，但公司利润却几乎下降到历史最低水平。

2. 员工之间的分配关系不顺

工资标准、奖金标准及其计发，缺乏内部一致性的考虑 *(链接G：薪酬制度的公平性，参见第147页)*。表现在：一是业务部门之间，不论是容易操作的计划内项目，还是难以操作的市场项目，任务收入指标的下达和奖金的提取比例相同，造成计划内的项目收入高，市场项目收入低；二是经理层成员的奖金随主管业务部门按比例浮动，导致经理层收入的不合理差距；三是职能管理部门人员比业务人员还多，人浮于事。司机平均每人每月过磅的工作量只有几百公里，但一年的奖金却高达数万元。这些问题交织在一起，形成了错综复杂的矛盾：业务人员与非业务人员之间的矛盾，高层管理人员与一般职能人员的矛盾，不同业务部门之间的矛盾。

3. 业务部门内部平均分配严重

在同一业务部门"官多"，一个业务部门两个人，一个是部长，另一个是副部长，工资是按行政级别确定的，差距很小，奖金分配的差距更小。结果能干的人不肯多干，一是怕冒尖，二是干多了感觉不平衡。

4. 社会保险缴费、住房公积金和福利待遇缺少差别，且负担过重 *(链接H：员工福利，参见第165页)*

由于分配水平较高，从公司经理岗位到司机岗位，所有人员的社会保险缴费都以上一

---

① 资料来源：康士勇. SDGH 咨询公司薪酬改革方案设计研究. 北京市计划劳动管理干部学院学报，2006年第2期。

年度北京市平均工资的300%为基数缴纳；住房公积金都按最高额缴存。尽管合同制员工参加了当地基本医疗保险和大额医疗互助保险，但不论是来自主管上级单位的固定工，还是合同制员工，所有看病、住院的医疗费用全额在公司报销，虽然节约了政府统筹的医疗保险基金，但相应加大了公司开支。

上述问题的存在，从公司本身来说，既限制了公司业务的做强做大，又阻碍了公司业务的拓展。如"代建制"尽管提出多年，并列入公司的战略方向，但由于分配制度不能支撑，也就一直未能起步。从公司外部来说，规划咨询、工程咨询，我国已经向国际市场开放，外国公司正在涌入并侵蚀国内咨询市场，公司面临着外部市场的挤压。要使公司做大做强，必须从分配问题入手，通过整合收入分配制度，从分配上为公司发展提供新的动力机制。

第二节　薪酬管理概述

薪酬设计与管理是人力资源管理的重要环节，是体现人力资源管理五功能中保持与激励功能的最主要活动。同时，薪酬设计与管理还能体现其他人力资源管理的功能，例如，领先的薪酬水平可以较好地吸引人才的加盟，从而体现了"吸引"功能；考核发放的薪酬可以起到奖优罚劣的作用，从而体现了控制与调整的功能；"宽带工资"可以为员工提供职业发展的技术通道，从而体现了"开发"功能。

一、薪酬的含义与形式

（一）薪酬的基本概念

薪酬，或者说报酬，可以这样定义：薪酬是指雇员作为雇佣关系中的一方所得到的各种货币收入，以及各种具体的服务和福利之和。

（二）薪酬的形式

薪酬形式主要有以下四种。

1. 基本薪资

是雇主为已完成工作而支付的基本现金薪酬。它反映的是工作或技能价值，而往往忽视了员工之间的个体差异。某些薪酬制度把基本工资看做是雇员所受教育、所拥有技能的一个函数。对基本工资的调整可能是基于以下事实：整个生活水平发生变化或通货膨胀；其他雇员对同类工作的薪酬有所改变；雇员的经验进一步丰富；员工个人业绩、技能有所提高。

2. 绩效工资

是对过去工作行为和已取得成就的认可。作为基本工资之外的增加，绩效工资往往随雇员业绩的变化而调整。调查资料表明，美国90%的公司采用了绩效工资。我国的广大企业在2000年前后开始的新一轮工资改革中也都纷纷建立了以绩效工资为主要组成部分的岗位工资体系，事业单位在2006年的工资改革中也都设置了绩效工资单元。

3. 激励工资

激励工资也和业绩直接挂钩。有时人们把激励工资看成是可变工资，包括短期激励工资和长期激励工资。短期激励工资，通常采取非常特殊的绩效标准。例如：在普拉克思航空公司的化学与塑料分部，每个季度如果达到或者超过了8%的资本回报率目标，就可以得到一天的工资；回报率达到9.6%，在这个季度工作了的每个员工可得到等于两天工资的奖金；如果达到20%的资本回报率，任何员工都可以得到等于8.5天的工资奖金。而长期激励工资，则把重点放在雇员多年努力的成果上。高层管理人员或高级专业技术人员经常获得股份或红利，这样，他们会把精力主要放在投资回报、市场占有率、资产净收益等组织的长期目标上。

虽然激励工资和绩效工资对雇员的业绩都有影响，但两者有三点不同：一是激励工资以支付工资的方式影响员工将来的行为，而绩效工资侧重于对过去工作的认可，即时间不同；二是激励工资制度在实际业绩达到之前已确定，与此相反，绩效工资往往不会提前被雇员所知晓；三是激励工资是一次性支出，对劳动力成本没有永久的影响，业绩下降时，激励工资也会自动下降，绩效工资通常会加到基本工资上去，是永久的增加。

4. 福利和服务

包括休假（假期）、服务（医药咨询、财务计划、员工餐厅）和保障（医疗保险、人寿保险和养老金），福利越来越成为薪酬的一种重要形式。

（三）薪酬构成

构成总薪酬的除了以上四种形式之外，非货币的收益也影响人们的行为。包括：赞扬与地位、雇佣安全、挑战性的工作和学习的机会。其他相关的形式可能包括：成功地接受新挑战，和有才华的同事一起工作的自我满足感。它们是"总薪酬体系"的一部分。并经常和薪酬相提并论。全国经济专业技术资格考试人力资源管理专业知识用书将薪酬分为经济性薪酬和非经济性薪酬两大类，据此，我们可以将薪酬结构做一细分，如表5-1所示。

表 5-1　薪酬构成表

薪酬	经济性薪酬	直接经济薪酬	基本薪酬
			可变薪酬
		间接经济薪酬	带薪非工作时间
			员工个人及其家庭服务
			健康以及医疗保健
			人寿保险
			养老金
	非经济性薪酬		满足感
			赞扬与地位
			雇佣安全
			挑战性的工作机会
			学习的机会

二、工资总额管理

(一) 工资总额的概念

按照 1989 年 9 月 30 日国务院批准、1990 年 1 月 1 日国家统计局发布的《关于工资总额组成的规定》，工资总额是指各单位在一定时期内直接支付给本单位全部职工的劳动报酬总额。

对工资总额这一概念，根据国家统计局《关于工资总额组成部分的规定的说明》，应强调以下几点：

第一，定义中的"各单位"，是指全民所有制和集体所有制企业、事业单位，各种合营单位，各级国家机关、政党机关和社会团体。中华人民共和国境内的私营单位、华侨及港、澳、台工商业者经营单位和外商经营单位有关工资总额的计算，参照本规定执行。

第二，本规定列举工资总额的奖金和津贴项目，只适用于国家在计划、统计、会计上对工资总额的核算，不作为各地区、各部门、各单位制定奖金和津贴制度的依据。

第三，定义中"全部职工"，根据目前的用工制度，包括固定职工、合同制职工、临时职工和计划外用工。

第四，工资总额的范围，既符合目前计划、统计以及工资基金管理的现状，也照顾了历史资料以及国际间的对比，包括按劳分配部分以及"非按劳分配"部分（如病、事假工资和由于物价上涨支付的补贴等）。

（二）工资总额的计算与统计

工资总额的计算应以直接支付给职工的全部劳动报酬为根据。各单位支付给职工的劳动报酬以及有关规定支付的工资，不论是计入成本的还是不计入成本的，不论是以货币形式支付的还是以实物形式支付的，均应列入工资总额的计算范围。

（三）工资总额的组成

1. 计时工资

指按计时工资标准（包括地区生活费补贴）和工作时间支付给个人的劳动报酬。包括：

（1）对已做工作按计时工资标准支付的工资；

（2）实行结构工资制的单位支付给职工的基础工资和职务（岗位）工资（按照新的公务员工资制度和事业单位新的工资制度，还应包括"级别工资"、"薪级工资"）；

（3）新参加工作职工的见习工资（学徒的生活费）；

（4）运动员体育津贴。

2. 计件工资

指对已做工作按计件单价支付的劳动报酬。包括：

（1）实行超额累进计件、直接无限计件、限额计件、超定额计件等工资制，按劳动部门或主管部门批准的定额和计件单价支付给个人的工资；

（2）按工作任务包干方法支付给个人的工资；

（3）按营业额提成或利润提成办法支付给个人的工资。

3. 奖金

指支付给职工的超额劳动报酬和增收节支的劳动报酬。包括：

（1）生产奖。包括超产奖、质量奖、安全奖，考核各项经济指标的综合奖、提前竣工奖、年终奖（劳动分红）等。

（2）节约奖。包括各种动力、燃料、原材料等节约奖。

（3）劳动竞赛奖。包括发给劳动模范、先进个人的各种奖金和实物奖励。

（4）机关、事业单位的奖励工资。

（5）其他奖金。包括从事兼课酬金和业余医疗卫生收入提成中支付的奖金等。

4. 津贴和补贴

指为了补偿职工特殊或额外的劳动消耗和因其他特殊原因支付给职工的津贴，以及为了保证职工工资水平不受物价影响支付给职工的物价补贴。包括：

（1）补偿职工特殊或额外劳动消耗的津贴。具体有：高空津贴、井下津贴、流动施工津贴、野外工作津贴、林区津贴、高温作业临时补贴、海岛津贴、艰苦气象台站津贴、微波站津贴、高原地区临时补贴、冷库低温津贴、基层审计人员外勤工作津贴、邮电人员外勤津贴、夜班津贴、中班津贴、班组长津贴、学校班主任津贴、三种艺术（舞蹈、武术、管乐）人员工种补贴、运动队班（队）干部驻队补贴、公安干警值勤岗位津贴、环卫人员岗位津贴、广播电视天线工岗位津贴、城市社会福利事业单位津贴、环境监测津贴、收容遣送岗位津贴等。

（2）保健性津贴。具体有：卫生防疫津贴、医疗卫生津贴、科技保健津贴、各种社会福利职工特殊保健津贴等。

（3）技术性津贴。具体有：特级教师补贴、科研津贴、工人技师津贴、中药老药工技术津贴、特殊教育津贴等。

（4）年功性津贴。具体有：工龄津贴、教龄津贴、护龄津贴。

（5）其他津贴。具体有：① 直接支付给个人的伙食津贴（火车司机和乘务员的乘务津贴、航行和空勤人员伙食补贴、水产捕捞人员伙食津贴、专业车队汽车司机行车津贴、体育运动员和教练员伙食补助费、少数民族伙食津贴等）；② 合同制职工的工资性补贴；③ 书报费、上下班交通补贴以及洗理费等。

（6）补贴。包括：为保证职工工资水平不受物价上涨或变动影响而支付的各种补贴，如，肉类价格补贴、副食品价格补贴、粮价补贴、煤价补贴、房贴、水电贴等。

5. 加班加点工资

这是指按规定支付的加班工资和加点工资。

6. 特殊情况下支付的工资

这包括：

（1）根据国家法律、法规和财政规定，因病、工伤、产假、计划生育假、婚丧假、事假、探亲假、定期休假、停工学习、执行国家或社会义务等原因按计时工资标准的一定比例支付的工资；

（2）附加工资、保留工资。

（四）工资总额不包括的项目

下列各项不列入工资总额的范围：

（1）根据国务院发布的有关规定颁布的创造发明奖、自然科学奖、科学技术进步奖和支付的合理化建议和技术改进奖以及支付给运动员、教练员的奖金。

（2）有关社会保险和职工福利方面的费用。具体有：职工死亡丧葬费及抚恤费、医疗卫生费和公费医疗费用、职工生活困难补助费、集体福利事业补贴、工会文教费、集体福利费、探亲路费、冬季取暖补贴等。

（3）劳动保护的各种支出。具体有：工作服、手套等劳动保护用品，解毒剂、清凉饮料，以及按1963年7月19日劳动部等七单位规定的范围对接触有毒物质、矽尘作业、放射线作业和潜水、沉箱作业、高温作业等五类工种所享受的由劳动保护费开支的保健食品待遇。

（4）有关离休、退休、退职人员待遇的各项支出。

（5）稿费、讲课费及其他专门工作报酬。

（6）出差伙食补助费、误餐补助、调动工作的旅费和安家费。

（7）对自带工具、牲畜来企业工作职工所支付的工具、牲畜等的补偿费用。

（8）实行租赁经营单位的承租人的风险性补偿收入。

（9）对购买本企业股票和债券的职工所支付的股息（包括股金分红）和利息。

（10）劳动合同制职工解除劳动合同时由企业支付的医疗补助费、生活补助费等。

（11）因录用临时工而在工资以外向提供劳动力单位支付的手续费和管理费。

（12）支付给家庭工人的加工费和按加工订货办法支付给承包单位的发包费用。

（13）支付给参加企业劳动的在校学生的补贴。

（14）计划生育独生子女补贴。

三、企业人工费用

（一）企业人工费用概念

企业人工费用，也称用人费（人工费）或人事费用，是指企业在生产经营活动中用于和支付给职工的全部费用。按照国际惯例，人工费应包括为雇用职工所发生的一切费用。

企业人工费用与企业人工成本费用按照国际惯例是一致的。企业人工成本费用是指企业在生产经营活动中支付并列入成本的人工费用。国际劳工组织1966年对人工成本的概念定义为：人工成本是指雇主因雇用劳动力而发生的费用，它包括：对已完成工作的报酬；对有关未工作而有报酬的时间、红利和赏金；食品、饮料费用的支付以及其他实物支付；雇主负担的工人住房费用；为雇员支付的社会保险费用；职工技术培训费用；福利服务和其他费用（如工人的上下班交通费、工作服费和招工费用），还有被认为是人工成本的税收。

（二）我国企业的人工费用构成

按照原劳动部［1997］261号文件的规定，人工费用包括七个组成部分。

1. 从业人员劳动报酬（含不在岗职工生活费）

包括：在岗职工工资总额、聘用、留用的离退休人员的劳动报酬、人事档案关系保留在原单位的人员劳动报酬、外籍及港澳台方人员劳动报酬。其中：在岗职工工资总额是指企业在报告期内直接支付给在岗职工的劳动报酬总额。包括基础工资、职务工资、级别工资、工龄工资、计件工资、奖金、各种津贴和补贴等。

不在岗职工生活费，是指企业支付给已经离开本人的生产或工作岗位，但仍由本企业保留劳动关系职工的生活费用。

2. 社会保险费用

社会保险费用是指企业按有关规定实际为使用的劳动力缴纳的养老保险、医疗保险、失业保险、工伤保险和生育保险费用。包括企业上缴给社会保险机构的费用和在此费用之外为使用的劳动力支付的补充养老保险或储蓄性养老保险、支付给离退休人员的其他养老保险费用。社会保险费用按企业列支数统计。

3. 住房费用

住房费用是指企业为改善本单位使用的劳动力的居住条件而支付的所有费用。具体包括企业实际为使用的劳动力支付的住房补贴、住房公积金等。

4. 福利费用

福利费用是指企业在工资以外实际支付给单位使用的劳动力个人以及用于集体的福利费的总称。主要包括企业支付给劳动力的冬季取暖补贴费（也包括企业实际支付给享受集体供暖的劳动力个人的部分）、医疗卫生费、计划生育补贴、生活困难补助、文体宣传费、集体福利设施和集体福利事业补贴费以及丧葬抚恤救济费等。该指标资料来源于两方面，一方面是企业净利润分配中公益金里用于集体福利设施的费用，另一方面是在成本费用中列支的福利费（不包括上缴给社会保险机构的医疗保险费）。福利费用按照实际支出数统计。

5. 教育经费

教育经费是指企业为劳动力学习先进技术和提高文化水平而支付的培训费用（包括为主要培训本企业劳动力的技工学校所支付的费用）。教育经费的来源一方面是财务"其他应付款"科目中的有关支出，另一方面是营业外支出中的"技工学校经费"。教育经费按照实际支出数统计。

6. 劳动保护费用

劳动保护费用是指企业购买劳动力实际享用的劳动保护用品、清凉饮料和保健用品等费用支出。在工业企业中，它来源于制造费用中的"劳动保护费"科目。劳动保护费用按照实际支出数统计。

7. 其他人工成本

其他人工成本是指不包括在以上各项成本中的其他人工成本项目。如：工会经费，企业因招聘劳动力而实际花费的招工、招聘费用、解聘、辞退费用等。

（三）企业人工费用的衡量

企业人工费用的衡量指标有许多，这里介绍两个重要的指标，即人工费比率和劳动分配率。

1. 人工费比率

人工费比率，是指企业人工费占企业销货额的比重，也可以说是企业人均人工费占企业销售劳动生产率的比重。

人工费比率，是衡量企业人工费支付能力的重要尺度之一，也是分析企业人工费支付能力最简单、最基本的方法之一。

计算人工费比率的公式为：

$$人工费比率 = \frac{人工费}{销货额} = \frac{人工费/职工人数}{销货额/职工人数}$$

根据一般经验，人工费与销货额的比例大致为14%左右，其具体比例与企业的规模大小有关。

2. 劳动分配率

劳动分配率，是指企业人工费占企业净产值（也称企业增加值或附加值）的比率。它是衡量企业人工费支付能力的重要尺度之一。该比率高，对净产值劳动生产率而言，无疑是人工费过高；如果该比率仅达一般水平，无疑是净产值过少。

劳动分配率的理想式为：作为分子的人工费用，即平均每人薪资高于一般水平；而作为分母的净产值，即平均净产值也高于一般水平；最后计算出来的劳动分配率却低于一般水平。

确定企业适宜的劳动分配率，既要把企业报告期的分配率与上一时期比较，也要与同一时期的其他公司的分配率相比较。企业报告期的分配率与上期比有所降低，与同期行业其他公司的分配率相当，即可视为合理适当的分配率。这些措施是：提高企业的技术构成、资金周转率、生产紧俏或适销对路产品等。当企业的利润和折旧费增长率快于人工费的增长率时，劳动分配率就会降低。劳动分配率的计算公式为：

$$劳动分配率 = \frac{人工费总额}{产品增加值（净产值）}$$

四、薪酬管理的地位与作用

薪酬管理是人力资源管理作业活动的重要组成部分，其作用不仅体现在人力资源管理内部，对于整体组织管理也具有重要意义，尤其体现在薪酬水平上。

（一）薪酬管理对整体组织管理的作用

1. 薪酬管理是管理者人本管理思想的重要体现

薪酬是劳动者提供劳动的回报，是对劳动者各种劳动消耗的补偿，因此薪酬水平既是对劳动者劳动力价值的肯定，也直接影响着劳动者的生活水平。所谓以人为本的管理思想就是要尊重人力资本所有者的需要，解除其后顾之忧，很难想象一个组织提倡以人为本，其薪酬制度却不能保证员工基本生活水平。在我国物质生活水平日益提高的今天，管理者不仅要保证其员工基本生活，更要适应社会和个人的全方位发展，提供更全面的生活保障，建立起适应国民经济发展水平的薪酬制度。

2. 薪酬战略是组织的基本战略之一

一个组织有许多子战略，例如市场战略、技术战略、人才战略等，其中的薪酬战略是人才战略的最重要组成部分，因而也是一个组织的基本战略之一。一个优秀的薪酬战略应对组织起到四个作用：（1）吸引优秀的人才加盟；（2）保留核心骨干员工；（3）突出组织的重点业务与重点岗位；（4）保证组织总体战略的实现。

3. 薪酬管理影响着组织的营利能力

薪酬对于劳动者来说是报酬，对于组织来讲也意味着成本。虽然现代的人力资源管理理念不能简单地以成本角度来看待薪酬，但保持先进的劳动生产率，有效地控制人工成本，发挥既定薪酬的最大作用，对于增加组织利润，增强组织营利能力进而提高竞争力无疑作用是直接的。

（二）薪酬管理与其他人力资源管理环节的关系

由于现代人力资源管理的整体性特征，薪酬管理与其他人力资源管理环节同样具有密切的联系，董克用和叶向峰认为主要关系如下所示。

1. 薪酬管理与工作分析的关系

工作分析是薪酬设计的基础，尤其对于岗位工资制来说，更是建立内部公平薪酬体系的必备前提。工作分析所形成的岗位说明书是进行工作评价确定薪酬等级的依据，工作评价信息大都来自岗位说明书的内容。即使在新的技能工资体系中，工作分析仍然具有重要的意义，因为评价员工所具备的技能，仍然要以他们从事的工作为基础来进行。

2. 薪酬管理与人力资源规划的关系

薪酬管理与人力资源规划的关系主要体现在人力资源供需平衡方面，薪酬政策的变动是改变内部人力资源供给的重要手段，例如提高加班工资的额度，可以促使员工增加加班时间，从而增加人力资源供给量，当然这需要对正常工作时间的工作严格加以控制。

3. 薪酬管理与招聘录用的关系

薪酬管理对招聘录用工作有着重要的影响，薪酬是员工选择工作时考虑的重要因素之一，较高的薪酬水平有利于吸引大量应聘者，从而提高招聘的效果。此外，招聘录用也会对薪酬管理产生影响，录用人员的数量和结构是决定组织薪酬总额增加的主要因素。

4. 薪酬管理与绩效管理的关系

薪酬管理和绩效管理之间是一种互动的关系。一方面，绩效管理是薪酬管理的基础之一，激励薪酬的实施需要对员工的绩效做出准确的评价；另一方面，针对员工的绩效表现及时地给予不同的激励薪酬，也有助于增强激励的效果，确保绩效管理的约束性。

5. 薪酬管理与员工关系管理的关系

在组织的劳动关系中，薪酬是最主要的问题之一，劳动争议也往往是由薪酬问题引起的，因此，有效的薪酬管理能够减少劳动纠纷，建立和谐的劳动关系。此外，薪酬管理也有助于塑造良好的组织文化，维护稳定的劳动关系。

五、科学与合理薪酬制度的要求

薪酬制度的科学性与合理性不是一个绝对的概念，涉及组织内外部的许多因素，借鉴余凯成的观点，可以将这些要求归结为五项。

（一）公平性

员工对薪酬分配的公平感，也就是对薪酬发放是否公正的判断与认识，是设计薪酬制度和进行薪酬管理的首要考虑因素，这也是"公平感"的主观性和相对性所决定的。薪酬的公平性可以分为三个层次：

（1）外部公平性：指同一行业或同一地区同等规模的不同组织中类似岗位的薪酬应当基本相同，因为对他们的知识、技能与经验要求相似，他们的各自贡献便应相似。

（2）内部公平性：指同一组织中不同岗位所获薪酬应正比于各自的贡献。只要比值一致，便是公平。

（3）个人公平性：涉及同一组织中占据相同岗位的人所获薪酬间的比较。

（二）竞争性

这是指在社会上和人才市场中，组织的薪酬标准要有吸引力，才足以战胜其他组织，招到所需人才。究竟应将本组织摆在市场价格范围的哪一段，当然要视本组织的财力、所需人才可获得性的高低等具体条件而定，但要有竞争力，至少是不应低于市场平均水平的。

（三）激励性

这便是要在内部各类、各级岗位的薪酬水平上，适当拉开差距，真正体现按贡献分配的原则。平均主义的"大锅饭"分配制度，其落后性和危害在过去我国的许多国有企业中已充分体现。

(四) 经济性

提高组织薪酬水平，固然可提高其竞争性与激励性，但同时不可避免地导致人工成本的上升，所以薪酬制度不能不受经济性的制约。不过组织领导在对人工成本考察时，不能仅看薪酬水平的高低，而且要看员工绩效的质量水平，事实上，后者对组织产品的竞争力的影响，远大于成本因素。此外，人工成本的影响还与行业的性质及成本构成有关。在劳动力密集型行业中，有时人工成本在总成本中的比重可高达70%，这时人工成本确有牵一发而动全身之效，需精打细算；但在技术密集型行业中，人工成本却只占总成本的8%～10%，而组织中科技人员的工作热情与革新性，却对组织在市场中的生存与发展起着关键的作用。

(五) 合法性

组织薪酬制度必须符合国家的政策法律、法规符合国家及地方有关劳动用工及人事的有关法律、法规，尤其要体现对劳动者的尊重、公正，避免不应有的歧视。例如在员工提供了正常劳动的前提下，企业支付的工资不能低于我国各省市自治区普遍执行的《最低工资标准》规定。

第三节 薪酬设计的程序与方法

如何设定组织的薪酬，如何给不同岗位、不同的工作个体确定薪酬标准，这些是薪酬设计所要解决的问题。

一、薪酬设计的一般程序

薪酬设计的一般程序如图5-1所示。

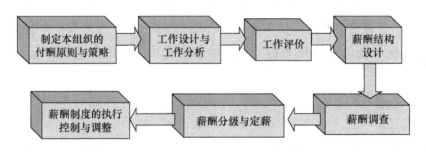

图5-1 薪酬设计程序

(一)制定本组织的付酬原则与策略

这是由组织最高管理当局的管理哲学及组织文化所决定的,包括对员工本性的认识,对员工总体价值的评价,对管理骨干及高级专业人才所起作用的估计等核心价值观;组织基本工资制度及分配原则;有关薪酬分配的政策和策略,如薪酬拉开差距的分寸、差距标准、薪酬、奖励、福利费用的分配比例等。

(二)工作设计与工作分析

工作设计是对工作进行周密的、有目的的计划安排,包括工作本身的结构设计、与工作有关的社会各方面因素的考虑以及对员工的影响。工作分析在第二章中已详细阐述过,即是全面收集工作信息的管理过程。工作设计和工作分析为明确工作分类、定岗定编进而比较不同工作的相对价值大小奠定了基础。

(三)工作评价

这一阶段主要解决的是把组织内的不同岗位进行相对价值的排序,即内部公平性的解决,这也是薪酬设计的关键一环,有关工作评价的具体内容将在下文中详细说明。

(四)薪酬结构设计

薪酬结构是指一个组织机构中各项岗位的相对价值及其对应的实付薪酬间保持着什么样的关系。这种关系和规律通常多以"薪酬结构线"来表示,如图5-2所示。

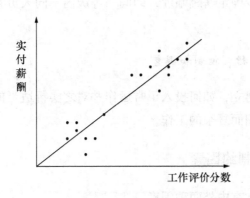

图 5-2 薪酬结构线

薪酬结构线显示的是组织内部各个岗位相对价值和与其对应的实付薪酬之间的关系。薪酬结构线的横坐标是以工作评价获得的表示其相对价值的分数,纵坐标是实付薪酬值。薪酬结构线可以用在两个方面:

1. 保证内部公平性

组织内各项岗位的薪酬是按市场经济中通行的等价交换原则确定的，也就是说谁的贡献越大，对组织的价值相对越高，所获薪酬便越多，薪酬与贡献之间的正比关系决定了与其对应的关系是直线形式。

2. 调整现有薪酬水平

即利用定性或定量分析的方法将工作评价分数与实付薪酬间的散点图转化为一条直线，然后根据需要调整那些偏离此线的薪酬点。一般多采用保留结构线以上点薪酬水平而调整结构线以下点薪酬水平的做法。

（五）薪酬调查

这一环节活动主要研究两个问题：要调查什么；怎样去调查和做数据收集。调查的内容首先是本地区、本行业，尤其是主要竞争对手的薪酬状况。数据来源首先应当是公开的资料，如国家及地区统计部门、劳动人事机构、工会等公开发布的资料；其次是通过散发问卷或抽样采访进行收集；另外，也能从应聘人员与其他组织的招聘信息中获取相关资料。

（六）薪酬分级和定薪

组织根据工作评价确定的薪酬结构线将众多类型的岗位薪酬归并合成若干等级，形成一个薪酬等级系列，从而确定组织内每一岗位具体的薪酬范围，保证员工个体的公平性。并应结合个人情况进一步确定薪酬幅度，即同一等级内不同人员薪酬水平的差异，最终将薪酬明确到每一个个人。

（七）薪酬制度的执行、控制和调整

组织薪酬制度一经建立，如何投入正常运作并对之实行适当的控制与管理，使其发挥应有的功能，是一项长期而复杂的工作。

二、薪酬设定的主要制约因素

薪酬设定的制约因素有内外两种因素。

（一）内部因素

1. 本单位的业务性质与内容

如果组织是传统型、劳动力密集型的，它的劳动力成本可能占总成本的比重很大；但若是高技术的资本密集型的组织，劳动力成本在总成本中的比重却不大。显然，这些组织的薪酬政策会有所不同。

2. 组织的经营状况与财政实力

一般来说，资本雄厚的大公司和赢利丰厚并且正处于发展上升的企业，对员工付酬也较慷慨；反之，规模较小或不景气的企业，则不得不量入为出。

3. 组织的管理哲学和企业文化

企业文化是组织分配思想、价值观、目标追求、价值取向和制度的土壤。企业文化不同，必然会导致观念和制度的不同，这些不同决定了组织的薪酬体系、分配机制的不同，这些因素间接地影响着组织的薪酬水平。

(二) 外部因素

1. 劳动力市场的供需关系与竞争状况

劳动力价格（薪酬）受供求关系影响，劳动力的供求关系失衡时，劳动力价格也会偏离其本身的价值：一般而言，供大于求时，劳动力价格会下降，供小于求时，劳动力价格会上升。

2. 地区及行业的特点与惯例

这里的特点也包括基本观点、道德观与价值观，例如受传统的"平均"、"稳定"至上观点的影响，则拉开收入差距的措施便多半不易被接受。

3. 当地生活水平

这个因素从两层意义上影响组织的薪酬政策：一方面，生活水平高了，员工对个人生活期望也高了，无形中对组织造成一种偏高的薪酬标准的压力；另一方面，生活水平高也可能意味着物价指数要持续上涨，为了保持员工生活水平不致恶化及购买力不致降低，组织也不得不定期向上适当调整薪酬水平。

4. 国家的有关法令和法规

薪酬管理与法律、法规和政策有着密切联系，法律、法规和政策是薪酬管理的依据，对组织的薪酬管理行为起着标准和准绳的作用。如最低工资制度、个人所得税制度等。

三、薪酬设计的主要方法——工作评价

在以工作为依据设计薪酬结构时，我们首先需要进行工作评价。

(一) 工作评价概述

1. 工作评价的含义

所谓的工作评价是指根据各种工作中所包括的技能要求、努力程度要求、岗位职责和

工作环境等因素来决定各种工作之间的相对价值。它关心工作的分类，但不去注意谁去做这些工作。

工作评价的核心是给工作标定级别。级别之间存在差异虽反映了相互间的对比关系，但它并不表明实际的工资率。对于任何确定的级别，例如同样是 5 级，其工资在一些部门可能比另一些部门高。

工作评价不能消除供求关系对工资水平的影响，但它可以根据每种职业、每个工种的内在要求，把它们分类、定级。工作评价并不对每个级别的合理工资制订标准，但它指出什么级别应当获得较高工资。它力图为建立工资结构提供公正的方法。公正体现在：如果一项工作需要相同的努力、技术和责任心，劳动报酬就应相同；而如果需要的标准提高，工资也应当提高。工作评价的目标是要实现同工同酬。

2. 工作评价的形成和发展

工作评价有一个形成过程，它是在西方国家中首先出现和发展起来的。

最初的工作等级形式是由工厂的习惯形成的。某些工作逐渐被认为是彼此有联系的，这种联系来源于外部的接触，也来源于生产操作的顺序，还来源于协作劳动的工人由低级到高级所需要掌握的知识顺序。工人和工头在劳动实践中逐渐感到某种工作应比其他工作似乎应该多付报酬。一旦这种思想形成并被大家所接受，这种不同工种的工资差别也就成为习俗而被保留下来。

可是单用习惯来解释工资等级表的形成，是不能令人满意的，于是为数众多的厂商们开始探讨确定工作价值的方法，并逐步使工作等级划分和工作评价制度化。从 1915 年起，四种主要的工作评价体系逐步建立起来：按时间顺序是排列法、分类法、因素比较法和计点法。前两种被认为是非数量的评价体系，后两种被认为是数量的评价体系。战后以来，在西方发达工业国家中，最广泛采用的是计点法，其次是因素比较法。

3. 工作评价的优缺点

（1）优点

第一，工作评价的突出优点是，以各个岗位在整体工作中的相对重要性来确定工资等级，并且能够保证同工同酬原则的实现。因此，它有利于消除工资结构中的不公正因素，维护企业工资等级间的逻辑和公正关系。同时，这样建立起来的简单的工资结构，也易于为工人们理解和接受。

第二，工作评价中使用明确、系统而又简单的评价因素作为确定工资结构的基础，有助于减少在相对工资等级上的怨言。当工人对其现行工资有抱怨时如使用的是数量评价体系，还可以提供一个核查和详细解释的基础，弄清其不公正所在之处，并通过重新评价纠正过来。

第三，工作评价中所收集的信息和结果可以为范围较宽的人事管理提供依据，如，确定招工条件、培训技术标准等。

第四，工作评价为工会参与工资确定过程的各个方面提供了机会，并且为集体协商或谈判的内容之一——工资结构的确定提供了一个更准确、更值得信赖的基础。因此，工作评价的实施还有利于改善劳动关系。

（2）缺点

第一，其适用范围会受到某些因素程度不同的制约。首先，工作评价在确定评价因素、各因素权重以及评定各工作诸因素的级别上，都不可避免地带来某种程度的主观因素，这样，就使评价缺乏完全客观和公正的结果。其次，工作评价是一项需要很多时间和资源的技术，本身就需要专业技术人员，需要很多投资；而且由于引进工作评价所形成的新的工资结构可能会增加劳动成本。另外，一旦工作评价计划实行，还必须常设维护机构。这样，引进工作评价所花费的成本可能会超出它所带来的好处。

为了克服上述缺点，首先，要力求较全面地确定影响岗位等级的因素。在确定因素权重时，要吸收工会和工人代表参与决策，并考虑同行其他公司在确定权重上的流行趋势。凡能量化的因素都要量化，以减少先入为主的偏见。根据本单位规模和生产经营特点来选择工作评价方法，并精心计划和实施，以节约费用。

第二，工作评价生成的工资结构显得过于僵死，难以充分适应生产和技术的变化。工作评价的一个基本假定是，每个岗位工作的内容是大致固定不变的。而不少现代企业的趋势是使工作组织机构更加灵活，以充分适应生产和技术的变化。因此，再按照事先固定的任务来限定工作内容就有些牵强。工作评价具有适应基本稳定的企业组织机构和工作组织机构的内在联系，如果工作组织机构不断变化，每个岗位的工作内容不断调整，就难以正式引进和应用工作评价。而在已经引进工作评价的情况下，就应注意对工作评价系统进行定期检查和维护，使其适应随着时间推移由于引进新技术而使工作内容和工作组织发生变化的需要。

（二）工作评价的方法

1. 排列法

排列法，也称简单排列法、序列法、部门重要次序法，是由工作评价人员对各个岗位工作的重要性做出判断，并根据岗位工作相对价值的大小按升值或降值顺序排列，来确定岗位等级的一种工作评价方法。

（1）排列法的操作步骤

第一步，进行工作分析，这些内容在第二章中已阐述过。

第二步，由工作评价委员会的全体委员分别根据工作说明书，或者自己头脑中对该项工作的印象，对工作按照难易或价值大小的次序进行排列。

排列工作顺序，方法有两种。一种是卡片排列法，即将工作说明书用简明文字写在小卡片上，按次序排列起来。难度或价值最大的工作应排在一等，难度价值第二的排在二等。如果两个或更多个工作难度价值并列同等，则排列在同一等级。具体做法是：先确定最高和最低的工作，再确定中等的，然后确定最高和中等以及最低和中等之间的等级。

另一种是成对比较排列法。例如，某部门有六个岗位的工作，分别称为甲、乙、丙、丁、戊、己。先将六项工作分别按横竖排列于表 8-1 内，然后运用"012"比较评价法对六项工作分别进行判断比较。具体办法是把每一岗位的工作与其他的五岗工作逐一比较，并做出不难、难度相同、难的判断。当判断为不难时，就做"0"记号；判断为难度相同时，就做"1"记号；判断为难时，就做"2"记号。最后，在表中"总额"一栏中加总出判断每项工作难度次数。

经"012"成对比较后，判断各工作难度次数总额的多少决定了各岗位工作等级排列的先后。岗位工作等级排列如表 5-2。

表 5-2　012 比较表

岗 位	甲	乙	丙	丁	戊	己	总 额
甲	—	2	1	2	2	2	9
乙	0	—	0	0	1	0	1
丙	1	2	—	0	0	1	4
丁	0	2	2	—	1	2	7
戊	0	1	2	1	—	2	6
己	0	2	1	0	0	—	3

从表 5-2 排列可见，岗位甲为最高工作等级，岗位乙为最低工作等级。

应注意，在使用上述两个排列法中，每个评价者要在一星期左右，反复进行两三次，以避免一时的疏忽。

第三步，根据全体评价委员个人评定的结果，确定自然岗位序列，如表 5-3 所示。根据表 5-3 可知，评定的六个岗位工作的相对价值，按升值排列次序为甲、丁、戊、丙、己、乙。

表 5-3　岗位工作等级排列表

判断较难次数总额	工作岗位	岗位等级
9	甲	6
7	丁	5
6	戊	4
4	丙	3
3	己	2
1	乙	1

应注意的是：按前面两种方法得到的只是一个按重要性排列的岗位序列，显然，在一个较大的企业，是不能直接把上百个或数百个组成的岗位序列作为工资等级序列的。因此，还有必要把岗位序列分成一定数目的岗位等级，即划岗归级，以作为实际的工资等级数目。

表5-4 排列法岗位等级最终评定表

岗 位	甲	乙	丙	丁	戊	己
赵委员评定	9	1	4	7	6	3
钱委员评定	8	2	5	6	—	4
孙委员评定	7	3	5	6	5	4
评定次数之和	24	6	14	19	11	10
参加评定人数	3	3	3	3	2	3
平均序数	8	2	4.67	6.33	5.5	3.33
岗位相对价值次序	1	6	4	2	3	5

划岗归级，应掌握两个原则：一是岗位等级不宜过多，上一级岗位与下一级岗位之间应能比较出难易差别；二是难易程度大致相同的岗位，应划归同一岗位等级。

(2) 排列法的优缺点。排列法的主要优点是：① 在理论上与计算上简单，容易操作，省事省时，因而可以很快地建立起一个新的工资结构；② 每一个岗位是作为一个整体比较，是凭人们的直觉来判断的，因而可以吸收更多的工人参加，并且容易在岗位数量不太多的单位中获得相当满意的评价结果。③ 排列法虽不很精确，但较易使用，特别适合于小企业和机关办公室的评价。一般来讲，如果评价委员们通过日常的接触熟悉了他们要考察岗位的工作内容，那么这种方法就可提供符合实际的岗位等级。

排列法的主要缺点是：① 岗位等级完全靠评价委员们或主管人员的主观判断，而不同评定者往往有不同的标准，且难于清楚地回答"为什么这个岗位比那个岗位在多大程度上重要"等诸如此类的问题。因此，岗位等级和工资等级标准不可避免地要受到评价委员个人品质的影响；② 不易找到熟悉所有工作的评价人员，各评定者评定结果有时差异很大，容易导致错误；③ 在大企业中很耗时，因为成对数将随所要评价的岗位数的增加而翻番增长，就100个岗位来说，可能的成对数接近5000个。n个元素能构成$n(n-1)/2$对，所以100个岗位，其构成的对数是$100(100-1)/2$个。

2. 分类法

分类法，也称分级法或等级描述法，是事先建立一连串的劳动等级，给出等级定义；然后，根据劳动等级类别比较工作类别，把工作确定到各等级中去，直到安排在最后逻辑之处。

（1）分类法的操作步骤

第一步，是建立工作类别或级别。无论是对同一种性质的工作还是对包括各种性质工作在内的组织整体，都要确定等级数目。等级的数目取决于工作的性质、组织规模大小、职能的不同和工资政策。在这一环节中，没有对所有单位都普遍适用的规则。

第二步，是等级定义，即给建立起来的工作等级做出工作分类说明。

等级定义是在选定要素的基础上进行的。所以，首先是确定基本要素，以便通过这些要素进行等级定义或分类说明。这些要素主要是：技术要求、智力要求、脑力和体力消耗程度、需要的培训和经验、工作环境。

接下来的工作是在选定要素的指导下进行等级定义。等级定义要为工作等级的评定分类提供标准，因此，要清楚地描述出不同等级工作的特征及其重要程度。一般等级定义的做法是从确定最低和最高等级的岗位开始的，因为这相对容易些。在分类定级中，对低级别的工作要求大致是：能够在领导者指导下处理简单的日常工作，很少或不要求工作人员具备独立判断、处理问题的能力。对较高级别的工作要求依不同程度而定，包括文化素质、管理能力、人际关系、责任，以及独立分析和解决问题的能力。表5-5列出了五种分类等级，是根据工作名称并按升值顺序排列的。

表5-5 工作分类说明

三级职员：集中注意日常工作快速而准确，在监督下工作，可能或有可能对最后结果承担责任。
二级职员：不受他人监督，对工作细节十分通晓，有特别的工作技能。人员思想高度集中，特别准确、快速。
一级职员：必须具备二级职员的特点，承担更多的责任。
资深职员：从事技术性和多种多样的工作，偶尔要独立思考并从事困难的工作。这就要求具有特殊的办公室工作能力，并对所在部门的工作原则和业务基础有透彻的了解，在任何范围内都不受他人监督，工作只受有限的检查。人员：可靠，值得信赖，足智多谋，能够制定决策。
解释职员：那些从事或有能力完成工作的主要部分的人员。对工作的综合要求是更能独立思考，而且能够超出监督或日常工作的范围去考虑更深入的问题。

资料来源：〔美〕迈克尔·朱修斯. 人事管理学 [M]. 劳动人事出版社，1987.

等级定义是分类法中最重要、最困难的工作，要求极高，它必须使两个等级之间的技术水平和责任大小显而易见。相对于其他工作来说，等级定义花费的精力最多、时间最长。

第三步，是评价和分类，即由评价人阅读工作分类说明，并依据评价人对工作的相对难度、包括的职责以及必备的知识和经验的理解，来决定每项工作应列入哪一等级。

如果上一步工作中等级定义精细明确，那么这一步工作就相当容易了。但如果定义含糊抽象，评价委员们理解不一，就会影响评价分类的准确性。所以重要的是要把上一步的等级定义做好。

在评价分类中，有一个比较容易的办法，是根据等级定义表明的特征，在每个等级中先选择一个代表性岗位，这样，评价委员们便有了评价其余工作岗位的参照系。随着评价的进行，对单个岗位的划等就变得容易起来了，因为前面划了等的岗位会使后面未划等的岗位都归入了等级，就可以确定每个等级的工资标准了。

(2) 分类法的优缺点。分类法的优点是：简便易行，并容易理解；同时，不会花费很多的时间，也不需要技术上的帮助。在一个单位较小，工作不太复杂或种类不多，以及受到时间和财务的限制不能采用其他方法时，就应利用分类法。分类法比起排列法来，更准确、客观，因为等级定义都是以选定的要素为依据的；还由于等级的数目及其相互间的关系能在各个岗位划等之前就确定了，所以等级结构能真实地反映有关组织的结构。从实践上看，长期以来，分类法在工业部门中也曾被应用过，但最广泛地还是被用于薪水制的工作中，尤其是政府部门和服务行业中。例如，美国联邦公务员的职位分类体系就是采用了分类法。

分类法的缺点一般表现为不能很清楚地定义等级。由于定义等级的困难，分类法经常给主观地判断岗位等级留下相当大的余地，这将导致许多争论。由于定义等级的困难，往往在一些分类方案中，先对工作进行分级，之后，再概括出等级定义。这也不失之为一种切实可行的办法。

3. 因素比较法

因素比较法是一种比较计量性的工作评价方法，与工作排序法比较相似，因此可以将它看做是改进的工作排序法。因素比较法与工作排序法的第一个重要区别是排列法只从一个综合的角度比较各种工作，而因素比较法是选择多种报酬因素，然后按照每种因素分别排列一次。因素比较法与工作排序法的第二个区别是因素比较法是根据每种报酬因素得到的评估结果设置一个具体的报酬金额，然后计算出每种工作在各种报酬因素上的报酬总额并把它作为这种工作的薪酬水平。

(1) 因素比较法的步骤。因素比较法的基本实施步骤是：第一，在每一类工作中选择标尺性工作作为比较的基础。所选择的标尺性工作应该是那些在很多组织中都普遍存在、工作的内容又相对稳定同时其市场流行工资率公开的工作。标尺性工作的基本工资是固定的，其他报酬根据基本工资的水平进行调整。第二，把一个工作类别中包括的各种工作的共同因素确定为补偿因素，这些补偿因素可能包括责任、工作环境、精力消耗、体力消耗、教育水平、技能和工作经验等因素。第三，根据标尺性工作所包括的各种补偿因素的规模确定各种标尺性工作在各种补偿因素上应该得到的基本工资，其水平应该参照市场标准，以保证企业报酬体系外部公平性的实现。各种标尺性工作在各种补偿因素上应该得到的报酬金额的总和就是这种标尺性工作的基本工资。第四，将非标尺性工作同标尺性工作的补偿因素逐个进行比较，确定各种非标尺性工作在各种补偿因素上应该得到的报酬金额。这一步骤确保了各种工作之间的内部公平性。第五，将非标尺性工作在各种补偿因素上应该得到的报酬金额加总就是这些非标尺性工作的基本工资。如表 5-6 所示。

表 5-6　因素比较法示例

小时工资率	技　能	努　力	责　任	工作条件
￥0.50			工作 1	
￥1.00	工作 1			工作 2
￥1.50		工作 2		
￥2.00		工作 1	工作 X	
￥2.50	工作 2			工作 3
￥3.00	工作 X			
￥3.50		工作 X	工作 3	工作 X
￥4.00	工作 3			
￥4.50			工作 2	
￥5.00		工作 3		工作 1

资料来源：张一弛. 人力资源管理教程 [M]. 北京：北京大学出版社，1999.

在本例中，工作的补偿因素包括技能、努力、责任和工作条件。工作 1、工作 2 和工作 3 是标尺性工作。工作 1 的小时工资率为 8.5 元（=1.00+2.00+0.50+5.00），工作 2 的小时工资率为 9.5 元，工作 3 的小时工资率为 15 元。如果现在需要评价工作 X，它在各种补偿因素上的地位如表 5-6 中的位置所示，那么就可以知道 X 的小时工资率应该为 12 元。需要指出的是，因素比较法在应用上非常繁复，而且还需要不断根据劳动力市场的变化进行更新，因此这种工作评价方法是应用最不普遍的一种。

（2）因素比较法的优缺点。因素比较法的优点是：把各种不同工作中的相同因素相比较，然后再将各种因素工资累计，使各种不同工作获得较为公平的工作评价。此法是用工作说明书建立工作比较尺度，这意味着任何人只要具备工作评价知识，就能够遵循此法来制定合用的尺度。此法常用五个因素，在这些因素中很少有重复的可能，而且可以简化评价工作。

因素比较法的缺点是：因素定义比较含混，适用范围广泛，但不够精确；因有工资尺度的存在，势必受现行工资的影响，很难避免不公平现象；此法建立比较困难，因为在排列代表性工作顺序时，两端工作虽容易决定，但中间部分却难安排；一个或更多的代表性工作的职务可能变更或责任加重，这样会使这些代表性工作失去代表性的作用；此法中工作比较尺度的建立，步骤复杂，难于向员工说明。

4. 计点评分法

计点评分法又叫点数法。点数法是把工作的构成因素进行分解，然后按照事先设计出来的结构化量表对每种工作要素进行估值。点数方法是目前国外的公司应用最普遍的一种工作评价方法，在开展工作评价的组织中有一半以上采用的都是点数法，近几年中国内各类企事业单位也大多采用的是点数法。

应用点数方法进行工作评价的步骤一般是：第一步，进行工作分析。第二步，选择报酬因素。所谓的报酬因素指的是能够为各种工作的相对价值的比较提供依据的工作特性。常见的报酬因素包括技能、责任、工作条件和努力程度等。一般在工作评价委员会确定报酬因素时，会根据相对于工作的重要性来选择报酬因素。根据情况需要，所选择的报酬因素可能只有一个，也可能包含很多个。从美国企业的经验来看，报酬因素的数目一般在3到25种之间，典型的情况是10种左右。第三步，为各种报酬因素建立结构化量表，来反映各个等级之间的程度差异。在这一过程中，评价委员会要把每种报酬因素在工作中的重要性分为若干等级，按照每种等级差异的大小分别赋予一个相应的点数。在各种等级中，应该给出工作岗位的若干例子，以此作为标尺性工作。

为了使设计出来的量表具有合理的结构，评价委员会首先需要为各种报酬因素的重要性赋予一个权重，报酬因素的权重是与这种因素在工作中的重要性相一致的。假定工作评价委员会决定使用技能、努力、责任和工作条件四种报酬因素，然后决定他们要使用的总点数，如1000。然后根据各种补偿的相对重要性确定分配这些点数。假设技能的权重被确定为20%，那么将有总共200点分配给技能。如果技能被划分为10个等级，每提高一个等级点数增加20点，那么，一项需要掌握最低等级技能的工作在技能方面就应该得到20点，而一项需要掌握次低等级技能的工作在技能方面就应该得到40点，以此类推，如果一个工作需要最高等级的技能，那么它在技能方面就应该得到200点。按照类似的方法，我们可以对努力程度、责任和工作条件进行同样的处理。在设计结构化量表的过程中，每种报酬因素划分的各个相邻级别之间的差距最好相等。表5-7是一个典型的点数法补偿因素的结构化量表。

当我们针对各项工作把它的各种报酬因素的分数加总就是这项工作的总分。当公司中所有的工作岗位的总分数都被计算出来以后，这个公司的薪酬结构也就被建立起来了。虽然每种工作的点数可能都不相同，但是组织出于方便管理的考虑，经常会将某一个点数范围内的所有工作确定为一个工作级别。在一个组织中，如果不同工作系列的报酬因素有差别，或者各个工作系列之间相同的报酬因素的差别程度不同，那么就需要为不同的工作系列设计出不同的报酬因素点数的结构化量表。不难发现，点数法的设计比较复杂，但是一旦设计出来以后，其应用是十分方便的。

表 5-7　一个典型的点数法计划

补偿因素	第一级	第二级	第三级	第四级	第五级
技能					
1. 教育	14	28	42	56	70
2. 经验	22	44	66	88	110
3. 知识	14	28	42	56	70
努力					
4. 体力要求	10	20	30	40	50
5. 心理要求	5	10	15	20	25
责任					
6. 设备/程序	5	10	15	20	25
7. 材料/产品	5	10	15	20	25
8. 他人安全	5	10	15	20	25
9. 他人工作	5	10	15	20	25
工作条件					
10. 工作条件	10	20	30	40	50
11. 危险	5	10	15	20	25

资料来源：张一弛. 人力资源管理教程［M］. 北京：北京大学出版社，1999.

(三) 工作评价的组织实施

1. 工作评价的组织机构

运用工作评价，不但有必要设立一个工作评价委员会，还有必要设立一个或多个评价委员会。委员会的个数和任务，要根据企业规模来确定。一般来说，在大中型企业，可能有必要组成三个层次的机构：

第一个层次：工作评价决策委员会——这是一个高层次的、掌握方向的委员会，由管理人员和工会代表组成。其任务是批准方案计划和分析委员会提出的代表性工作岗位、要素选择及权数；经常检查方案执行的进度；根据需要委派一个工作小组负责一些技术性的工作或为某些特殊任务任命若干负责人。

第二个层次：工作评价实施委员会——这是一个由工作评价技术人员组成的委员会，通常以四至八人组成比较合适。其任务是对各工作岗位进行工作分析，按各工作岗位的重要程度进行排列并确定岗位的工作等级。

由于对评价工作的要求很高，所以必须仔细地选择其成员。对其成员的要求是：有正确、全面的分析和判断能力；有起草精确、清楚的方案和报告的能力；能够被管理人员和工人双方所信任；最重要的是对所有工作有透彻地了解。

实施委员会的人员构成是：

（1）一个资深的顾问。其职责是与经理及工会协商为工作评价起草方案，决定工作分析与评价的形式，规划工作进度；对评价人员给以适当培训。如果企业内部没有这种合适的人员，可以请外面的专家或咨询公司。

（2）一些人事管理专家和劳动定额人员。

（3）一些没有工作经验但经在职培训能够胜任工作的人员。各个成员应当能够回答评价中发生的技术问题。

实施委员会需要工作多长时间，这要由使用什么方法、参与专家的人数及他们的经验，以及企业规模的大小而定。一般估计，在一个有500多名职工的企业，如果使用数量的评价方法，至少需要6～12个月的时间。

第三个层次：执行与申诉受理委员会——这是一个日常执行与维护工作评价的委员会，通常由常设的人力资源管理部门负责。其职责是：处理实行新的岗位等级后出现的申诉和争论，决定有争议岗位的分级是否合适；对工作内容发生变化的岗位组织复评。

对评价人员和申诉处理人员的培训是非常必要的。培训可分为两个阶段：第一阶段是学习工作评价的理论和方法；第二阶段是实地走访与实习工作分析，以获得所必要的技术。培训一般需要4～5周时间。

2. 组织工作评价过程中应注意的问题

要提高工作评价的准确性，除了上面提到的人员选择合理和评价体系设计科学以外，具体评价过程的组织也是极为重要的。管理决策往往要受到各种不同主体主观选择的影响，是一个动态的决策，所以组织好评价过程是从制度上防范机会主义行为的重要手段，这涉及几个关键点。

（1）工作评价会议最好采用集中式全封闭的会议形式。这有两个直接的好处，一是可以提供充分的时间来培训工作评价技术，即使对于较高层的管理者，这项技术也不是很容易掌握的；二是可以使评价委员保持连续思维，评价过程不被日常工作事务所中断，从而更好地保证每个评价者自身评价结果的统一性。另外，出现案例中雷同评价表的原因是有些评价委员出于局部利益考虑，私下协调立场而进行了合谋，通过少部分人的统一评价口径来影响总体的评价结果，那么集中式的评价就可以更好地监督和防范这一逆向选择行为，提高评价的客观性。在实际操作中，我们发现如果让评价委员各自带回评价表还会出现一些问题，比如思路不连贯，有的人因本职工作繁忙让下属或其他人员代为完成，去填写评价表的人不是接受过培训的评价委员，那么评价结果哪有准确性可言。所以集中式的评价是解决这些问题的最好方法。

（2）注意工作评价会议的一些细节有利于提高评价的准确性。首先要把评价会议的程序安排细致，一般的工作评价会议程序为：① 事先印发工作评价体系和全部岗位说明书给每一位评价委员；② 主持者讲解工作评价体系并讨论修改；③ 所有评价委员共同交流岗位信息，要细到与评价要素相关的全部信息；④ 评价委员试评并较正评价宽严尺度；⑤ 各委员独立完成评价；⑥ 数据汇总与整理，得出初步的岗位等级表；⑦ 再次集中讨论评价结果并进行反馈修改。其次，由于各部门主要管理者被纳入评价委员会，所以在交流各部门具体岗位信息时，应利用这些管理者向全体评价委员介绍涉及本部门的岗位信息，必要时可以按照评价要素的要求规范和统一发言内容，以便于比较打分，可以大大提高全体评价委员对所有岗位理解的准确性。最后，在汇总评价表时，一定要去掉一些变异分数，通常可以在每个岗位的各评价委员打分中去掉一个最高分和一个最低分，然后求平均，这一做法可以在很大程度上克服评价委员的本位主义。评价委员人数越多去掉的变异分数也可以增多，如在二十人以上的评价委员会中，去掉四个最高分和四个最低分，也是可以接受的。

除了上面所分析的组织工作评价时应注意的一些问题外，还有一些其他的相关工作要做好，例如要有强有力的决策机制，保证评价会议在民主基础上的集中和正常的讨论秩序；还要有对主持者的充分授权来保证技术培训的效果和会议的效率；采用自动化的办公设备进行演示和评分，以便于评分、修改、统计和信息的交流，也能提高工作评价的效率，从而顺利完成工作评价任务。

3. 日常维护与完善

建立在工作评价基础上的工资结构可以消除旧的工资结构的不合理之处。但是，随着时间的推移，当初工资评价方案所依据的情况会有所改变。这时如不对评价方案做必要的调整和完善，当初的方案就会出现"坏死"。"坏死"的主要原因是技术和工作组织变化所引起的工作内容变化，同时还出现了新的岗位。这样，可能出现的问题是：在采用数量方法评价的地方，按照原来的要素对新岗位评价可能不适用；采用分类法的地方，等级界定可能不适用于不同岗位的变化和发展。在一个正在变得陈旧的方案中，另一个共同的问题是等级堆积。例如，为了稳定基本的工作人员，部门经理会通过调整或重建工作机构来提高工作等级，时间久了，就形成了高等级的堆积。因此，必须把工作评价看做是一个不断完善的过程，所有的评价方案都需要日常维护和定期检查，以防止"坏死"。

（1）日常维护。日常维护工作之一，是对产生的新岗位无一例外地按照建立起来的评价方案及时把它们排列到等级结构中去。

日常维护工作之二是复评。复评是实行工作评价之后，当某些岗位的情况发生变化后，需要对评价过的岗位进行重新评价，以经常保持工作评价的准确性。

当下面所说的四种情况出现时，就应做复评工作：

① 新的工作内容加入了已评定的工作；

② 某些工作从已评定的工作中删除；

③ 由于领导阶层的不满，应重新评审；

④ 由于员工的普遍抱怨，应重新评审。

已经评定的工作，其工作内容，所使用的工具、装备、材料，以及工作环境等有了改变，不论是比原来的工作容易或更复杂，都应定期地举行复评工作，以使工作评价切合实际，不至于流于形式。但有一点是要注意的，对于申请复评的工作，如果不是当初评审时的笔误或显著错误，实际情况没有发生变化，就不要改变初衷。尤其是处理模棱两可的工作，不到万不得已，绝不允许"例外"产生。因为，一个例外会带来以后无数个"例外"，结果使"例外"像堤防缺口一样，一旦被洪水冲开，将会演变成不可收拾的局面。

(2) 定期检查。为了保持工作评价制度能适应新情况并根据需要对其进行修改，通常要建立一个定期检查机构。检查内容是：

① 代表性工作岗位是否还具有代表性，是否需要更新为更具代表性的岗位；

② 检查升级和降级情况；

③ 检查等级堆积；

④ "红圈岗位"的处理情况；

⑤ 要素及权重是否应做必要修改；

⑥ 工资结构是否应进行调整，工资标准是否需要提高。这样做，目的是为了保证工作评价的正常运行。

四、奖金与福利

（一）奖金

奖金是对超额劳动所支付的报酬，是企业薪酬体系的重要组成部分。奖金是根据按劳分配原则对员工工资的补充，是员工报酬收入的重要组成部分。

1. 奖金的作用[①]

一般来说，奖金可以起到以下三个方面的作用。

（1）激励作用。奖金能增加员工收入，体现组织对员工工作结果的认可，因而对员工有激励作用，使员工能够更好地发挥积极性、主动性和创造性。

（2）提高效率。由于奖金计划主要用来考查员工的工作结果及其对组织的贡献，因此，有效的奖励机制能促使员工提高工作效率，改善绩效水平。

（3）稳定人才。合理的奖励机制有助于组织留住优秀人才。当员工的付出与其收入相一致时，员工就会有成就感，就会增加对组织的忠诚度。

---

① 参见刘伟，刘国宁. 人力资源 [M]. 北京：中国言实出版社，2005.

2. 奖金的表现形式

对于不同类型的组织人员有不同的奖金激励方式，大致可以分为三种类型：

（1）针对不同个人的奖励。个人奖励计划是用来奖励达到与工作相关的绩效标准的员工，常见的有计件制、管理激励计划、行为鼓励计划、推荐计划。针对不同类型的组织成员，这里重点阐述三种类型：① 针对管理人员的激励计划，主要分为短期激励和长期激励两种。短期激励是对管理人员完成短期（通常是年度）目标的奖励。长期激励是奖励为组织长期绩效做出贡献的管理人员，长期激励计划可以弥补短期激励计划带来的短期利益行为，使管理工作人员更注重组织的长期发展。② 针对销售人员实施的激励计划，常见的主要有佣金制、基本工资加佣金制、基本工资加奖金制、基本工资加津贴制、基本工资加红利制。③ 针对专业技术人员的激励计划，一般专业技术人员的报酬比较高，而且其成就需要较为强烈，因此，对专业技术人员除了用奖金支付、利润分享以及企业股票认购等计划进行激励外，还应该为其创造良好的工作条件和提供多种学习和培训机会。

（2）针对集体的奖励。当组织中部分工作性质相互依赖，并且员工个人的贡献很难考核时，最适合使用针对集体的奖励计划，这种集体可以是项目组、生产班组、管理团队、部门等。在集体奖励计划中，组织在集体达成事先设定的绩效标准之后，才给集体内的每个员工发放奖金。集体内员工不再只是服从主管的命令，他们必须为实现集体的目标而制订计划。通常的分配方式有三种：① 集体成员平均分配奖金；② 根据个人绩效来分配奖金；③ 按薪酬比例区别奖励。

（3）公司整体计划[①]。全公司奖励计划是在公司超过最低绩效标准时，给员工发放奖金。在组织中，公司整体计划可以将组织的生产率、成本节约或利润率作为基础。公司的整体计划有多种形式，我们仅以分红制、员工股权计划和斯坎伦计划为例。

① 分红制。分红制是将公司利润按事先规定的百分比分配给员工的一种报酬计划。分红计划有多种衍生形式，当前计划、延期计划和联合计划是其三种基本形式：A. 当前计划是利润一经确定即以现金或股票方式向员工支付。B. 延期计划是将公司的待分配资金存入一家不可撤销的信托公司，记在员工个人账户上。C. 联合计划是允许员工现期得到根据公司利润应得的一部分报酬，而另一部分报酬延期支付。

② 员工股权计划。员工股权计划是指公司给予员工购买股票的权利。公司股票代表公司的所有财产价值。公司股份是把股本划分为价值相等的等份。股权是员工购买公司股票的权利。员工只有在行使其股权之后才真正拥有股票。员工行使股权是在公司确定的一段时间期限之后，按指定价格购买股票。员工股权作为一种促进生产力的激励手段，是希望员工集体生产力的提高能最终增加公司股票的价值。

---

① 参见全国经济专业技术资格考试用书编写委员会. 人力资源管理专业知识与实务（初级）[M]. 北京：中国人事出版社，2004.

③ 斯坎伦计划。斯坎伦计划是一种把员工和公司业绩紧密连在一起的利益分享计划。一般指许多或所有员工共同努力以达到公司生产率目标的奖励计划。它是一种成功的集体奖励方法,在小企业中尤为有效。员工因为他们所提建议节省了劳动成本而受到经济奖励。这种计划与其他利益分享计划的不同之处在于强调员工的权利。

(二) 员工福利

1. 职工福利的重要性

从国外的情况来看,在雇员的全部报偿费用中,福利所占的比例普遍在38%以上,有的企业已经上升到50%以上。昨天的"小额优惠"已经成为今天的福利和服务待遇。

从我国的情况来看,以北京市国有企业中的制造业为例,1990—1998年,保险福利占人工成本总额的比例区间为38.4%~31.32%;外商投资企业制造业在44.68%~32.25%。1999年,北京市企业保险福利费用总额229.29亿元,相当于工资总额的37.3%。在保险福利总额中,离休、退休、退职费占55.8%;丧葬、抚恤、救济费占0.3%;医疗卫生费占30.6%;职工生活困难补贴占0.3%;文体宣传费占0.9%;集体福利事业补贴和集体福利设施费占2.4%;计划生育补贴占0.4%;冬季取暖补贴占1%;其他占8.3%。

为什么组织花费这么多金钱来支持福利项目,原因是福利对组织的发展具有许多重要意义。

(1) 吸引优秀员工。优秀员工是组织发展的顶梁柱。以前一直认为,组织主要靠高工资来吸引优秀员工,现在许多企业家认识到,良好的福利有时比高工资更能吸引优秀员工。

(2) 提高员工的士气。良好的福利使员工无后顾之忧,使员工有与组织共荣辱之感,士气必然会高涨。

(3) 降低员工辞职率。员工过高的辞职率必然会使组织的工作受到一定损失,而良好的福利会使很多可能流动的员工打消辞职的念头。

(4) 激励员工。良好的福利会使员工产生由衷的工作满意感,进而激发员工自觉为组织目标而奋斗的动力。

(5) 凝聚员工。组织的凝聚力由许多的因素组成,但良好的福利无疑是一个重要因素,因为良好的福利体现了组织的高层管理者以人为本的经营思想。

(6) 提高企业经济效益。良好的福利一方面可以使员工得到更多的实惠,另一方面用在员工身上的投资会产生更多的回报。

2. 员工福利的概念和范围

对员工福利的界定,有以下不同的角度。

(1) 广义福利与狭义福利。广义的福利泛指在支付工资、奖金之外的所有待遇,包括社会保险在内。狭义的福利是指企业根据劳动者的劳动在工资、奖金，以及社会保险之外的其他待遇。

（2）法定福利与补充福利。法定福利亦称基本福利，是指按照国家法律法规和政策规定必须发生的福利项目，其特点是只要企业建立并存在，就有义务、有责任且必须按照国家统一规定的福利项目和支付标准支付，不受企业所有制性质、经济效益和支付能力的影响。法定福利包括：

① 社会保险。包括生育保险、养老保险、医疗保险、工伤保险、失业保险以及疾病、伤残、遗属三种津贴。

② 法定节假日。按照 1999 年国务院令 270 号颁布的《全国年节及纪念日放假办法》，全年法定节假日为 10 天。

③ 特殊情况下的工资支付。是指除属于社会保险，如病假工资或疾病救济费（疾病津贴）、产假工资（生育津贴）之外的特殊情况下的工资支付。如婚丧假工资、探亲假工资。

④ 工资性津贴，包括上下班交通费补贴、洗理费、书报费等。

⑤ 工资总额外补贴项目：

A. 计划生育独生子女补贴；

B. 冬季取暖补贴。

补充福利是指在国家法定的基本福利之外，由企业自定的福利项目。企业补充福利项目的多少、标准的高低，在很大程度上要受到企业经济效益和支付能力的影响以及企业出于自身某种目的的考虑。

补充福利的项目五花八门，可以见到的有：交通补贴；房租补助；免费住房；工作午餐；女工卫生费；通信补助；互助会；职工生活困难补助；财产保险；人寿保险；法律顾问；心理咨询；贷款担保；内部优惠商品；搬家补助；子女医疗费补助等。

（3）集体福利与个人福利。集体福利主要是指全部职工可以享受的公共福利设施。如职工集体生活设施，如职工食堂、托儿所、幼儿园等；集体文化体育设施，如图书馆、阅览室、健身室、浴池、体育场（馆）；医疗设施，如医院、医疗室等。

个人福利是指在个人具备国家及所在企业规定的条件时可以享受的福利。如探亲假、冬季取暖补贴、子女医疗补助、生活困难补助、房租补贴等。

（4）经济性福利与非经济性福利

① 经济性福利

A. 住房性福利：以成本价向员工出售住房，房租补贴等。

B. 交通性福利：为员工免费购买公共汽车月票或地铁月票，用班车接送员工上下班。

C. 饮食性福利：免费供应午餐、慰问性的水果等。

D. 教育培训性福利：员工的脱产进修、短期培训等。

E. 医疗保健性福利：免费为员工进行例行体检，或者打预防针等。

F. 有薪节假：节日、假日以及事假、探亲假、带薪休假等。

G. 文化旅游性福利：为员工过生日而举办的活动，集体的旅游，体育设施的购置。

H. 金融性福利：为员工购买住房提供的低息贷款。

I. 其他生活性福利：直接提供的工作服。

J. 企业补充保险与商业保险：

企业补充保险包括补充养老保险、补充医疗保险等。

商业保险包括：

a. 安全与健康保险：包括人寿保险、意外死亡与肢体残伤保险、医疗保险、病假职业病疗养、特殊工作津贴等；

b. 养老保险金计划；

c. 家庭财产保险等。

② 非经济性福利。企业提供的非经济性福利，基本的目的在于全面改善员工的"工作生活质量"。这类福利形式包括：

A. 咨询性服务：比如免费提供法律咨询和员工心理健康咨询等。

B. 保护性服务：平等就业权利保护（反性别、年龄歧视等）、隐私权保护等。

C. 工作环境保护：比如实行弹性工作时间，缩短工作时间，员工参与民主化管理等。

第四节　练　习　题

一、基本概念

薪酬　企业人工费用　工作评价

二、单选题

1. 挑战性的工作机会属于（　　）。
   A. 直接经济薪酬　　　　　　B. 间接经济薪酬
   C. 经济性薪酬　　　　　　　D. 非经济性薪酬

2. 满足感属于（　　）。
   A. 直接经济薪酬　　　　　　B. 间接经济薪酬
   C. 经济性薪酬　　　　　　　D. 非经济性薪酬

3. 带薪非工作时间属于（　　）。
   A. 直接经济薪酬　　　　　　B. 间接经济薪酬

C. 可变薪酬 D. 非经济性薪酬

4. 下列哪一项不属于工资总额（　　）。
   A. 计时工资 B. 计件工资
   C. 劳动保护的各种支出 D. 加班加点工资

5. 下列哪一项不属于工资总额？（　　）
   A. 有关社会保险和职工福利方面的费用
   B. 计件工资
   C. 计时工资
   D. 加班加点工资

6. 下列哪一项属于工资总额？（　　）
   A. 有关社会保险和职工福利方面的费用
   B. 有关离休、退休、退职人员待遇的各项支出
   C. 津贴和补贴
   D. 实行租赁经营单位的承租人的风险性补偿收入

7. 下列哪一项属于工资总额？（　　）
   A. 有关社会保险和职工福利方面的费用
   B. 有关离休、退休、退职人员待遇的各项支出
   C. 加班加点工资
   D. 实行租赁经营单位的承租人的风险性补偿收入

8. 同一组织中占据相同岗位的人所获薪酬间的比较保证的是薪酬的（　　）。
   A. 外部公平性 B. 内部公平性
   C. 个人公平性 D. 合法性

9. 在社会上和人才市场中，组织的薪酬标准要有吸引力，这体现的是薪酬的（　　）。
   A. 公平性 B. 竞争性
   C. 激励性 D. 合法性

10. 在组织内部各类、各级岗位的薪酬水平上，适当拉开差距，真正体现按贡献分配的原则，这体现的是薪酬的（　　）。
    A. 公平性 B. 竞争性
    C. 激励性 D. 合法性

11. 薪酬水平的制定要考虑组织的承受能力，这体现的是薪酬的（　　）。
    A. 公平性 B. 竞争性
    C. 激励性 D. 经济性

12. 企业支付的工资不违反《最低工资标准》规定体现的是薪酬的（　　）。
    A. 公平性 B. 竞争性

C. 激励性 D. 合法性

13. 下列哪项是薪酬制定的外部制约因素？（   ）。
    A. 劳动力市场的供需关系与竞争状况
    B. 本单位的业务性质与内容
    C. 组织的经营状况与财政实力
    D. 组织的管理哲学和企业文化

14. 下列哪项是薪酬制定的内部制约因素？（   ）。
    A. 劳动力市场的供需关系与竞争状况
    B. 本单位的业务性质与内容
    C. 地区及行业的特点与惯例
    D. 当地生活水平

15. 能够直接计算得出薪酬标准的工作评价方法是（   ）。
    A. 排列法 B. 分类法
    C. 因素比较法 D. 计点评分法

16. 当组织中部分工作性质相互依赖，并且员工个人的贡献很难考核时，最适合使用（   ）。
    A. 针对集体的奖励 B. 针对不同个人的奖励
    C. 公司整体计划 D. 员工持股计划

17. 下列哪项是非经济性福利？（   ）
    A. 住房性福利 B. 交通性福利
    C. 饮食性福利 D. 工作环境保护

18. 下列哪项是经济性福利？（   ）
    A. 金融性福利 B. 咨询性服务
    C. 保护性服务 D. 工作环境保护

19. 正确的薪酬设计程序是（   ）。
    A. 制定本组织的付酬原则与策略—工作设计与工作分析—薪酬结构设计—工作评价—薪酬调查—薪酬分级和定薪—薪酬制度的执行、控制和调整
    B. 制定本组织的付酬原则与策略—薪酬分级和定薪—工作设计与工作分析—工作评价—薪酬结构设计—薪酬调查—薪酬分级和定薪—薪酬制度的执行、控制和调整
    C. 制定本组织的付酬原则与策略—工作设计与工作分析—工作评价—薪酬结构设计—薪酬调查—薪酬分级和定薪—工作设计与工作分析—薪酬制度的执行、控制和调整
    D. 制定本组织的付酬原则与策略—工作设计与工作分析—工作评价—薪酬结构设计—薪酬调查—薪酬分级和定薪—薪酬制度的执行、控制和调整

三、多选题

1. 下列哪项是非经济性薪酬？（　　）
   A. 满足感　　　　　　　　　　B. 赞扬与地位
   C. 养老金　　　　　　　　　　D. 学习的机会

2. 下列哪项是经济性薪酬？（　　）
   A. 带薪非工作时间　　　　　　B. 赞扬与地位
   C. 养老金　　　　　　　　　　D. 健康以及医疗保健

3. 下列哪项属于工资总额？（　　）
   A. 对购买本企业股票和债券的职工所支付的股息（包括股金分红）和利息
   B. 津贴和补贴
   C. 计件工资
   D. 附加工资、保留工资

4. 下列哪项不属于工资总额？（　　）
   A. 对购买本企业股票和债券的职工所支付的股息（包括股金分红）和利息
   B. 计划生育独生子女补贴
   C. 加班加点工资
   D. 支付给参加企业劳动的在校学生的补贴

5. 下列哪项不属于企业人工费用？（　　）
   A. 从业人员劳动报酬　　　　　B. 社会保险费用
   C. 福利费用　　　　　　　　　D. 劳动保护费用

6. 下列薪酬管理与人力资源管理各环节关系陈述中正确的是（　　）。
   A. 薪酬管理是工作分析的基础
   B. 薪酬管理和绩效管理之间是一种互动的关系
   C. 薪酬政策的变动是改变内部人力资源供给的重要手段
   D. 薪酬管理也有助于塑造良好的组织文化，维护稳定的劳动关系

7. 科学合理薪酬制度的要求有（　　）。
   A. 公平性　　　B. 竞争性　　　C. 激励性　　　D. 合法性

8. 在哪些条件下应重新进行工作评价？（　　）
   A. 新的工作内容加入了已评定的工作
   B. 某些工作从已评定的工作中删除
   C. 由于领导阶层的不满
   D. 由于员工的普遍抱怨

9. 下列哪项是针对个人的奖励计划？（　　）
   A. 针对管理人员的激励计划

B. 针对销售人员实施的激励计划

C. 针对专业技术人员的激励计划

D. 分红制

10. 下列哪项是法定福利？（　　）

    A. 职工食堂　　　　　　　　B. 社会保险

    C. 工资性津贴　　　　　　　D. 通信补助

四、判断题

1. 有关离休、退休、退职人员待遇的各项支出不应列入工资总额。（　　）

2. 劳动保护费用应计入企业人工费用。（　　）

3. 企业劳动分配率越高越好。（　　）

4. 外部公平性是指同一组织中不同岗位所获薪酬应正比于各自的贡献。只要比值一致，便是公平。（　　）

5. 工作评价不能消除供求关系对工资水平的影响，其核心是给工作标定级别。（　　）

6. 工作评价会议最好采用集中式全封闭的会议形式。（　　）

7. 斯坎伦计划的特点在于强调员工的权利。（　　）

五、简答题

1. 简述薪酬的基本形式。

2. 分析薪酬管理的地位和作用。

3. 论述科学合理的薪酬制度的要求。

4. 阐述薪酬设计的程序。

5. 阐述薪酬设计的影响因素。

第六章 绩效管理

第一节 主题案例与知识链接

案例

绩效管理在 GE：从"星星之火"到"成功秘笈"

2004 年 4 月 3 日，《福布斯》杂志公布了最新一期全球 2000 家大企业排名，连续数年名列前茅的通用电气公司（GE）又一次进入"三甲"。GE 成为业界的常青树，与其实施有效绩效管理（EMP）密不可分。

GE 的绩效管理，走过的是一条从"星星之火"到"成功秘笈"的道路，实质上是不断发掘员工潜力，提高员工个人绩效以带动整个组织绩效，实现企业价值增加的过程（*链接 A：绩效管理，参见第 175 页*）。20 世纪 80 年代末 GE 提出"群策群力"（work out）的口号，其宗旨是力图为员工提供广阔的空间，给员工探索创造的机会，让他们承担更重要责任，为他们业绩提高和个人发展营造条件；同时配合有效的经常性，制度性的考核评价体系。这其中蕴涵着绩效管理思想的"点点星火"。经过二十年的发展，GE 已经形成了自己独特的绩效管理系统，并且在这一系统下，实现了组织绩效和员工绩效的双赢。GE 主要的绩效管理做法包括：

1. 每年年初，公司各部门总经理及员工都要自己制订目标工作计划（*链接 B：绩效计划，参见第 177 页*），确定工作任务和具体工作制度，计划要提请上级主管经理批审并在双方协商的基础上确认。

2. 在计划执行过程中，每季度进行一次小结，发现执行中的误区，经理写出评语，提出下一阶段工作改进目标，从而对计划执行有效监控和指导。

3. 主管经理基于季度考核结果、年度考核结果、员工表现及客观因素，确定员工在公司各考核指标下所评定的等级，写出评语报告，对评出的杰出人物还要附上其贡献和成果报告,并提出对他们的使用建议和方向 (链接C:绩效的考核方法,参见第185页)。对等级差的职员也要附有专门报告和使用建议。

4. 员工的评价报告要经本人复阅签字,然后由上一级经理批准。中层以上报告和使用要由上一级人事部门经理和总裁批准。

5. 根据员工的考核结果确定是否提高工资、晋升职务,发放奖金 (链接D:绩效考核结果的运用,参见第184页);并根据员工个人职业生涯计划与企业战略的结合点,给予优秀员工培训机会。

6. 年底作总体性考核,先由本人填写总结表,按公司统一考核标准,衡量自己一年来工作完成情况,得出自己的考核等级数,交主管经理评审。

GE认为组织内部的沟通是实现员工参与,提高参与效果的重要渠道。有效的沟通可以消除管理中的阻力,以及由于信息不对称所造成的误解和抵制 (链接E:绩效沟通,参见第180页)。同时,沟通可以达到资源共享,优势互补的功效。在GE,沟通贯穿绩效管理的全过程,不仅包括绩效计划、评估标准制定时的沟通,也包括工作实施后评估结果的共识等。

绩效管理的实质是在组织战略框架下,从员工个人计划制订开始,在实施过程中,通过管理者的监督与指导,采取有效的绩效改进措施,使得员工业绩提高,发挥创造力。建立科学的考核标准,对员工的日常表现及工作结果进行考评,并将评价结果与员工沟通,取得认同之后实施激励与培训计划,使员工带着高昂的工作热情进入下一个绩效管理周期 (链接F:绩效考核周期,参见第180页)。

资料来源:中国人力资源开发网,http://www.chinahrd.net/case/info/49463 (有改动)。

第二节　绩效管理概述

在企业管理中,许多管理者都有这样的体会:给员工调整工资和发奖金是一件非常不容易的事情,如果劳动报酬的支付标准和方案不能让大多数员工信服,就会很容易引起员工不满,让员工对企业产生抱怨,甚至导致员工与管理者之间、员工之间的冲突。员工不满意的原因,大多是因为企业无法拿出有说服力的证据,来说明员工工作的优劣程度,这就是绩效考评和绩效管理所要面临的现实问题。绩效考评可以让员工清楚自己在企业的实际表现,了解企业对员工的满意程度和未来的期望,并且也能为员工的晋升和调动提供有力的参考依据。绩效管理是企业人力资源管理的首要目标和重要内容,绩效管理的效果直接关系到企业的经营效益和长远发展。

一、绩效

绩效包括两个层次的含义：一是指组织的绩效；二是指个人的绩效。我们关注的是后者，即个人的绩效。绩效，就是指员工在工作过程中所表现出来的与组织目标相关的并且能够被考评的工作业绩、工作能力和工作态度，其中工作业绩就是指工作的结果，工作能力和工作态度则是指工作的行为。换句话说，就是指组织成员对组织的贡献，或对组织所具有的价值。具体表现为完成工作的数量、质量、成本费用以及为企业做出的其他贡献等。

一般来说，绩效具有多因性、多维性和动态性三个主要特点。多因性是指员工的绩效受多种因素的影响，既包括外部环境因素，如组织制度、激励机制、工作的设备和场所、机会，也包括员工个体的因素，如智商、性格、价值观、技能和知识结构等；多维性就是指员工的绩效往往体现在多个方面，要从多个角度去分析，才能取得比较合理的、客观的、易接受的结果，比如我们可以从工作业绩、工作能力和工作态度三方面来评价员工的绩效；动态性是指员工绩效并不是固定不变的，会随着时间、岗位情况等主客观条件的变化而变化。

二、绩效考评

考评是考核和评价的总称。考核是为评价提供事实依据，只有基于客观考核基础上的评价才是公平合理的，考核的结果也只有通过评价才能得以进一步的运用。绩效考核是用量化的指标和手段对员工的业绩进行客观描述的过程，绩效评价是应用考核结果的描述，按照一定的标准来确定绩效的高低，并做出评定。

绩效考评，也称为绩效评估，是针对企业员工所承担的工作，对照工作目标或绩效标准，应用多种定性和定量评价方法，对员工工作业绩进行区分性鉴别，以评定员工的工作目标完成情况、员工的工作职责履行程度和员工的发展情况等，并将上述结果反馈给员工，以便形成客观公正的人事决策的过程。绩效考评从制订考评计划开始，确定考评的标准和方法，通过对员工的工作业绩进行考核评价，最后将考核结果运用到相关人事决策（晋升、降职、调岗、解雇、薪酬调整、奖金发放）中去。绩效考评的实质是将实际结果与计划进行比较的系统，是一套正式的、结构化的制度，考评的最终目的是让员工清楚企业对自己的真实评价和期望，影响和改善员工的工作行为，以达到企业的经营目标，并提高员工的满意程度和未来的成就感。

绩效考核标准是对员工绩效进行考核的依据和尺度。一般来说，绩效考核指标要尽量数量化、可操作化，对一些无法操作的行为指标，要找出关键特征行为，予以等级评定，以实现量化处理。

三、绩效管理

绩效管理是指管理者与员工通过持续开放的沟通，就组织目标和目标实现方式达成共识，共同制定员工的绩效目标，收集与绩效有关的信息，定期对员工的绩效目标完成情况做出评价和反馈，分析存在的问题，提出解决方案，以确保员工的工作活动和工作产出与组织保持一致，不断提升工作绩效，进而保证组织目标完成的管理过程。其主要目的在于建立客观、有效、简洁的绩效优化体系，实现组织和个人绩效的紧密融合。绩效管理有助于提升企业的绩效、有助于保证员工行为和企业目标的一致、有助于提高员工的满意度和促进员工的自我发展。绩效的管理过程一般由绩效计划、绩效沟通、绩效考核和绩效反馈四个部分组成。如图 6-1 所示。

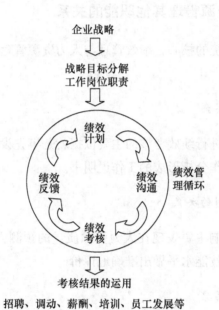

图 6-1　绩效管理的过程

四、绩效考评与绩效管理的联系和区别

绩效考评是绩效管理中的一个核心组成部分，是绩效管理过程中的局部环节和手段，通过绩效考评可以为组织绩效管理提供信息资料，帮助组织不断提高绩效管理的水平和有效性，使绩效管理真正帮助管理者改善和提高管理水平。

绩效管理是一个过程，贯穿于日常工作，循环往复进行，而绩效考评是一个阶段性的总结，只出现在特定时期；绩效管理以动态持续的绩效沟通为核心，注重双向的交流、沟通、监督、评价，而绩效考评只注重事后的评价；绩效管理充分考虑员工的个人发展需要，为员工能力开发与教育培训提供各种指导，注重个人素质能力的全面提升，而绩效考评只注重员工的考评成绩。绩效管理与绩效考评的区别如表6-1所示。

表 6-1 绩效管理与绩效考评的区别

绩效管理	绩效考评
一个完整的管理过程	管理过程中的局部环节和手段
侧重于信息沟通与绩效提高	侧重于判断和评估
伴随管理活动的全过程	只出现在特定的时期
事先的沟通与承诺	事后的评价
关注未来绩效	关注过去绩效

五、绩效管理与人力资源管理其他职能的关系

作为人力资源管理系统的核心，绩效管理与人力资源管理的其他职能活动之间存在着密切关系。

（一）与工作分析的关系

绩效管理中，对员工进行绩效考核的主要依据就是事先设定的绩效目标，而绩效目标的内容大多都来自通过工作分析形成的工作说明书。

（二）与人力资源规划的关系

对人力资源规划的影响主要表现在人力资源质量的预测方面，借助于绩效管理系统，能够对员工目前的知识和技能水平做出准确地评价。

（三）与招聘录用的关系

绩效管理与招聘录用的关系是双向的，首先，通过对员工的绩效进行评价，能够对不同招聘渠道的质量做出比较，从而可以实现对招聘渠道的优化；此外，对员工绩效的评价也是检测甄选录用效度的一个有效手段；其次，如果招聘录用的质量比较高，员工在实际工作中就会表现出较高的绩效水平，这样就可减轻绩效管理的负担。

（四）与培训开发的关系

两者也是相互影响的，通过对员工的绩效做出评价，可以发现培训的"压力点"，从而确定培训需求；同时，培训开发也是改进员工绩效水平的一个重要手段，有助于实现绩效管理的目标。

(五) 与薪酬管理的关系

两者关系是最为直接的，按照赫茨伯格的双因素理论，如果将员工的薪酬与绩效挂钩，就可以将薪酬从保健因素转变为激励因素，从而发挥更大的激励作用。此外，按照公平理论，支付给员工的薪酬应当具有公平性，一方面使员工的付出能够得到相应的回报，实现薪酬的自我公平；另一方面，也使绩效不同的员工得到不同的报酬，实现薪酬的内部公平。

第三节 绩效管理的流程

在实践中，绩效管理的流程可以分为四个阶段：准备阶段、实施阶段、反馈阶段和运用阶段。

一、准备阶段

准备阶段是整个绩效管理过程的开始，这一阶段主要是要完成制订绩效计划的任务，由管理人员和员工一起就绩效目标、过程和手段进行讨论并达成一致，确定出员工的绩效考核目标和绩效考核周期，是一个确定组织对员工的绩效期望并得到员工认可的过程。见图 6-2。

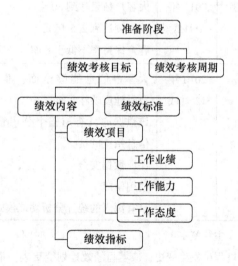

图 6-2 绩效管理的准备过程

绩效计划是管理人员和员工双向沟通的过程，一方面管理人员需要向员工说明部门对员工的期望与要求；另一方面，员工也需要向管理人员沟通自己的认识、疑惑、可能遇到的困难及需要的资源支持等。只有当员工参与并承诺接受某一目标时，这一目标实现的可能性才会增大。搜集制订绩效计划所需要的各种信息，包括：一是组织近几年的绩效管理资料，如历年的绩效计划、组织和员工近期的绩效考核结果等；二是工作分析的相关资料，如岗位说明书、部门的职能职责等；三是组织最新的战略管理资料，如组织的目标、组织在该绩效周期的发展战略等。在实际工作中，绩效计划制订后并不是不可改变的，往往会需要根据实际情况及时做出相应调整。下表为某公司大客户部经理的绩效计划示例。

表6-2 某公司绩效目标计划

受约人：李子明　　　岗位：大客户部经理　　　　　　直接主管：市场部经理
绩效期间：2010年9月1日至2011年1月31日

工作目标	主要产出	完成期限	衡量标准	评估来源	所占权重%
完善《大客户管理规范》	修订后的《大客户管理规范》	2010年9月底	大客户管理的责任明确 大客户管理的流程清晰 大客户的需要在管理规范中得到体现	主管评估	20
调整部门内的组织结构	新的团队组织结构	2010年10月15日	能够以小组的形式面对大客户 团队成员的优势能够进行互补和发挥	主管评估 下属评估	10
完成对大客户的销售目标	大客户的数量 销售额 客户保持率	2011年1月底	大客户数量达到30个 销售额达到2.5亿元 客户保持率不低于80%	销售记录	50
建立大客户数据库	大客户数据库	2010年12月底	大客户信息能够全面、准确、及时地反映在数据库中 该数据库具有与整个公司管理信息系统的接口 保证数据安全 使用便捷 具有深入的统计分析功能模式	主管评估	20

受约人签字：　　　　　　主管签字：　　　　　　时间：

注：本绩效计划若在实施过程中发生变更，应填写绩效计划变更表。最终的绩效评估以变更后的绩效计划为准。

资源来源：武欣. 绩效管理实务［M］. 北京：机械工业出版社，2002.（有改动）

（一）绩效考核目标

绩效考核目标，也叫绩效目标，是对员工在绩效考核期间工作任务和工作要求所做的规定，是对员工进行绩效考核时的参照系。由绩效内容和绩效标准组成。绩效目标的确定大致有三个来源：一是上级部门的绩效目标；二是岗位职责规定；三是内、外部客户的需求。

1. 绩效内容

绩效内容界定了员工的工作任务，也就是说员工在绩效考核期间应当完成什么样的事情，它包括绩效项目和绩效指标。

绩效项目指从哪些方面对员工的绩效进行考核，通常包括三个项目：工作业绩、工作能力和工作态度。

绩效指标是指绩效项目的具体内容，可以理解为是对绩效项目的进一步分解和细化。例如对某一岗位，工作能力这一考核项目可细化为分析判断能力、沟通协调能力、组织指挥能力、开拓创新能力、公共关系能力以及决策行动能力等六项更为具体的指标。

对于工作业绩，设定指标时一般要从数量、质量、成本和时间四个方面进行考虑；对工作能力和工作态度，则要具体情况具体对待。绩效指标的确定，有助于保证绩效考核的客观性。在操作时要注意以下几个问题。

（1）绩效指标应当有效、界定清晰。绩效指标应当涵盖员工的全部工作内容，不能有缺失，也不能有溢出，应当依据工作说明书的内容来确定绩效指标。

（2）绩效指标应当具体，不能过于笼统，如考核老师的工作业绩时，"授课情况"作为指标就不具体，应当将其分解成更具体的指标：如"上课的准时性"、"讲课内容的逻辑性"、"学生的接受程度"等。

（3）绩效指标应当具有差异性和变动性。不同岗位的考核指标在总体绩效中所占的比重是有差异的，比如对办公室主任的公关能力要求就要比对计划能力的要求重要，而建设工程部的经理却可能正好相反。因为不同的指标对员工绩效的贡献是不同的，这种差异形式通过各个指标的权重来体现。同时，在不同时期和对工作要求重点的变化，也会要求绩效指标进行相应地变化。

2. 绩效标准

绩效标准明确要求了员工应当怎样做或者做到什么样的程度。如"产品的合格率达到98%"，"接到顾客投诉后48小时内给予答复"等。在确定绩效标准时应当具体，尽可能地使用量化的标准，如使用数字、百分比和时间等量化形式。对于不易量化的能力和态度的工作指标来说，可以给出几个行为等级的具体描述，尽量使其绩效标准相对明确，可操作化，因为"凡是无法衡量的，就无法控制。"标准的制定要具有一定的难度，应当在员工经过努力就可以实现的范围内制定。同时，要注意绩效标准要随着工作情况变化进行相应调整。

3. 绩效目标设计的"SMART"原则

第一，绩效目标必须是具体的（Specific）；

第二，绩效目标必须是可衡量的（Measurable）；

第三，绩效目标必须是可达到的（Attainable），不能因指标的无法达成而使员工产生挫折感，但这并不否定其应具有挑战性；

第四，绩效目标必须是相关的（Relevant），它必须与公司的战略目标、部门的任务及职责相联系；

第五，绩效目标必须是以时间为基础的（Time-based），即必须有明确的时间要求。

（二）绩效考核周期

绩效考核周期，也可以叫做绩效考核期限，是指对员工进行一次绩效考核的时间限定。由于绩效考核需要耗费一定的人力、物力，因此考核周期过短，会增加企业管理成本；但如果绩效考核周期过长，又会降低绩效考核的准确性，不利于员工工作绩效的改进，从而会影响绩效管理的效果。确定出恰当的绩效考核周期，一是要考虑到岗位的性质，一般来说，职业的工作绩效比较容易考核，考核周期相对就短一些。如工人的考核周期相比管理人员的要短；二是要考虑指标的性质。性质稳定的指标，考核周期相对要长一些，如工作能力比工作态度相对要稳定，其考核周期也要长一些。

二、实施阶段

准备阶段之后就是实施阶段，这一阶段主要是完成绩效沟通和绩效考核两项任务。

（一）绩效沟通

绩效沟通是指在整个考核周期内，上级和员工之间通过持续的沟通，给予员工必要的指导和建议，来预防或解决员工实现绩效时可能发生的各种问题，帮助员工实现绩效目标的过程。

管理人员与员工的沟通方式通常可以分为两种：一种是正式的沟通，包括书面报告（如工作日志、周报、月报、季报、年报等）、会议、正式面谈；另一种是非正式沟通，包括走动式管理、开放式办公室、休息时间的沟通、非正式会议。与正式的沟通相比，非正式沟通更能容易让员工恰当地表达自己的想法，沟通的氛围也更加宽松融洽。

员工在执行绩效计划的过程中一般需要了解两类信息：一是如何能及时获得相应的资源支持和帮助，解决工作中遇到的困难和障碍；二是希望在工作中能不断地得到关于自己绩效的反馈信息。在绩效实施过程中，管理人员应当与员工进行持续的沟通，以便适时对绩效目标进行调整，就绩效执行情况与员工进行必要的沟通交流，准确记录并定期汇总员工工作中的关键事件，帮助员工完成任务。

（二）绩效考核

在绩效考核过程中，首先要确定考核主体，再选择适当的考核方法，对员工完成绩效目标的情况做出评价，同时要避免考评过程中的一些误区。

1. 考核主体

考核主体是指对员工的绩效结果进行考核的人员，一般包括五类：上级、同事、下级、员工本人和客户，见图6-3。

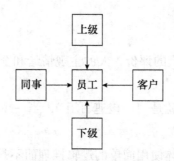

图6-3 评价主体示意图

（1）上级。上级是最为主要的考核主体，他们通常最了解员工的工作情况，上级考核有助于实现管理目标，但上级考核信息来源单一，容易产生个人偏见。

（2）同事。对员工的工作情况也比较了解，对考核的内容较为熟悉，多个同事参与考核，可以避免个人的偏见，但同事之间复杂的人际关系可能会影响考核的公正性，造成同事之间相互猜疑，影响同事之间的关系。

（3）下级。下级参与考核，可以促使上级关心下级的工作，建立融洽的员工关系。其不足之处是下级往往存在顾忌，不敢真实反映情况。

（4）员工本人。能够增强员工的参与感，有助于员工对考核结果的接受，但员工对自己的评价容易偏高。当自我考核和其他主体考核的结果差异较大时，易产生矛盾。

（5）客户。有助于员工关注工作结果，提高工作质量。缺点是客户侧重于员工的工作结果，不了解实际工作情况，考核结果的准确性和可靠性不高，不利于对员工的全面评价；再者有些岗位的客户难以确定。

2. 考核方法

绩效考核的方法有很多，详见下一节介绍。

3. 考核内容

企业里有着众多的工作岗位，各个岗位对人员的考核要求不同，要针对不同的员工采取不同的考核指标。

（1）一线员工。对一线人员的考核主要以能力考核为主，以岗位要求的应知、应会的技能知识及实际操作的技术技能为标准进行考核。

（2）中层人员。中层人员主要包括技术人员、管理人员以及行政人员，对他们要从多方面、多角度进行考核，具体可参考五个方面：品德、能力、工作态度、工作业绩以及个性适应。

（3）高层人员。企业中的高层人员主要是指部门经理级以上的高层管理人员，他们对企业发展中的关键事件拥有决策权，一旦用才不当，很有可能导致优秀人才的流失或使企业面临困境。对高层人员的考核，要以工作业绩的考核为核心，侧重于对其组织领导能力的考核。

4. 绩效考核中的误区

由于绩效考核是一种人对人的评价，人的主观情绪和个人偏见的存在会对考核的效果产生影响，容易产生一些误区。

（1）光环效应。通俗地讲就是"一俊遮百丑"，当一个人有一个显著优点时，人们会误以为他在其他方面也一样优秀。

（2）逻辑错误。指考核主体使用简单的逻辑推理而不是根据客观情况来对员工进行评价。如按照"口头表达能力强，那么公共关系能力就强"这种逻辑。

（3）近因效应。一般来说，人们对最近发生的事情记忆深刻，而对以前发生的事情印象浅显。考核人往往会只以被考核人近期的表现和成绩代替被考核人在整个考核期间的绩效表现，造成考核误差。

（4）首因效应。这种错误和近因效应正好相反，考核者根据员工最初的印象和表现而对整个绩效考核周期的绩效做出评价。

（5）对比效应。考核人会不自觉地将被考核人与自己进行比较，以自己作为衡量标准，产生自我比较误差。

（6）溢出效应。这种错误指根据员工在考核周期以外的表现对考核周期内的表现做出评价。例如，生产线上的工人在考核周期前出了一次事故，在考核周期内并没有出现问题，但是由于上次事故而影响其绩效考核结果。

（7）宽大化倾向。考核主体放宽考核的标准，给所有员工的考核结果都比较高。与此类似的错误还有严格化倾向和中心化倾向，前者指掌握的标准过严，给员工的考核结果比较低；后者指对员工的考核结果比较集中，既不过高，也不过低。

（8）理解差异化。指由于考核人对考核指标的理解差异而造成的误差。同样是"优、良、合格、不合格"等标准，不同考核人的理解会有所差异。

（9）感情用事。人是有感情的，而且不可避免地会把感情带入到他所从事的任何一种活动中。绩效考核也不例外，考核人喜欢或不喜欢（熟悉或不熟悉）被考核人，都会对被考核人的考核结果产生影响。

（10）职场压力。当考核结果会直接影响被考核人的薪酬或涉及其职务变更，或者考核人担心在考核沟通时遭受到被考核人的责难时，考核人可能会倾向做出偏高的考核结果。

为了减少甚至避免这些错误，应当采取以下措施：第一，建立完善的绩效目标体系，绩效考核指标和绩效考核标准应当具体、明确；第二，选择恰当的考核主体，尽可能让同一名考核人进行考核，使员工之间的考核结果具有可比性；第三，选择合适的考核方法，例如强制分布法和排序法就可以避免宽大化、严格化和中心化倾向；第四，对考核主体进行培训，使他们在考核工程中能够有意识地避免这些误区；第五，修改考核内容，让考核内容更加明晰，能够量化的尽可能量化。

三、反馈阶段

绩效反馈的过程在很大程度上决定了组织实现绩效管理目的的程度。绩效反馈是指绩效周期结束时，在上级和员工之间进行绩效考核面谈，由上级将考核结果告诉员工，指出员工在绩效考核期间取得的成绩和存在的问题，并一起制定出绩效改进的计划和对策，从而改进和提高绩效，为下一个绩效周期工作的展开做好准备。为了保证绩效的改进，还要对绩效改进计划的执行效果进行跟踪。

（一）反馈面谈前的准备工作

对管理者来说，应做好以下几方面的准备：一是要选择适当的面谈主持者，最好由人力资源部门或高层管理人员担任。因为他们能够代表企业组织的整体利益，有助于保证面谈的质量和效果；二是要选择适当的面谈时间和地点；三是要熟悉被面谈者的相关资料；四是要计划好面谈的程序和进度。

对于员工来说，应该做好以下准备：一是重新回顾自己在一个绩效周期内的行为表现与业绩，收集准备好证明自己绩效的数据和材料；二是要正确对待自己的长处和不足；三是总结并准备好在工作过程中遇到的疑惑及问题，反馈给面谈者，请求组织的理解和帮助。

（二）面谈的实施

面谈内容主要是讨论员工工作目标考核的完成情况，帮助其分析工作成功与失败的原因及下一步努力的方向，并提出解决问题的意见和建议，求得员工的认可和接受。谈话过程中要注意倾听员工的心声，最大限度地维护员工的自尊，保持员工积极的情绪，使面谈达到增进信任，促进工作的目的。面谈结束后，要对面谈信息进行全面的汇总记录，如实反映员工的情况。表6-3是一个绩效反馈面谈表的例子。

表 6-3　绩效反馈面谈表

面谈对象：		岗位编号：	
面谈者：		面谈地点：	
绩效考核结果（总成绩）：			
工作业绩：	工作能力：		工作态度：
上期绩效不良的方面：			
导致上期绩效不良的原因：			
下期绩效改进的计划：			
面谈对象签字：		面谈者签字：	
绩效改进计划执行的情况：			
记录者签字：		时间：	

（三）绩效反馈应注意的问题

为了保证绩效反馈的效果，应当注意以下几个问题。

1. 绩效反馈应当及时

在绩效考核结束后，管理人员应当立即就绩效考核的结果向员工进行反馈。

2. 绩效反馈要指出具体的问题和原因

绩效反馈重点是为了让员工知道自己的不足，要指出具体的问题。例如，不能只告诉员工"你的工作态度有问题"，而应该告诉员工到底怎么不好，比如"在这一个月内你迟到了5次"、"上周开会时讨论的材料你没提前阅读过"等，并和员工一起寻找原因，有针对性地制订改进计划。

3. 绩效反馈不能针对个人

在反馈过程中，关注的只能是员工的工作绩效，而不能是员工本人，以免伤害员工，使之产生抵触情绪，影响反馈的效果。同时要注意绩效反馈时沟通的技巧，控制好面谈时间，一般以20～40分钟之间为宜。

四、运用阶段

绩效管理实施的最后一个阶段是运用阶段，就是说要将绩效考核的结果运用到人力资源管理的其他职能中去，从而真正发挥绩效管理的作用，保证绩效管理目的的实现。绩效考核结果的运用包括两个层次的内容：一是直接根据绩效考核的结果做出相关决策，主要应用于：衡量招聘结果、薪酬发放、职务调整、人员调配、绩效改进等；二是对绩效考核的结果进行分析，为人力资源管理其他职能的实施提供指导和依据，如员工培训与开发和职业生涯发展规划。

为了更好地对绩效考核结果不同表现者的管理，也可参考图6-4人才矩阵模型所示。

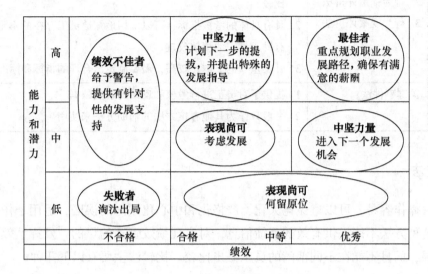

图6-4 人才矩阵模型

第四节 绩效考核方法

绩效考核方法在整个绩效管理体系中只是一个基本条件，但它直接影响到绩效考核计划执行的成效。考核方法的选择应有代表性，必须具备良好的信度和效度，可鉴别出员工的行为差异。目前组织采用的绩效考核方法很多，大致归结为三类，一是比较法，即将员工之间的工作情况进行相互比较，得出对每个员工的评价结论；二是量表法，即将员工的工作与工作标准进行比较；三是描述法，即用叙述性文字来描述员工的工作业绩。如表6-4所示。

表6-4 绩效考核方法

方法种类		主要特点
比较法	1. 简单排序法	1. 简单、容易操作
	2. 交替排序法	2. 适用于作为奖惩的依据
	3. 成对比较法	3. 无法提供有效的反馈信息
	4. 强制分布法	4. 无法对不同部门之间的员工做出比较

(续 表)

方法种类		主要特点
量表法	1. 等级评价法 2. 行为锚定评价法 3. 行为观察评价法	1. 具有客观的标准，可以在不同的部门之间进行考核结果的横向比较 2. 具有具体的考核指标，可以确切地知道员工存在的不足和问题，有助于员工的绩效改进 3. 开发量表的成本比较高，需要制定出合理的指标和标准
描述法	关键事件法	1. 提供了对员工进行考核和反馈的事实依据 2. 一般只作为其他考核方法的辅助方法来使用

一、比较法

比较法操作容易，可以避免宽大化、严格化和中心化倾向的误区，适用于作为奖惩的依据。但这种方法不能提供有效的反馈信息，对实现绩效管理的目的，发挥绩效管理的作用帮助有限，而且不能在不同部门的员工做出比较。比较法主要有以下几种。

（一）简单排序法

简单排序法也叫排队法，评价者将员工按照工作业绩的总体情况从最好到最差进行排序。这种方法所需要的时间成本很少，简便易行，一般适用于员工数量比较少的考核需求。

（二）交替排序法

交替排序法（Alternation Ranking Method）是简单排序法的一个变形。考核者首先挑选出最好的员工，然后挑选出最差的员工，将他们分别列为第一名和最后一名，然后在剩余的员工中再选择出最好的员工作为整个序列的第二名，选择出最差的员工作为倒数第二名。依次类推，直到将所有员工排列完毕，就可以得到所有员工的一个完整排序。因为这种方法是在员工间进行比较，会迫使员工之间相互竞争，容易对员工造成心理压力。

（三）成对比较法

成对比较法（Paired Comparison）是考核者根据某一标准将每一员工与其他员工进行逐一比较，并将每一次比较后的优胜者选出。最后，根据每一员工净胜次数的多少进行排序。每一次比较时，给表现好的员工记"＋"，另一个员工就记"－"。所有员工都比较过以后，计算每个员工"＋"的个数，个数越多，名次就排在越前，依此对员工做出最终考核。见表6-5。

表6-5 成对比较法示例

	A	B	C	D	E	"+"的个数	排序
A		-	-	+	+	2	3
B	+		+	+	+	4	1
C	+	-		+	+	3	2
D	-	-	-		-	0	5
E	-	-	-	+		1	4

例如，A 与 D 相比，A 强于 D，就在对应的栏目中记"+"；而 A 与 C 相比则不如他，就记"-"。这样，5 个员工全部比较过以后，计算他们的"+"的个数，A 是 2 个，B 是 4 个，C 是 3 个，E 是 1 个，D 则没有。这 5 个员工优劣顺序就很容易比较出来，B 第一，以下依次为 C、A、E、D。

（四）强制分布法

强制分布法（Forced Distribution Method）实际上也是将员工进行相互比较的一种员工排序方法，只不过它是对员工按照组别进行排序，而不是将员工个人进行排序。其理论依据是数理统计中的正态分布概念，认为员工的业绩水平服从正态分布，因此可以将所有员工分为杰出的、高于一般的、一般的、低于一般的和不合格的五种情况，其分布的典型形式如表 6-6 所示。强制分布的优点是可以克服考核者过分宽容或过分严厉的倾向，也可以克服不分优劣的平均主义。但是其缺点也十分明显，如果员工的业绩水平事实上不符合所设定的分布状态，那么按照考核者的设想对员工进行强制区别将会容易引起员工不满。一般而言，当被评价的员工人数比较多，而且评价者又不只一个人时，用强制分布会比较有效。

表6-6 强制分布法举例

员工总数	分布比例				
	杰出的（10%）	高于一般（20%）	一般的（40%）	低于一般的（20%）	不合格（10%）
100	10人	20人	40人	20人	10人

二、量表法

量表法就是指将绩效考核的指标和标准制作成量表，以此为依据对员工的绩效进行考核。这是最常用的一类方法，其优点是有客观的标准，可以在不同部门之间进行考核结果的横向比较；有具体的考核指标，就可以确切地知道员工存在的不足，有助于员工绩效的改进。不足之处是开发量表的成本比较高,需要制定出合理的指标和标准,才能保证考核的效果。量表法主要有以下几种。

(一) 等级评价法

这种方法是在量表中列出需要考核的绩效指标,将每个指标的标准区分成不同的等级,每个等级都对应一个分数,如假定优秀为5分,良好为4分,满意为3分,尚可为2分,不满意为1分,并设定相应权重。考核主体根据员工的表现,给每个指标选择一个等级,然后汇总所有等级的分数,就可以得到员工的考核结果(如表6-7所示)。其优点是适应性强,相对比较容易操作,且考核成本也比较低。

表6-7 等级评价法示例

员工姓名:		工作部门:		评价者:		日期:	
评价标准	权重(%)	优秀(5分)	良好(4分)	满意(3分)	尚可(2分)	不满意(1分)	得分
工作质量	25						
工作能力	15						
合作精神	20						
可靠性	15						
创造性	15						
工作纪律	10						
得分							

(二) 行为锚定评价法

行为锚定评价法(Behaviorally Anchored Rating Scale,BARS)是结合描述性关键事件法和量化等级评价法的优点,通过用一些特定的关于优良绩效和不良绩效的描述性事例来对一个量化的尺度加以解释(或锚定)。因此,行为锚定评价法为评价者提供了明确而客观的评价标准,适用于强调行为表现的工作岗位的绩效评价。其主要的缺点是设计和实施成本比较高,经常需要聘请人力资源管理专家帮助设计和测试,要花费大量时间和费用。

行为锚定评价考核体系设计的步骤是:

第一,主管人员确定工作所包含的活动类别或者绩效指标;

第二,主管人员为各种绩效指标撰写一组关键事件;

第三,由一组处于中间立场的管理人员为每一个评价指标选择关键事件,并确定每一个绩效等级与关键事件的对应关系;

第四，将每个评价指标中包含的关键事件从好到坏进行排列，建立行为锚定评价法考核体系。

表6-8是针对客户服务这一关键事件制作的七级评价表。在这个表中，最积极的结果是"把握长远赢利观点，与客户达成伙伴关系"，它被放在最上一级，最消极的结果是"被动回应客户，拖延和含糊地回答"，被放在最后一级。

表6-8 客户服务行为锚定等级评价表

等　　级	评　　价
7. 把握长远赢利观点，与客户达成伙伴关系 6. 关注顾客潜在需求，能起到专业参谋作用 5. 为顾客而行动，提供超常服务 4. 个人承担责任，能够亲自负责 3. 与客户保持紧密而清晰的沟通 2. 能够跟进客户回应，有问必答 1. 被动回应客户，拖延和含糊地回答	

（三）行为观察评价法

行为观察评价法指在考核各个具体的项目时给出一系列有关的有效行为，考核者通过指出员工表现各种行为的频率来评价员工的工作绩效。例如，将一个5分的量表划分为"几乎没有"到"几乎总是"五个等级，通过将员工在每一种行为上的得分相加得到各个考核项目上的得分，最后根据各个项目的权重得出员工的总得分。行为观察评价法与行为锚定评价法有一些相似，但它在工作绩效评价的角度方面能比后者提供更加明确的标准。表6-9为一个项目工程师工作可靠性设计的评价细目及分数标准示例。

行为观察评价法的优点是能够将企业发展战略和它所期望的行为结合起来，可以向员工提供有效的信息反馈，指导员工如何得到高的绩效评分，使用起来十分简便，员工参与性强，容易被接受；不足之处只适用于行为比较稳定、不太复杂的工作，只有这类工作才能够准确详细地找出有关的有效行为，从而设计出相应的量表，此外不同的评价者在对"几乎没有——几乎总是"的理解上也存在差异，会影响绩效考核的稳定性。由于行为观察评价量表要以岗位分析为基础，且每一个职务的考核都需要单独进行开发，所以开发成本较高。

表6-9　行为观察评价法示例

工作的可靠性（项目工程师）						
1. 有效地管理工作时间						
几乎没有	1	2	3	4	5	几乎总是
2. 能够及时地符合项目的截止期限要求						
几乎没有	1	2	3	4	5	几乎总是
3. 必要时帮助其他员工工作以符合项目的期限要求						
几乎没有	1	2	3	4	5	几乎总是
4. 必要时情愿推迟下班和周末加班工作						
几乎没有	1	2	3	4	5	几乎总是
5. 预测并试图解决可能阻碍项目按期完成的问题						
几乎没有	1	2	3	4	5	几乎总是
<13分	14～16分		17～19分		20～22分	23～25分
很差	差		满意		好	很好

三、描述法

描述法是指考核主体用叙述性文字来描述员工在工作业绩、工作能力和工作态度方面的优缺点，以及需要加以指导的事项和关键性事件等，由此得到对员工的综合考核。通常，这种方法是作为其他考核方法的辅助方法来使用的，因为它提供了对员工进行考核和反馈的事实依据。根据记录事实的不同，描述法可以分为业绩记录法、能力记录法、态度记录法和综合记录法，这里我们对综合记录法中最具代表性的一种方法——关键事件法来进行解释。

关键事件法（Critical Incident Method，CIM）是由美国学者弗拉尼根（Flanagan）和巴拉斯（Baras）共同创立的，就是通过观察，记录下有关工作成败的"关键"性事实，依此对员工进行考核评价。关键性事件的记录要求体现在几个方面：一是所记载的事件既有好事，也有不好的事；二是必须是较突出的、与工作绩效直接相关的事；三是具体的事件与行为，不是对某种品质的评判；四是关键事件的记录本身不是评语，只是素材的积累。

在应用这种考核方法时，负责考核的管理人员把员工在完成工作任务时所表现出来的特别有效的行为和特别无效的行为记录下来，形成一份书面报告。考核者在对员工的优点、缺点和潜在能力进行评论的基础上提出绩效改进的意见。如果考核者能够长期观察员工的工作行为，对员工工作情况十分了解，同时也很公正和坦率，那么这种评价报告将会是富有成效的。这一方法有助于为培训工作提供参考，也有助于评价鉴定面谈。

由于书面报告是对不同员工的不同工作情况进行描述，所以无法在员工之间、团队之间和部门之间进行相应的比较；此外，评价者用自己制定的标准来衡量员工，员工没有参与的机会，因此不适合用于进行人事决策；另外记录关键事件工作耗时耗力，而且存在对关键事件的定义不明确，不同人的理解存在较大差异，容易引起员工与管理者（或记录事件的人员）之间的矛盾。

案例：关键事件记录表

行为者：分管生产的副总——张某	行为者发生时间：2010年9月20日
地点：公司车间	观察者：总经理——赵某
事件发生过程及现象： 20日下午6时——员工快要下班的时间。15日发给A公司的胶带被退回，A公司称胶带不合格，张某未对该事件作任何表示和处理，开车离开了公司。	
行为者的行为结果： 未能及时、正确处理事件。	
分析与解释： 张某可能想在明天上班再来解决退货事件，但这可能给公司带来经济和信用的损失。张某责任心不够强。	
记录者：赵某	记录时间：2010年9月20日

四、系统化的绩效评估工具介绍

（一）关键绩效指标法（KPI）

企业关键绩效指标法（KPI-Key Process Indication）是一种把企业的战略目标分解为可运作的远景目标的工具。关键绩效指标法根据企业的发展战略目标，找出企业的业务重点，设定为企业的关键业绩指标，然后将企业的关键业绩指标分解为部门的关键业绩指标，进一步分解为岗位的关键业绩指标。其目的是建立一种机制，将企业战略转化为内部过程和活动，不断增强企业的核心竞争力和持续地取得高效益，使考核体系不仅成为激励约束手段，而且成为战略实施的工具。此法符合一个重要的管理原理"80/20原理"，即80%的工作任务是由20%的关键行为完成的，抓住20%的关键行为，对之进行分析和衡量，这样就能抓住绩效考核的重心。关键绩效指标的核心工作是建立起用于描述组织关键成功要素的关键绩效指标体系。

1. 关键绩效指标法特点

（1）来自于对公司战略目标的分解；

（2）是对绩效构成中可控部分的衡量；

（3）是对重点经营活动的衡量，而不是对所有操作过程的反映；

（4）是组织上下认同的。

2. 如何建立关键绩效指标体系

建立关键绩效指标体系一般有两条主线，按组织结构分解，或按主要流程分解。通常有三种方法来实现：依据部门承担责任的不同建立 KPI 体系；依据职类职种工作性质的不同建立 KPI 体系；依据平衡计分卡（详细介绍见后）建立企业的 KPI 体系。

3. 关键绩效指标对组织发展的意义

（1）作为公司战略目标的分解，关键绩效指标的制定不仅能成为企业员工行为的约束机制，还有力地推动公司战略在各部门得以执行；

（2）为上下级对岗位工作职责和关键绩效的要求有了清晰共识，确保各层各类人员努力方向的一致性；

（3）为绩效管理提供了透明、客观、可衡量的基础；

（4）作为关键经营活动绩效的反映，关键绩效指标帮助员工集中精力处理对公司战略有最大驱动力的方面；

（5）通过定期计算和回顾关键绩效指标执行结果，管理人员能清晰了解经营领域中的关键绩效参数，并及时诊断存在的问题，采取行动及时改进。

4. 关键绩效指标法的不足

关键绩效指标法的重点是在绩效指标与企业战略的挂钩上，虽然它正确地强调了战略的成功实施必须有一套与战略实施紧密相关的关键业绩指标来保证，但却不能彻底将绩效目标分解到企业的基层管理及操作人员，而且关键绩效指标法也还不能提供一套完整的对操作具有具体指导意义的指标框架体系。

（二）平衡计分卡法（BSC）

平衡计分卡（Balanced Score Card，BSC）也是一种战略绩效管理的有力工具，其核心思想就是通过财务（Financial）、客户（Customers）、内部经营过程（Internal Business Progress）、学习与成长（Learning and Growth）四个方面指标之间相互驱动的因果关系（Cause-and-Effect Links）展现组织的战略轨迹，实现绩效考核——绩效改进以及战略实施——战略修正的目标。

平衡计分卡中每一项指标都是一系列因果关系中的一环，通过它们把相关部门的目标同组织的战略联系在一起。之所以称此方法为"平衡（Balanced）"计分卡，是因为这种方法通过财务与非财务考核手段之间的相互补充"平衡",不仅使绩效考核的地位上升到组织的战略层面,而且使之成为组织战略的实施工具。如图6-5所示。

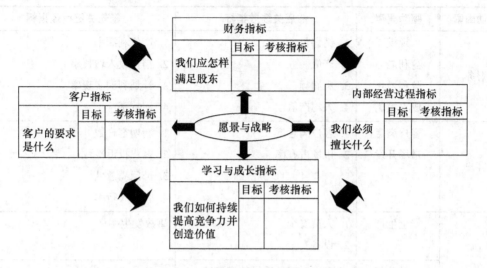

图6-5　平衡计分卡提供的将战略转化为行动的框架

(Source: The Balanced Score card- Measures That Drive Performance by Robert S. Kaplan and David P. Norton from HARVARD BUSINESS REVIEW January- February 1992)

1. 平衡计分卡的特点

平衡计分卡方法突破了财务作为唯一指标的衡量方式,做到了多个方面的平衡,如财务与非财务衡量方法之间的平衡,长期目标与短期目标之间的平衡,外部和内部的平衡,结果和过程的平衡,管理业绩和经营业绩的平衡等多个方面,它能反映组织综合经营状况,使业绩评价趋于平衡和完善。平衡计分卡就如同飞机驾驶舱内的导航仪,管理层通过这个"导航仪"的各种指标显示,可以观察企业运行是否良好,哪一方面亮起了红灯,就说明在战略执行过程中哪个方面出现了失衡。这样,企业就可以及时获得反馈信息,并据此及时调整目标和指标,制订相应的解决方案。

平衡计分卡与传统评价体系比较,具有如下特点:

(1) 为企业战略管理提供有力的支持,提高企业整体管理效率;

(2) 注重团队合作,防止企业管理机能失调;

(3) 可提高企业激励作用,扩大员工的参与意识。

平衡计分卡的不足之处在于其使用难度大、工作量极大,且不适用于个人。

2. 基于平衡计分卡绩效考核指标体系

表 6-10 基于平衡计分卡的绩效指标

驱动因素	驱动要素	滞后关绩效指标	领先关键绩效指标
财务	规模 盈利能力 盈利增长 成本控制	1. 销售收入 2. 产值 3. 利润额 4. 人均产值	1. 产值利润率 2. 销售收入增长率 3. 计划利润实现率 4. 回款率
客户	客户满意 市场开发	1. 客户满意度 2. 市场占有率	1. 新增客户数 2. 客户投诉次数 3. 部门满意度 4. 合同履行率
内部管理	安全生产	1. 人员安全 2. 设备安全	事故发生率
	产品质量	1. 客户对产品质量的满意度 2. 参加行业评优情况	1. 废品率 2. 内部质量检查合格率
	生产周期	1. 延期天数 2. 延期率	生产计划完成率
	人员状况	1. 员工满意度（用分数衡量） 2. 关键岗位人员离职率	无
学习成长	管理水平 技术水平 人员素质	1. 人才队伍建设 2. 管理创新 3. 技术提升	1. 骨干员工平均受训时间（小时） 2. 对下属的训练培养 3. 中级以上职称比例

（三）目标管理方法（MBO）

目标管理（Management By Objective，MBO），是管理专家德鲁克 1954 年在其名著《管理实践》中提出的，就是让组织的主管人员和员工共同参与目标的制定，在工作中实行"自我控制"并努力完成工作目标的一种管理制度或方法。在确定目标的过程中，首先要确定总目标，然后对总目标进行分解，逐级展开，通过上下协商，制定出各部门其至员工个人的目标。目标管理法在西方已经成为许多企业和公司的一种制度。

1. 目标管理的特点

（1）共同参与。目标管理是参与管理，上级与下级共同确定目标，目标的实现者同时也是目标的制定者。

（2）系统导向。目标管理用总目标指导分目标，用分目标保证总目标，形成一个目标手段链。

（3）自我控制。目标管理强调自我控制，通过对动机的控制达到对行为的控制。

（4）授权导向。目标管理促使下放过程管理的权力。

（5）结果导向。目标管理注重成果第一的方针。

2. 目标管理的步骤

目标管理的步骤一般来说可以分为以下四步。

第一步，建立一套完整的目标体系。从企业的最高主管部门开始，然后由上而下地逐级确定目标。

第二步，组织实施。目标既定，主管人员就应放手把权力交给下级人员，完成目标主要靠执行者的自我控制。上级的管理应主要体现在指导协助、提供信息以及创造良好的工作环境等方面。

第三步，检查和评价。对各级目标的完成情况，要事先规定期限，定期进行检查。

第四步，确定新的目标，重新开始循环。

目标管理的四个步骤是计划、实施、检查、再制定新的目标。简称 P（Plan）—D（Do）—C（Check）—A（Action）循环。

3. 基于标杆超越的目标管理方法

标杆超越是国外 20 世纪 80 年代发展起来的一种经营管理方法。所谓的标杆超越，是指不断寻找和研究业内外一流的、有名望的企业的最佳实践，以此作为标杆，将本企业的产品、服务和管理等方面实际情况与这些标杆进行定量化考核和比较，分析这些标杆企业达到优秀水平的原因，结合自身实际加以创造性地学习、借鉴并选取改进的最优策略，从而赶超一流企业或创造高绩效的不断循环提高的过程。标杆超越法为企业设计绩效指标体系提供了一个以外部导向为基础的新思路，但容易使组织陷入模仿的漩涡中失去自身的特色，还可能导致决策的失误。

（四）360°反馈评价

360°反馈评价（360°Feedback），也称为全方位评估制度，是一种从不同层面的人员中收集评价信息，从多个视角对员工进行考核的方法，也就是由被考核者本人以及与他有密切来往的人，包括被考核者的上级（权重占60%）、同事（权重占10%）、下级（权重占10%）、客户（权重占10%）和被考核者本人（权重占10%），分别对被考核者进行全方位的匿名评价，然后由专业人士根据各方面的评价结果，对比被考核者的自我评价，向考核者提供反馈，以达到帮助被考核者改变行为、提高能力，改善绩效的目的。

作为一种业绩改进方法，360°反馈评价考核工具在企业中得到了广泛应用，特别适用于如下情况：一是协作性和流程性强的行业企业；二是中层干部和职能服务部门业绩考核；三是员工能力素质培养。

1. 360°反馈评价的特点

（1）全视角。考核者来自企业内外不同层面，信息丰富，考核更全面、更客观。

（2）考核结果误差小。每个层面的考核者都有若干名，考核结果取平均值，可减少个人偏见及评分误差。

（3）针对性强。针对不同的被考核人分别使用不同的考核量表，针对性强。

（4）匿名考核。以保证考核结果的可靠性，减少考核者的顾虑。

2. 360°反馈评价的优点和不足

（1）360°反馈评价的优点

第一，同传统的绩效管理方法相比，360°反馈评价具有更多的信息渠道，可获取更加丰富、多层次的信息。与只有上级对下级的评价方法相比，更有可能发现问题。

第二，提高绩效反馈的可信度。如果只有上级一方的评价结果，员工很有可能对反馈信息持怀疑态度，因为单个评价者会存在偏见。而在360°反馈法中，如果多个评价者的反馈信息是趋同的，那么这个评价一般是很难被质疑的。比如，如果客户、上级、同事和下级都说某人的沟通能力有问题，或许他就更可能接受，因为它是来自不同渠道的信息。

（2）360°反馈评价的不足

第一，被考评者的各类考评人主要由本人提名，存在考核人的选取缺少广泛性、代表性，不排除有提名与自己关系好的人作为考评人的现象；此外由于参与面大，每个个体均带有主观性，可能会产生相互冲突的评价；甚至会出现小团体倾向，使评估失之公正。

第二，由于360°反馈评价侧重于被考核者各方面的综合考核，定性考核分量过大。

第三，收集信息的成本较高，易于流于形式。

第五节 练 习 题

一、基本概念

绩效　绩效考核　绩效管理

二、单选题

1. 由多名同事进行绩效考核的优势是（　　）。

   A. 对下属的表现较为熟悉

   B. 对评价的内容较为熟悉

C. 能够增强员工的参与感

D. 可以有效地预测出此人将来能否在管理方面成功

2. 绩效管理的主要目的在于（　　）。

   A. 向员工反馈绩效考核结果

   B. 向员工传递组织远景目标

   C. 建立客观、有效、简洁的绩效优化体系

   D. 解决员工绩效不佳的办法

3. 绩效管理的核心在于（　　）。

   A. 沟通　　　　B. 考核　　　　C. 反馈　　　　D. 计划

4. 绩效管理过程包括（　　）。

   A. 绩效计划—绩效沟通—绩效考核—绩效反馈

   B. 绩效计划—绩效沟通—绩效反馈—绩效考核

   C. 绩效沟通—绩效计划—绩效考核—绩效反馈

   D. 绩效沟通—绩效计划—绩效反馈—绩效考核

5. 员工的绩效受多种因素的影响，下面哪个选项是属于外部因素（　　）。

   A. 智商　　　　B. 组织制度　　　C. 价值观　　　D. 知识结构

6. 员工的绩效受多种因素的影响，下面哪个选项是属于员工个体因素？（　　）

   A. 组织制度　　　　　　　　B. 激励机制

   C. 工作的设备和场所　　　　D. 价值观

7. 下面哪个选项不是绩效项目包含的内容？（　　）

   A. 工作业绩　　B. 工作能力　　C. 工作关系　　D. 工作态度

8. 由管理人员和员工一起就绩效目标、过程和手段进行讨论并达成一致，确定出员工的绩效考核目标和绩效考核周期，并得到员工认可的过程被称为（　　）。

   A. 绩效计划　　B. 绩效沟通　　C. 目标管理　　D. 绩效反馈

9. 在绩效计划制订时，不需要搜集的信息包括（　　）。

   A. 组织和员工近期的绩效考核结果

   B. 部门和岗位的职责

   C. 组织的社会责任

   D. 组织的目标和发展战略

10. 在绩效考核过程中，考核者可能会根据员工最初的印象和表现而对整个绩效考核周期的绩效做出评价，这种现象是（　　）。

    A. 光环效应　　B. 近因效应　　C. 首因效应　　D. 对比效应

11. 哪类考核者不太了解员工的实际工作情况，考核结果的准确性和可靠性不高？（　　）

    A. 客户　　　　B. 同事　　　　C. 员工本人　　D. 下级

12. 在所有员工中挑出最好的和最差的，排在第一名和最后一名，再在剩下的员工中选择最好的和最差的，排在第二名和倒数第二名，以此类推，这种方法称为（   ）。

   A. 成对比较法   B. 简单排序法   C. 交替排序法   D. 强制分布法

13. 只能把员工分为有限的几种类型，可以克服考核者过分宽容或过分严厉倾向的考核方法是（   ）。

   A. 成对比较法   B. 简单排序法   C. 强制分布法   D. 交替排序法

14. 目标管理法的四个操作步骤是（   ）。

   A. P-A-C-D   B. P-D-C-A   C. P-C-D-A   D. C-D-A-P

15. 具有客观标准，可以在不同部门之间进行考核结果的横向比较，这类考核方法是（   ）。

   A. 目标法   B. 量表法   C. 描述法   D. 比较法

三、多选题

1. 绩效的主要特点是（   ）。

   A. 多因性   B. 关联性   C. 多维性   D. 动态性

2. 绩效管理过程包括（   ）。

   A. 绩效计划   B. 绩效沟通   C. 绩效考核   D. 绩效反馈

3. 考核主体是指对员工的绩效进行考核的人员，一般包括（   ）。

   A. 上级
   B. 同事
   C. 下级
   D. 员工本人
   E. 客户

4. 为保证绩效反馈的效果，应当注意的问题有（   ）。

   A. 反馈应当及时
   B. 反馈要指出具体的问题和原因
   C. 反馈时先要树立管理人员的权威
   D. 反馈不能针对个人

5. 绩效考核的结果主要应用于（   ）。

   A. 衡量招聘结果
   B. 薪酬发放
   C. 人员调配
   D. 绩效改进

6. 下列沟通形式中属于正式沟通的有（   ）。

   A. 书面报告   B. 会议   C. 正式面谈   D. 走动式管理

7. 系统化的绩效评估工具有（   ）。

   A. 关键绩效指标法
   B. 平衡计分卡法
   C. 360°反馈评价
   D. 行为锚定评价法

8. 平衡计分卡是一种战略绩效管理的有力工具，其平衡的四个指标是（   ）。

   A. 财务   B. 客户

C. 学习与成长　　　　　　　　D. 外部市场
E. 内部经营过程

四、判断题

1. 一般来说，绩效考核指标要尽量数量化、可操作化。（　　）
2. 绩效管理是绩效考评中的一个核心组成部分，是绩效考核过程中的局部环节和手段。（　　）
3. 绩效管理过程的准备阶段主要是要完成制订绩效计划的任务。（　　）
4. 目标管理是管理专家德鲁克1954年在其名著《第五项修炼》中提出的。（　　）
5. 反馈面谈前要选择适当的面谈主持者，最好由用人部门人员担任。（　　）
6. 比较法可以避免宽大化、严格化和中心化倾向的误区，适用于作为奖惩的依据。（　　）
7. 强制分布法的假设是员工的业绩水平服从正态分布。（　　）

五、简答题

1. 简述绩效管理与人力资源管理其他职能的关系。
2. 简述绩效考评与绩效管理的联系和区别。
3. 绩效反馈应注意哪些问题？
4. 绩效评价中的常见误区有哪些？
5. 试分析不同绩效评价主体的优缺点。

第七章 培训与开发

第一节 主题案例与知识链接

案例

摩托罗拉大学

2008年,摩托罗拉大学(*链接A:培训与开发的发展趋势,参见第205页*)与天津市滨海新区职业技能培训鉴定中心就共建"摩托罗拉滨海培训中心"达成了意向。随着我国改革开放的进一步深入,人才强企、持续发展的理念与科学发展观进一步深入人心。摩托罗拉公司根据环渤海湾经济发展的需要,对天津市滨海新区的培训需求做了全面考虑,为了使得更多企业获得业绩改进、人才培训和专业培训方面高质量的学习资源,决定与该区职业技能培训鉴定中心合作,把领导力培养、管理开发培训、六西格玛质量改进等课程引入培训项目。

这就是摩托罗拉公司推崇的"创新再创新"的企业文化,它以"帮助客户获得成功"为目标,追求自身的可持续发展。摩托罗拉大学作为摩托罗拉公司企业变革的推动者、企业文化的宣传者,通过员工培训、质量提高等手段,在营销、供应链、工程等企业运营的各个方面实现持续的发展和突破。基于这样的目标和理念,它成立了五大学院:质量学院(主要课程为六西格玛系列培训、绿带和黑带认证)、领导力和管理学院(主要课程为领导人系列培训项目和各类管理训练,包括高级、中级、初级领导力项目)、营销学院(主要课程为营销战略、营销管理和销售管理训练,包括高级、中级、初级销售经理培训)、供应链学院(主要课程为全方位的供应链开发和管理培训,包括供应链管理、采购、生产管理、仓储和物流)、工程学院(主要课程为工程技术人员的知识及能力的训练及认证)(*链接B:培训内容,参见第210页*)。

摩托罗拉的培训系统主要由培训需求分析、培训设计与采购、培训的实施和培训评估四部分组成（链接C：培训与开发的基本程序，参见第206页）。与此相对应，摩托罗拉大学设置了四个职能部门：客户代表部、课程设计部、培训信息中心及课程运作管理部。基于公司发展的要求，摩托罗拉大学提出要为公司发展和员工成长提供"及时而准确的知识"的学习方案，通过长期实践和探索，公司建立了一套完整、先进的员工培训与培养系统。

负责培训需求分析的是摩托罗拉大学客户代表部，它将组织、工作和人员层面的需求分析融为一体。摩托罗拉的培训工作是以客户为导向的，摩托罗拉大学客户代表部的主要职责是与各事业部的人力资源、组织发展部门紧密合作，分析组织现状与组织目标之间的差距，判断这些差距中哪些是可以通过培训解决的，哪些是不能通过培训解决的，并以此确定组织的培训需求，提供组织发展的咨询和培训方案（链接D：培训的需求，参见第206页）。之后，将与各事业部的各级领导合作，制订学员的培训计划。比如，某事业部明年的战略是要申请通过ISO 9000质量体系认证，那么客户代表部就将与该事业部的有关部门合作，对该事业部质量体系方面的培训需求作出分析。首先，分析从理想的状态来看通过ISO 9000质量体系认证的相关人员应该具备哪些方面的知识和经验，对该体系认证的过程应该熟悉到什么程度；然后，对该事业部相关人员的现状进行相关分析，确定他们现有的水平。理想与现实之间的差距就是该事业部当前或认证前急需解决的问题。依据这个"差距"，制订出相关的培训方案。

依据这种分析模型，摩托罗拉大学客户代表部还根据事业部的发展目标和任务，分别对其事业部的各部门和员工个人职业发展计划的培训需求做出分析，并依据找出的"差距"，分别制定相应的培训方案与培训课程。

当然，经过需求分析以后如何采用适当的教学方法也是摩托罗拉大学整个学习系统的组成部分之一。例如，采用"行动学习法"（链接E：培训与开发的方法，参见第214页），即结构化的教育结合实际项目和指导，学以致用、快速见效就是该大学的特色。

资料来源：石金涛. 培训与开发 [M]. 北京：中国人民大学出版社，2009.

第二节　新员工入职培训

企业获取高质量、高素质的人力资源有两个途径：一是从外部招聘；二是对内部员工进行培训，提高员工素质。日本松下电器公司有一句名言："出产品之前先出人才。"其创始人松下幸之助更是强调："一个天才的企业家总是不失时机地把对职员的培养和训练摆在重要的位置"。作为人力资源管理的一项基本职能活动，培训与开发是人力资源实现增值和实施人力资源开发战略的重要而有效的途径。随着人力资源对价值创造贡献的逐渐增加，人力资源的这种增值对企业的意义也日益重要，因此越来越多的企业对培训与开发工作日益重视。

企业通过招聘与录用，吸纳了新的员工。这些新员工对企业目标、企业文化、具体岗位工作的内容要求等方面的理解和掌握往往并不到位，新员工所具备的知识能力可能与实际的工作需要之间还有一定的差距。因此，对于企业来说，很有必要尽快提高新员工的能力水平，对新员工进行入职前的培训，使其尽快融入企业，适应新的工作环境和文化氛围，以积极有效的行动和心态开展工作。

一、新员工入职培训

新员工入职培训（Employee Orientation）亦称岗前培训、职前培训、入职培训，指为新员工提供有关企业和工作的基本背景情况介绍的活动。一般而言，这项活动是企业的一个固定培训项目，由人力资源部门和新员工用人部门合作进行。

新员工入职培训是新员工进入一个新群体过程的一种需要。通过培训，可以消除新员工新进企业产生的焦虑和陌生感，消除一些不切实际的期望，帮助新员工适应新的工作环境，还能加强新员工对企业的认同感和归属感，塑造企业的良好形象，降低员工的离职率。

二、新员工入职培训的内容

（一）企业基本情况及相关制度和政策

（1）企业的创业、成长、发展过程，企业经营战略和目标、经营范围，企业的性质，企业的优势和面临的挑战。

（2）企业的组织结构与部门职责。主要包括企业的部门设置情况、纵横关系以及各部门的职责与权利，主要经理人员等。

（3）企业的产品及市场。主要包括企业主要产品或服务的种类及性能、产品包装及价格、市场销售情况、市场同类产品及厂家和主要客户情况等。

（4）企业的经营理念、企业文化和价值观、行为规范和标准，也包括企业的优秀传统、创始人的故事、企业标识的意义等。

（5）企业的主要设施。包括规定的用餐地点、急救站、员工出入口、停车场、禁区，部门工作休息室、个人物品储藏柜、火灾报警箱、主管办公室等。

企业相关制度和政策主要指企业人事制度与政策，这些与员工的利益密切相关，应详细介绍并确认新员工已全部理解。主要内容有：工资构成与计算方法、奖金与津贴、福利、绩效考核办法与系统、晋升制度、员工培训与开发和职业发展的政策，也包括更详细的劳动纪律、上下班时间、请假规定、报销制度、安全制度、保密制度等。

（二）基本礼仪与工作基础知识

这部分内容对企业文化的建设有着特别意义，主要包括：

（1）问候与措辞；
（2）着装与化妆；
（3）电话礼仪；
（4）指示、命令的接受方式；
（5）报告、联络与协商；
（6）与上级或同事的交往方式；
（7）个人与企业的关系。

（三）部门职能与岗位职责及知识技能

1. 部门职能

主要包括部门目标及最新优先事项或项目、与其他职能部门的关系、部门结构及部门内各项工作之间的关系等。

2. 岗位职责及知识技能

主要包括工作职责说明书、工作流程、工作绩效考核的具体标准和方法、常见的问题及解决办法、工作时间和合作伙伴或服务对象、请求援助的条件和方法、加班要求、规定的记录和报告、设备的领取与维护等。

三、新员工入职培训的方式

新员工入职培训的方式灵活多样，可以是集体授课、研讨会、导师制、教练制，也可以是在岗实地培训，也有的企业会委托专业的培训咨询公司负责，比如采用户外拓展训练等方式。

第三节　培训与开发概述

一、培训与开发的概念

培训与开发（Training and Development）是企业通过各种方式使员工具备完成现在或者将来工作所需要的知识、技能并改变他们的工作态度，以改善员工在现有或将来岗位上的工作业绩，并最终实现企业整体绩效提升的一种计划性和连续性的活动。

培训（Training）是企业向员工提供所必需的知识与技能的过程；开发（Development）则是依据员工需求与组织发展要求对员工的潜能开发以及对职业生涯发展进行系统设计与规划的过程。两者的最终目的都是要通过改善员工的工作业绩来提高企业的整体绩效。其区别见表7-1。

表7-1 培训与开发的区别

	关注	时间	内涵	目标	参与	使用工作经验的程度
培训	当前	较短	较小	为当前做准备	强制	低
开发	未来	较长	较大	为变化做准备	自愿	高

二、培训与开发的目的

（一）提高员工的工作绩效水平

员工通过培训后，可以减少工作中的失误，降低因失误造成的损失。通过完善自身的知识能力结构，提高工作质量和工作效率，提高企业和个人的工作绩效水平。

（二）适应企业外部环境的发展变化，增强组织和个人的应变能力、适应能力和创造能力

企业外部环境正随着生产技术更新发展而不断变化，企业可以花重金购买设备，却不一定能及时获取合适的专门人才，解决的方法正是通过加强培训。培训可以使企业员工的整体素质保持在一个较高的水平上，从而保证企业或组织发展对人力资源的需求。

（三）提高和增进员工对企业的认同感和归属感

培训可以使具有不同价值观、信念，不同工作作风及习惯的人，树立共同的工作理念和行为规范，对员工起到凝聚、规范、导向和激励的作用，从而提升员工对组织的认同和归属。

三、培训与开发的原则

（一）服务企业战略和规划的原则

培训与开发作为人力资源管理系统的一个子系统，要服务于企业的战略和规划，不仅要关注眼前的问题，更要立足于长远的发展。

(二) 理论联系实际，学以致用原则

培训与普通教育的根本区别在于培训强调针对性和实践性，讲究实用实效。要考虑员工特点和情况，制定出适合企业和个人共同发展需要的学习和培训内容。

(三) 全员培训和重点提高结合原则

要有计划、有步骤地培训所有员工，以提高全员素质。但在资源的分配使用上要有侧重，即先培训和开发技术和管理骨干人员，特别是中高层管理人员。

(四) 效益原则

企业作为一种经济组织，从事任何活动都是讲究效益的，都要以最小的投入获得最大的收益。在培训费用一定的情况下，要使培训的效果最大化；或者在培训效果一定的情况下，要使培训的费用最小化。

四、培训与开发的分类

(一) 按照培训对象的不同

可以将培训开发划分为新员工培训和在职员工培训两大类。按照员工所处的层级不同，在职员工培训又可分为基层员工培训、中层员工培训和高层员工培训三类。

(二) 按照培训形式的不同

可以将培训开发划分为在职培训（On-the-Job Training, ONJT）和脱产培训（Off-the-Job Training, OFFJT）两类。在职培训指员工不离开工作岗位，在实际工作过程中接受培训；而脱产培训指员工离开工作岗位，专门接受培训。

(三) 按照培训内容的不同

可以将培训开发划分为知识类培训、技能类培训和态度类培训三大类。

五、培训与开发的发展趋势

当今社会，培训与开发工作更关注企业的战略目标和长远发展，以企业战略规划、人力资源规划为依据制订的培训与开发计划把培训目标与公司的长远发展目标、战略、愿景紧密地联系在一起。培训更注重合作与团队建设，激发员工的学习动机，强调以人为本。许多企业都意识到培训无论在内涵的深度还是在外延的广度上都大大不同于传统意义上的培训，为推进企业发展，相继建立起企业内部大学，如摩托罗拉大学、思科大学、华为大

学、联想管理学院、海尔大学等一批具有企业特点的新型人力资源培训与开发体系应运而生。

第四节 培训与开发的基本程序

培训与开发工作是一项非常复杂的活动。在实践中，企业的培训工作是按照一定的程序和步骤进行的，程序化的培训流程是其可操作性、目的性和有效实施的基本保证。按照培训的时间序列和内在逻辑，通常将一个完整的培训周期划分为四个部分：培训需求分析、培训方案制订、培训实施和培训效果评估。见图7-1，培训与开发运行图。

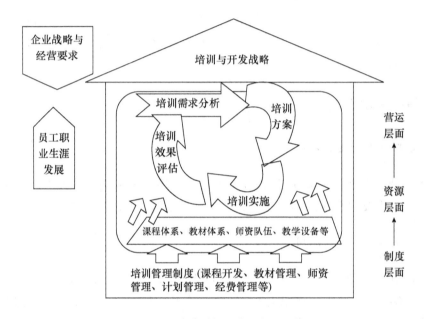

图7-1 培训与开发运行图

一、培训需求分析

（一）培训需求分析的思路

培训前的需求分析是培训与开发工作的起点，它决定着培训的目标和培训活动的方向。关键是详细分析现状与目标之间的差距，还要判断这些差距中哪些是可以通过培训解决的，哪些是不能通过培训解决的，并以此确定培训需求。只有正确把握了培训的需求状况，才能真正有效地组织实施培训。通常培训从三方面进行需求分析：组织分析、任务分析和员工分析。

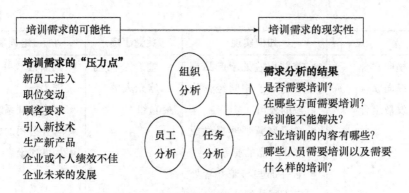

图 7-2 培训需求分析示意图[①]

1. 组织分析

在确认企业组织层面的培训需求时，其主要依据是企业的经营发展战略，还有组织目标、结构、内部文化、政策及未来发展等因素，企业的发展战略不同，经营的重点就会不同，因此培训的重点和方向也不同。不同的企业经营战略（集中型战略、企业内部成长战略、外部成长战略、紧缩投资战略）对应的员工培训的重点见表 7-2。

表 7-2 不同经营战略与员工培训关系

战略	重点	如何实现	关键事项	培训重点
集中战略	• 提高市场份额 • 减少运营成本 • 开拓并维持市场定位	• 提高产品质量 • 提高生产效率或革新技术流程 • 按需要制造产品或提供服务	• 技术交流 • 现有劳动力的开发 • 特殊培训项目	• 团队建设 • 人际交往 • 技能培训 • 在职培训
内部成长战略	• 市场开发 • 产品开发 • 革新 • 合资	• 销售现有产品，增加分销渠道 • 拓展全球市场 • 调整现有产品 • 创造新的或不同的产品 • 通过合伙发展壮大	• 创造新的工作任务 • 革新	• 支持或促进产品价值的高质量沟通 • 文化培训 • 培养创造性思维和分析能力 • 工作中的技术能力 • 对管理者进行的反馈与沟通方面的培训 • 冲突调和技巧培训

---

① 资料来源：董克用，叶向峰. 人力资源管理概论 [M]. 北京：中国人民大学出版社，2004.

(续 表)

战略	重点	如何实现	关键事项	培训重点
外部成长战略（兼并）	● 横向联合 ● 纵向联合 ● 发散组合	● 兼并那些处于产品市场链条上相同经营阶段的公司 ● 自己经营那些提供或购买产品的业务 ● 兼并那些与兼并者处于不同的领域	● 整合公司的富余人员 ● 重组	● 判断被兼并公司雇员的能力 ● 联合培训系统 ● 合并公司的方法和程序 ● 团队建设
紧缩投资战略	● 节约开支 ● 转产 ● 剥离 ● 债务清算	● 降低成本 ● 减少资产 ● 创造利润 ● 重新制定目标 ● 卖掉全部资产	● 效率	● 革新、目标设置、时间管理、压力管理 ● 领导技能培训 ● 人际沟通培训 ● 向外配置的辅助培训 ● 寻找工作技能的培训

资料来源：〔美〕雷蒙德·A. 诺伊等. 人力资源管理［M］. 北京：中国人民大学出版社，2001.

2. 任务分析

任务分析主要是通过查阅工作说明书或具体分析完成某一工作需要的技能，了解员工有效完成该项工作必须具备的条件，并找出差距，确定培训需求。

在进行任务分析时，一般要按照下列步骤来进行：

首先，选择有效的方法，列出一个岗位所要履行的工作任务的清单。

其次，对所列出的任务清单进行确认。包括任务的执行频率、花费时间、难度、复杂程度等。

再次，对每项任务需要达到的标准做出准确的界定，尽量用可以量化的标准来表述，例如"每小时生产20个"。

最后，确定完成每项工作任务的KSA范围，K（knowledge）就是知识，S（skill）就是技能，A（attitude）就是态度。

3. 人员分析

人员分析是针对员工来进行的，包括两个方面的内容：一是对员工个人的绩效做出评价，找出员工目前的现状与绩效标准的差距，以此确认培训需求；二是根据员工的岗位变动计划，将员工现有的状况与未来岗位的要求进行比较，以确定培训需求。通过人员分析，确定出企业中哪些人员需要接受培训以及需要接受什么样的培训。

第七章 培训与开发

表 7-3 培训需求分析的三步体系

分析	目的	方法
组织分析	决定组织中哪里需要培训	• 根据组织长期目标、短期目标、经营计划判定知识和技术需求 • 将组织效率和工作质量与期望水平进行比较 • 制订人事接替计划,对现有员工的知识、技术进行审查 • 评价培训的组织环境
任务分析	决定培训内容应该是什么	• 对于个人工作,分析其业绩评价标准,要求完成任务所必需的知识、技术和态度
人员分析	决定谁应该接受培训和需要什么样的培训	• 通过绩效评估分析造成业绩差距的原因 • 收集和分析关键事件 • 对员工及其上级进行培训需求调查

在实践中,组织分析、任务分析和人员分析并不一定要按照某种特定的顺序来进行,但是,由于组织分析关注的是培训是否与企业的战略目标相匹配,解决的主要是企业层面的问题,因此进行培训需求分析时往往需要首先进行组织分析,其次才是任务分析和人员分析。

(二) 培训需求分析的方法

培训需求分析的方法有很多,其中最常用的方法有四种:观察法、问卷调查法、资料查阅法和访问法。观察法指直接到工作现场,通过观察员工的工作过程来进行培训需求的分析;问卷调查法就是将有关问题编制成问卷,通过让员工填写问卷来收集信息进行培训需求分析;资料查阅法就是通过查阅有关的资料,比如专业期刊、技术手册、工作记录等来对培训需求进行分析;访问法是通过访问的方式来获取信息进行培训需求分析的方法,访问可以是面对面的,也可以借助其他媒介,可以是集体访问,也可以是单独访问。在实践中,企业要根据实际情况来选择合适的方法。表 7-4 是这几种方法优缺点的一个简单比较。

表 7-4 培训需求分析方法的优缺点比较

方法	优点	缺点
观察法	1. 可以得到有关工作环境的信息 2. 将分析活动对工作的干扰降至最低	1. 需要高水平的观察者 2. 员工的行为方式可能因为被观察而受到影响
问卷调查法	1. 费用低 2. 可以从大量人员中收集信息 3. 易于对信息进行归纳总结	1. 耗费时间 2. 回收率可能很低,有些信息可能不符合要求(虚假或隐瞒) 3. 不够具体

(续表)

方　　法	优　　点	缺　　点
资料查阅法	1. 有关工作程序的理想信息来源 2. 目的性强	1. 材料可能过时 2. 需要具备专业知识
访问法	有利于发现培训需求的具体问题及其产生的原因和解决办法	1. 耗费时间 2. 分析难度大 3. 需要高水平的专家

资料来源：孙海法．现代企业人力资源管理［M］．广东：中山大学出版社，p.290.

二、培训方案制订和培训实施

为了保证培训活动的顺利实施，需要根据培训目标制订出培训方案，它是培训目标的具体化与操作化，以此来指导培训的具体实施。一般来说，一个比较完备的培训方案应当涵盖6个"W"和1个"H"的内容，即Why，培训的目标；What，培训的内容；Whom，培训的对象；Who，培训者；When，培训的时间；Where，培训的地点及培训的设施；How，培训的方式方法以及培训的费用。

（一）培训目标

培训目标是指培训活动所要达到的目的，即企业期望员工以什么标准，在什么条件下去完成什么样的事情，以最终提高工作绩效。培训目标的制定不仅对培训活动具有指导意义，而且是培训评估的一个重要依据。

（二）培训内容

培训内容主要可以分为三大类：一是知识类培训，又称为认识能力学习，通过培训要使员工具备完成岗位工作所必需的基本业务知识，如了解企业的基本情况、发展战略、经营方针、规章制度等；二是技能类培训，又称为肌肉性或精神性运动技能的学习，通过培训要使员工掌握完成岗位工作所必备的技术和能力，如谈判技术、操作技术、应变能力、沟通能力、分析能力等；三是态度类培训，又称为情感性学习，它与人的价值观和利益相联系。通过培训要使员工具备完成岗位工作所要求的积极态度，如合作性、积极性、自律性和服务意识等。

为了便于员工学习，一般都要将培训的内容编制成相应的教材。培训的内容不同，教材的形式也不尽相同。

(三) 培训讲师

培训讲师选择的恰当与否对于整个培训活动的效果和质量的保障有着直接影响，优秀的培训讲师往往能够促使培训工作更加富有成效。培训讲师的来源一般来说有两个渠道：一是外部渠道，二是内部渠道。两种渠道选择培训讲师的利弊比较见表7-5。

表7-5 两个渠道选择培训讲师的利弊比较

渠道	优 点	缺 点
外部渠道	1. 培训讲师比较专业，有先进的理念和培训经验 2. 与企业没有直接关系，员工比较容易接受 3. 可引起企业上下的关注	1. 对企业不了解，培训内容可能不实用，针对性不强 2. 费用高
内部渠道	1. 对企业情况很了解，针对性强 2. 培训费用低 3. 可与参加培训的员工进行更好的交流	1. 可能缺乏培训经验 2. 受企业现有状况影响比较大，新理念和新思维较少 3. 员工对培训讲师的接受程度可能比较低

两个渠道的培训讲师选择各有利弊，因此，企业应当根据培训的内容和要求选择恰当的培训讲师。优秀的培训讲师应该具备良好的职业素养、丰富的培训经验和优秀的培训能力（包括讲解或口头表达能力、沟通与交流能力、问题的发现与解决能力、多媒体信息应用能力）。

(四) 培训的方式方法以及培训的费用

培训的方式方法多种多样，不同的方法具有不同的特点。详细介绍见下一节。

一般情况下，企业应该根据培训的内容以及成人学习的特点来选择相应的培训方法。汤姆·W. 戈德（Tom. W. Goad）总结了成人学习的16条原理值得培训时借鉴。比如：成人喜欢在"干"中"学"、成人是通过与原有知识的联系和比较来学习的、培训最好能运用实例、成人更倾向于在非正式的环境氛围中学习、培训师应该是学习的促进和推动者、反复实践，熟能生巧、给予信息反馈、循序渐进、交叉训练、培训活动应紧扣学习目标、培训师要有激情、重复学习，加深记忆等。

由于培训都是需要支出费用的，因此在培训计划中还需要编制培训预算，这里的培训费用一般只计算直接发生的费用，如培训地点的场租、培训的教材费、培训讲师的授课费、培训的设备费等。对培训费用做出预算，既便于获取资金支持以保证培训的顺利实施，也是进行培训评估时的一个依据。

(五) 培训实施

表7-6与表7-7分别是"培训实施计划表"及"培训方案具体实施表"的范例。

表7-6　培训实施计划表

课程名称：时间管理	时间：7小时
培训对象：企业管理人员及职能部门人员 培训目的：提高管理人员的时间认识，学会四象限时间管理法，学会按照轻重缓急安排时间 培训形式：课堂讲授、案例分析、录像演示、互动和小组交流等形式 培训讲师：×××　培训地点：公司培训中心 培训时间：2010年×月×日 具体安排：上午：8：30—12：00 （一）21世纪对管理者时间管理的挑战 （二）管理者时间管理的意义 1. 第一代时间管理　备忘录 2. 第二代时间管理优先顺序与计划	3. 第三代时间管理价值观导向 4. 第四代时间管理　系统思考与以人为本 午餐休息12：00—13：30 下午：13：30—17：00 （三）如何有效对时间进行管理 1. 四象限时间管理法　工作价值 2. 注重单位时间价值法　时间价值 （四）系统的时间管理 1. 时间管理与目标管理、计划管理 2. 时间管理与授权 3. 时间管理与制度管理 4. 总结：时间生命论

表7-7　培训方案具体实施表

时　间	实施内容
一、实施日两月前	计划拟订、课程确定、讲师联系、地点初步确定
二、实施日一月前	课程培训调查、讲师最终确定、培训信息反馈、培训大纲审查
三、实施日两周前	成立项目小组、召开会议做好分工、讲义胶片发送、制作课程表
四、实施日一周前	课程讲义复印、支援事项排定、器材用品准备、培训通知制作发放
五、实施日三日前	讲师行程确认、课程问卷调查表制作、课后心得调查表制作、评估标准制作、签到表、住宿餐饮预定、交通工具预定、回答人员培训咨询
六、最后清点项目	签到表、课程问卷调查表、课后心得调查表、培训评估标准、培训记录表、培训讲义、计算机、投影仪、麦克风、扩音机、摄像机、照相机、电源、白板、板擦/白板笔、胶带、图钉、白纸、茶叶、饮料、纸杯/茶杯、海报、条幅
七、培训前一天	培训教室布置、灯光空调调试、视听设备调试、桌椅摆放、培训材料文具摆放、悬挂条幅/海报、接送外聘讲师、安排外聘讲师食宿、培训前信息沟通、安排讲师视察教室、讲师票据预定
八、培训当日工作	人员签到、开场白、介绍外聘培训讲师、领导讲话（重要培训）、讲师授课、授课资料发放、复印各类资料、突发事件处理
九、上课工作项目	课程录音/录像/拍照、茶水服务、评估问卷/试卷发放、填写培训记录、配合讲师工作、反馈学员信息、出勤安排协调、评估问卷/试卷回收
十、后续工作项目	教室打扫/设备归位、讲师费签收、经费报销、问卷统计分析、安排车送外聘讲师、培训资料登录归档、撰写培训报告、工作检讨总结

资料来源：知行经理人之家（www.manager365.com）。

三、培训的评估和反馈

培训的效果如何,可以从被培训员工所获得的知识、技能、态度的变化和其他特性应用于工作的程度和有效性来反应。培训效果可能是积极的,这时工作绩效会得到提高,这也是培训的根本目的;也可能是消极的,还可能是中性的,工作绩效会没有变化,甚至是恶化。培训的有效性评估最有代表性的观点是柯克帕特里克(Kirkpatrick)评估模型,柯氏评估模型从四个层次来对一个培训项目进行评估。如表7-8所示。

表7-8 柯氏评估模型

评估层次		评估重点
1	反应	被培训员工满意度
2	学习	学到的知识、技能、态度、行为
3	行为	工作行为的改进
4	结果	工作中导致的结果

(一)反应评估

反应评估是指被培训员工对培训项目的满意度,关注的是被培训员工对培训项目及其有效性的主观感受和看法,是最基本、最常用的评估方式。例如可以询问"您喜欢此次培训吗?"、"对培训讲师满意吗?"等问题,反应评估可以采取问卷调查法、面谈法、座谈法等方法。

(二)学习评估

学习评估是指被培训员工在接受培训以后,知识、技能、态度方面是否有所提高或改变以及有多大程度的提高或改变,更多地停留在认知层面上。学习评估可以采取考试法(知识)、实际操作(技能)、自我评价量表(态度)等方法。

(三)行为评估

行为评估是指被培训员工在接受培训以后工作行为发生的改变程度,也可以看做是对学习成果的运用,在工作中是否改进了以前的行为,是否运用了培训的内容。员工行为和组织效益的改变才是企业最终关注的结果,行为评估可采用360°反馈法,从多方面进行评估,或者采用常用的行为评价量表。

(四)结果评估

结果评估是与组织利益最为相关,也最重要的评估层面。结果评估衡量经过培训后,组织的绩效是否得到了改善和提高。包括事故率下降、产品品质提升、流失率下降、员工士气提高、成本下降、利润增加等评估指标。

第五节　培训与开发的主要方法

培训与开发有很多种方法可供选择，采用恰当的培训方法对于培训的实施以及取得良好的培训效果都具有非常重要的影响。培训与开发的方法，按照培训的实施方式可简单分为两大类：一是在职培训，二是脱产培训。

一、常用的在职培训方法

在职培训（ONJT）就是指员工在实际工作岗位和工作场地进行的现场培训，也称"在岗培训"、"不脱产培训"。通常表现为安排新员工跟着有经验的员工或主管人员，一边接受培训一边工作。培训环境就是实际工作的环境，员工培训的内容可以及时运用到实际工作中去。常用的在职培训方法主要有以下几种。

（一）师带徒

师带徒（Apprenticeship）即"师傅带徒弟"，是一种最为传统的在职培训方式。由经验丰富的员工作为师傅，和新员工结成比较固定的"师徒关系"，并由师傅对徒弟的工作进行指导和帮助。这种培训方法大多用于技术技能培训的领域，如电工、机床操作工、木匠等。这种方法比较节约成本，而且有利于工作技能的迅速掌握，问题是培训的效果受师傅的因素影响比较大。如今在不少高科技企业，这种形式逐渐演绎成为"导师制"，如摩托罗拉、华为等公司都采用了这种培训方法。

（二）工作轮换

工作轮换（Job Rotation）亦称轮岗，是通过调动员工工作岗位的方式来进行培训的方法，通过岗位的变化可以使员工丰富工作经验，扩展知识广度，增强技术技能，通过了解其他岗位的工作内容和情况，员工就能够胜任多方面的工作。这种方法更适用于对新进入企业的年轻管理人员或有管理潜力的未来管理人员的培养。

（三）教练

教练（Coaching）方法源于体育，是一种由管理人员与专业顾问进行的一对一的培训方式。企业教练不只是一种知识传输或者技巧训练，它更着重于"激发人的潜能"，注重一种态度训练，教练并不是解决问题的人，而是为培训对象提供一面镜子，使培训对象能洞悉自我，把握自己的状态和情绪，发挥自己的能动性，找到最适合自己的方法，有效快捷地达到培训目标。这种方式要求教练人员要有丰富的人生经验和综合的素质能力，性格阳光，对人热诚，富有人格魅力，亲和力强。在企业中，适用教练方法的员工主要有以下几类：一是希望提高绩效，使工作更有效率，向往成功的人；二是希望生活改变，但尚没有方向、目标和手段的人；三是长期在工作压力下生活的人。

（四）行动学习

行动学习（Action Learning）是一种以完成预定工作任务为目的，在团队成员支持帮助下持续不断地反思实际中遇到的情景问题，以帮助人们形成积极的工作态度，通过合作分析问题并制订、实施解决问题的行为方案，以提高解决实际问题能力的培训方式。行动学习是一种实际的演练，通过小组成员的合作和情感互动，在实践中学习，在思考中学习，使组织成员获得和提升创造性解决问题的能力。

二、常用的脱产培训方法

脱产培训（OFFJT）就是指员工离开自己的工作岗位专门参加的培训，脱产培训的方法主要有以下几种。

（一）演讲法

演讲法（Presentation Methods）是最普遍也是最基本的一种培训方法，就是培训讲师以讲授方式把培训内容表达出来，传授给培训对象的培训方式。其特点是可以同时对一批人员进行培训，成本比较低，针对性较强，培训讲师能够对培训过程进行有效控制，使培训对象在较短的时间内接受大量的有用信息。缺点也非常明显，培训讲师和培训对象之间主要是一种单向沟通，对话、提问和讨论的机会很少，缺乏反馈和练习，培训对象比较被动，所以演讲法大多用于一般性的知识培训。如今，应用录像、幻灯片等现代化技术工具，也使演讲法增色不少。

（二）案例分析法

案例分析法（Case Analyzing Method）是指给培训对象提供一个现实案例，经过他们的独立分析和共同讨论后，做出判断，提出解决问题方案的一种培训方式。案例分析法的最终目的并不是要给出一个确定的答案，而是要借助这种方式，使培训对象学习如何分析问题和解决问题，有助于培养培训对象独立分析解决问题的能力。由于案例大多来自企业的真实事件，其素材收集和提炼往往比较困难。此外，这种方法对培训者的要求也比较高，不仅要求培训者能控制局面，而且能提出指导意见，给培训对象以启发。

(三) 角色扮演法

角色扮演（Role Play）在招聘选拔中是一种有效的测评方法，在培训与开发中也是一种常用的培训方法。在角色扮演时，首先要给培训对象提供一个真实的情境，让他们在其中分别扮演不同的角色，通过表演去体验他人感情或体验在特定环境中的反应和处理问题的方式。在扮演过程中培训者随时对扮演者加以指导，结束后组织大家进行讨论和评价。通过扮演，培训对象可以换位思考，体会到与自己工作有关的其他角色的心理活动，从而有助于改正过去工作中的不良态度和行为，有助于促进新想法和新策略的产生，角色扮演法的互动性和参与性很强，利于建立良好的人际关系。不足之处在于操作起来复杂，对培训人员有很高的要求，多用于态度改变的培训。

(四) 网络培训法

随着计算机和网络技术的发展，通过网络媒介进行培训的方法正在逐渐成为一种趋势，网络培训（Network Training）突破了传统培训的固有模式，跨越时间和空间，在不同时间和地点都可以进行培训。E-learning作为一种新的企业人力资源培训与开发方式，已经成为企业员工培训的重要手段，其主要做法是在公司内部开设网络课程，或由专业培训公司提供课程，培训者和培训对象不必再面对面地进行培训，学员可以通过网络技术和计算机的辅助在世界范围内进行自主学习。网络培训法的前提要求建立完备的计算机网络系统，后期的网络课程开发投入和维护都需要投入不少费用，所以网络培训的成本比较高。此外，涉及技能和态度类内容的培训，网络培训法还有待进一步发展完善。

此外，脱产培训还有视听法、公文筐处理训练、工作模拟法、行为示范法、敏感性训练等方法。

第六节 练 习 题

一、基本概念
新员工培训　培训与开发

二、单选题
1. 培训与开发存在着区别，下列哪个选项不属于（　　）。
　　A. 关注当前或未来　　　　　　　B. 强制或自愿
　　C. 对经验的要求程度不同　　　　D. 不同培训学习方法

2. 新员工入职培训时，下列哪个选项不属于基本礼仪内容（　　）。
   A. 问候与措辞　　　　　　　　B. 着装与化妆
   C. 企业的历史发展　　　　　　D. 电话接听方法

3. 不属于培训与开发的目的有（　　）。
   A. 提高员工的工作绩效水平
   B. 增强组织和个人的应变能力、适应能力和创造能力
   C. 通过培训与开发淘汰不合格人员
   D. 提高和增进员工对企业的认同感和归属感

4. 按照培训形式的不同，可以将培训开发划分为（　　）。
   A. 在职培训和脱产培训　　　　B. 知识类培训和技能类培训
   C. 新员工培训和在职员工培训　D. 基层员工培训和管理人员培训

5. 下列哪项不属于优秀培训讲师具备的能力（　　）。
   A. 讲解或口头表达能力　　　　B. 沟通与交流能力
   C. 多媒体信息应用能力　　　　D. 领导和授权的能力

6. 下列哪项不属于成人学习的特点（　　）。
   A. "干"中"学"　　　　　　　B. 培训最好能运用实例
   C. 培训师应该是学习的促进和推动者　D. 培训过程中尽量多使用教学模具

7. 由经验丰富的员工在工作实践中指导新员工的一种最为传统的培训方式是（　　）。
   A. 教练　　　B. 师带徒　　　C. 行动学习　　　D. 工作轮换

8. 不只是知识传输或者技巧训练，而是更注重"激发人的潜能"的培训方法是（　　）。
   A. 教练　　　B. 师带徒　　　C. 演讲法　　　D. 工作轮换

9. 培训讲师和培训对象之间主要是以一种单向沟通为主，对话、提问和讨论的机会较少的培训方法是（　　）。
   A. 教练　　　B. 演讲法　　　C. 案例分析法　　　D. 角色扮演法

10. 培训对象可以换位思考，体会到与自己工作有关的其他角色的心理活动的培训方法是（　　）。
    A. 行动学习　　　B. 演讲法　　　C. 公文筐处理　　　D. 角色扮演法

11. 培训与开发效果的反应评估方法有很多种，其中最为普遍的是（　　）。
    A. 访谈法　　　B. 问卷调查法　　　C. 笔试法　　　D. 座谈法

12. 评估培训与开发效果时，最重要的评估是（　　）。
    A. 反应评估　　　B. 学习评估　　　C. 投资效益评估　　　D. 结果评估

13. 组织中最基本、最常用的培训与开发效果评估方式是（　　）。
    A. 反应评估　　　B. 学习评估　　　C. 行为评估　　　D. 结果评估

三、多选题

1. 地产销售代表王女士接受了为期4周的销售技能培训,以下针对该项人力资源培训开发的效果评价的方法哪些是正确的?(   )
   A. 审查王女士的结业成绩和受训报告
   B. 让王女士向其他销售代表示范学习的新技巧
   C. 在适当的时候访问王女士的上司和同事,了解他们对王女士工作表现的看法
   D. 比较王女士与其他未受训同事的工作业绩

2. 新员工入职培训的内容包括(   )。
   A. 企业基本情况及相关制度和政策
   B. 基本礼仪与工作基础知识
   C. 部门职能与岗位职责及知识技能
   D. 管理下属人员的知识技能

3. 根据培训内容的不同,可以将培训开发划分为(   )。
   A. 知识类培训   B. 技能类培训   C. 沟通类培训   D. 态度类培训

4. 培训需求分析包括哪几方面?(   )
   A. 组织分析   B. 战略分析   C. 任务分析   D. 员工分析

5. 问卷调查法在培训需求分析中的优点是(   )。
   A. 费用低   B. 可以从大量人员中收集信息
   C. 便于对信息进行归纳总结   D. 将分析活动对工作的干扰降至最低

6. 从外部渠道聘用的培训讲师其优势是(   )。
   A. 培训者比较专业,有先进的理念和培训经验
   B. 培训费用低
   C. 与企业没有直接关系,员工比较容易接受
   D. 可引起企业上下的关注

四、判断题

1. 组织现状与组织目标之间的差距一般就是培训的需求,而且这些差距都可以通过培训解决。(   )

2. 按照培训内容的不同,可以将培训开发划分为知识类培训、技能类培训和沟通类培训三大类。(   )

3. 新员工入职培训可以消除新员工进入企业时产生的焦虑和陌生感,帮助新员工适应新的工作环境。(   )

4. 培训与普通教育的根本区别是在于培训强调针对性和实践性。(   )

5. 如今在不少高科技企业,"师徒制"这种形式正在逐渐演绎成为"导师制"。(   )

6. 教练法适用于对新进入企业的年轻管理人员或有管理潜力的未来管理人员的培养。（   ）

五、简答题

1. 简述新员工入职培训的内容。
2. 简述培训需求分析方法的优缺点。
3. 简述通过内外部渠道选择培训讲师的利弊。
4. 试分析各种培训方法的特点。

附录：练习题参考答案

第一章 人力资源管理概述

单选题：

1. B 2. C 3. D 4. A 5. C 6. A 7. B 8. B 9. C 10. A 11. B
12. B 13. B 14. C 15. C 16. B 17. D 18. D 19. D 20. A 21. A 22. B
23. A 24. B 25. C 26. D 27. C 28. C 29. B 30. B 31. B 32. C 33. A
34. B 35. A 36. B 37. C 38. C 39. D 40. A 41. D 42. B

多选题：

1. ABD 2. ABCDE 3. ACD 4. BD 5. ABCD 6. AD 7. BC 8. ABCD
9. AC 10. BD 11. AD 12. BCD

判断题：

1. 对 2. 错 3. 错 4. 对 5. 错 6. 对 7. 错 8. 错

第二章 工作分析

单选题：

1. A 2. B 3. C 4. D 5. B 6. C 7. D 8. C 9. B 10. B 11. C
12. B 13. A 14. C 15. A 16. C 17. D 18. D 19. B 20. A

多选题：

1．ABD 2．ABC 3．BCE 4．BCE 5．ACF 6．AB 7．ABD 8．BC 9．AD

判断题：

1．错 2．对 3．对 4．错 5．错 6．错

第三章 人力资源规划

单选题：

1．B 2．C 3．C 4．A 5．B 6．A 7．A 8．D 9．A 10．C 11．A 12．B

多选题：

1．AC 2．BC 3．ABCD 4．AD 5．AD 6．BD 7．AC 8．ABD 9．ACD 10．ABD

判断题：

1．错 2．对 3．对 4．错 5．错 6．错 7．对 8．错 9．错

第四章 人力资源招聘与选拔

单选题：

1．D 2．A 3．D 4．A 5．D 6．D 7．B 8．B 9．C 10．B 11．B 12．D 13．C 14．A 15．C 16．B 17．A 18．C 19．C

多选题：

1．ABC 2．BCD 3．ABD 4．ABC 5．ACD 6．ACD 7．ABDE 8．ABD

判断题：

1．对 2．对 3．错 4．错 5．对 6．对 7．错

第五章 薪酬设计与管理

单选题：

1．D 2．D 3．B 4．C 5．A 6．C 7．C 8．C 9．B 10．C 11．D 12．D 13．A 14．B 15．B 16．A 17．D 18．A 19．D

多选题：

1．ABD 2．ACD 3．BCD 4．ABD 5．ABCD 6．BCD 7．ABCD 8．ABCD 9．ABC 10．BC

判断题：

1．错 2．对 3．错 4．错 5．对 6．对 7．对

第六章 绩效管理

单选题：

1．B 2．C 3．A 4．A 5．B 6．D 7．C 8．A 9．C 10．C 11．A 12．C 13．C 14．C 15．B

多选题：

1．ACD 2．ABCD 3．ABCDE 4．ABD 5．ABCD 6．ABC 7．ABC 8．ABCE

判断题：

1．对 2．错 3．对 4．错 5．错 6．对 7．对

第七章 培训与开发

单选题：

1. D 2. C 3. C 4. A 5. D 6. D 7. B 8. A 9. B 10. D 11. B 12. D 13. A

多选题：

1. ACD 2. ABC 3. ABD 4. ACD 5. ABC 6. ACD

判断题：

1. 错 2. 错 3. 对 4. 对 5. 对 6. 错

参 考 文 献

[1] 〔美〕雷蒙德·A. 诺伊等. 人力资源管理［M］. 北京：中国人民大学出版社，2001.

[2] 〔美〕加里·德斯勒著. 刘昕，吴雯芳译. 人力资源管理（第六版）［M］. 北京：中国人民大学出版社，1999.

[3] 〔美〕约翰·M. 伊万切维奇，赵曙明译. 人力资源管理［M］. 北京：机械工业出版社，2005.

[4] 陈天祥. 人力资源管理［M］. 广州：中山大学出版社，2001.

[5] 董克用，叶向峰. 人力资源管理概论［M］. 北京：中国人民大学出版社，2004.

[6] 葛玉辉. 人力资源管理［M］. 北京：清华大学出版社，2009.

[7] 韩淑娟等. 现代企业人力资源管理［M］. 合肥：安徽人民出版社，2000.

[8] 康士勇. 工资理论与工资管理（第二版）［M］. 北京：中国劳动社会保障出版社，2006.

[9] 李琦. 人力资源管理基础技能实训［M］. 北京：北京大学出版社，2007.

[10] 廖泉文. 招聘与录用［M］. 北京：中国人民大学出版社，2002.

[11] 刘光明. 企业文化［M］. 北京：经济管理出版社，2001.

[12] 刘伟，刘国宁. 人力资源［M］. 北京：中国言实出版社，2005.

[13] 孟昭宇. 中外企业人力资源管理案例精选［M］. 北京：经济管理出版社，2003.

[14] 全国经济专业技术资格考试用书编写委员会. 人力资源管理专业知识与实务（初级）［M］. 北京：中国人事出版社，2006.

[15] 全国经济专业技术资格考试用书编写委员会编写. 人力资源管理专业知识与实务（中级）［M］. 北京：中国人事出版社，2006.

[16] 石金涛. 培训与开发［M］. 北京：中国人民大学出版社，2009.

[17] 王先玉，王建业，邓少华. 现代企业人力资源学［M］. 北京：经济科学出版社，2003.

[18] 武欣. 绩效管理实务［M］. 北京：机械工业出版社，2002.

[19] 吴志明. 招聘与选拔实务手册［M］. 北京：机械工业出版社，2006.

[20] 谢晋宇. 人力资源开发概论［M］. 北京：清华大学出版社，2005.

[21] 余凯成. 人力资源开发与管理［M］. 北京：企业管理出版社，1997.

[22] 张佩云. 人力资源管理［M］. 北京：清华大学出版社，2004.

[23] 张一弛. 人力资源管理教程［M］. 北京：北京大学出版社，1999.

[24] 赵曙明. 人力资源管理与开发［M］. 北京：高等教育出版社，2009.

[25] 中国劳动保障部国家职业资格认证教材. 企业人力资源管理师职业资格认证［M］. 北京：劳动保障出版社，2002.